Kellner
Projekte konfliktfrei führen

Hedwig Kellner

Projekte konfliktfrei führen

Wie Sie ein erfolgreiches Team aufbauen

Carl Hanser Verlag München Wien

Die Deutsche Bibliothek – CIP-Einheitsaufnahme

Kellner, Hedwig:
Projekte konfliktfrei führen: wie Sie ein erfolgreiches Team aufbauen/Hedwig Kell-
ner. – München; Wien: Hanser, 1996
  ISBN 3–446–18400–7

© 1996 Carl Hanser Verlag München Wien
Umschlagentwurf: Susanne Kraus unter Verwendung des Bildes „Die Alexander-
schlacht" von Albrecht Altdorfer
Gesamtherstellung: Druckerei Sommer GmbH, Feuchtwangen
Printed in Germany

Inhaltsverzeichnis

Einführung

In Projekten entstehen die wenigsten Schwierigkeiten durch Technik. Fast immer sind menschliche Probleme die Ursachen von Verzögerungen, Pannen und Budgetüberziehungen. Der „Human Factor" ist in jedem Projekt das größte Risiko für den Erfolg und die größte Herausforderung für den Projektleiter. Tom DeMarco sagt: „Projekte scheitern nicht an Technik, sondern an Menschen." Der Projektleiter darf sich nicht auf die technischen Zusammenhänge des Projektes allein konzentrieren. Je neuer und komplexer die Aufgabe ist, desto wichtiger werden alle Fragen, die mit der Führung des Teams, der Zusammenarbeit mit externen Partnern und dem allgemeinen Management zusammenhängen. Immer wieder kann es zu Mißverständnissen, Meinungs- und Interessenverschiedenheiten kommen. Wenn dann unter Streß und Termindruck die Nerven blank liegen, bleiben Konfikte nicht aus. Dieses Buch richtet sich an Projektleiter. Es stellt die typischen zwischenmenschlichen Prozesse, die Phasen der Teamentwicklung und die möglichen Ursachen für unterschiedliches Verhalten dar. Es soll dem Projektleiter helfen, Konflikte von Anfang an durch geeignetes Führungsverhalten zu vermeiden oder bereits ausgebrochene Konflikte möglichst zu erkennen und zu lösen.

1. Wie setzt man ein Projekt in den Sand?

1.1 Jeder hat eine Chance

Daß Projekte erfahrungsgemäß zu lange dauern, teurer werden als geplant und im Vergleich zu den Erwartungen und Versprechungen ein eher enttäuschendes Ergebnis liefern, können wir immer wieder beobachten. Durch immer neue Ansätze wird versucht, Projekte zum Erfolg zu führen. Man läßt Mitarbeiter Seminare zum Projektmanagement besuchen, man entwickelt eigene Vorgehensmodelle und setzt Planungs- und Überwachungssoftware ein. Mit riesigen Netzplänen werden Bürowände bepflastert. Auf Formularen werden Anträge, Genehmigungen, Berechnungen, Fortschrittsprotokolle und Zwischenergebnisse dokumentiert. Kiloschwere Handbücher mit Vorschriften, Definitionen, Kompetenzregelungen, Standards und Arbeitsanweisungen regeln alles, was nur zu regeln ist. Man führt TQM ein, läßt sich von Kaizen inspirieren und nach EN ISO 9000 zertifizieren.

Trotzdem ist es manchmal wie verhext. Die Ist-Werte sind am Ende doch nicht so, wie die Soll-Werte der Schätzung und Planung es vorgesehen hatten. Wenn es doch einmal stimmt, wenn Termine und Budgetrahmen eingehalten wurden, dann kann man fast sicher sein, daß das erstellte Produkt denen nicht gefällt, die damit leben und arbeiten sollen.

Wenn ich Seminare für Projektleiter oder Projektmanager halte, dann lautet die Standardfrage immer wieder: „Was müssen wir tun, um unsere Projekte erfolgreich zu machen?"

Ich antworte dann oft mit der Gegenfrage: „Wie kann man ein Projekt in den Sand setzen?"
Die Seminarteilnehmer wissen auf Anhieb viele Tips für das Scheitern von Projekten:
- Man sollte sich nicht an Absprachen halten.
- Der Projektleiter sollte sich in Facharbeit verkriechen und das Team unbeaufsichtigt experimentieren lassen.
- Man sollte konsequent den Kontakt zu den zukünftigen Benutzern des Produktes meiden.

- Man sollte alle Vereinbarungen nur mündlich und zwischen Tür und Angel treffen.
- Man sollte sich im Unternehmen mit möglichst vielen anderen Abteilungen streiten.
- Die Mitglieder der Projektteams sollten gegen ihren Willen ins Projekt beordert werden.
- Wann immer sich das Team zu einer Einheit zusammengerauft hat, sollte man das Personal auswechseln.
- Man sollte die Mitglieder des Teams darüber im Unklaren lassen, was aus ihnen nach dem Ende des Projektes wird.
- Man sollte gar nicht planen oder die erstellten Pläne permanent ändern.
- Man sollte von Anfang an auf Dokumentation verzichten.
- Der Projektleiter sollte möglichst viele Projekte gleichzeitig leiten.
- Die Mitarbeiter des Teams sollten während der Projektarbeit auf keinen Fall von ihren normalen Tagestätigkeiten entlastet werden.
- Man sollte die Kommunikation zum Betriebs- oder Personalrat abbrechen und Gerüchte in die Welt setzen über mitarbeiterfeindliche Machenschaften im Projekt.
- Man sollte arrogante externe Berater einsetzen und ihnen alle attraktiven Aufgaben übertragen.
- Man sollte die Aufwandschätzungen nur von Personen durchführen lassen, die später nicht am Projekt beteiligt sein werden.
- Verantwortliche aus dem Management sollten alle Entscheidungen, die das Projekt betreffen, möglichst lange vor sich herschieben.

Diese Auswahl an Vorschlägen kann noch endlos fortgesetzt werden. Man sieht auf Anhieb, daß jeder Betroffene und Beteiligte seine Chance hat, ein Projekt von innen oder von außen in Schwierigkeiten zu bringen. Wenn man sich die einzelnen Vorschläge anschaut, erkennt man leicht, daß Tom DeMarco recht hat mit seinem Spruch: „Projekte scheitern nicht an Technik, sondern an Menschen."

Wer als Projektleiter die Verantwortung für ein neues Vorhaben übernimmt, sollte sich Gedanken machen, wie man rechtzeitig menschliche Fehler- und Frustquellen und typische Schwächen verhindern oder auffangen kann.

Mit Technik, Planung, Strategie und gutem Willen allein geht es leider nicht.

1.2. Management – Man läßt Sie zappeln.

Jeder, der schon einmal ein Projekt geleitet hat, kennt die Macht der Unternehmensleitung. Dabei kann es sich um den alten Firmengründer handeln, der noch nie ganz begriffen hat, was es mit der neuen Technik auf sich hat, und der sich deshalb stets mit seinem Sohn – der kennt sich mit Computerspielen aus – darüber berät, was man vom Projekt erwarten soll. Es kann sich um die Konzernleitung handeln, die womöglich in den USA sitzt und vor jeder Freigabe von Geldern oder Ressourcen aufwendige englische Berichte und verzwickte Formulare geschickt haben will. Es kann sich um verschiedene, untereinander verfeindete Geschäftsführer handeln, die alle mit der gleichen Einflußmacht ausgestattet sind und sporadisch, stets voneinander unabhängig, im Projektbüro auftauchen und die Ziele neu festlegen. Es kann sich um einen Plauderclub handeln, der sich unter dem Vereinsnamen „Steering Committee" regelmäßig trifft, interessante Vorträge hören will, um danach in geheimem Würfelverfahren die Prioritäten und Ressourcen zwischen den unterschiedlichen Projekten neu zu verteilen. Und dann gibt es noch die „Sponsoren" von Projekten. Das sind oft abgehalfterte Top-Manager, die man in der Unternehmensleitung nicht mehr gebrauchen kann oder im Rahmen von Machtkämpfen endgültig besiegt hat und schließlich mit irgendwelchen Tätigkeiten beschäftigen muß. Also läßt man sie Projekte betreuen. Somit hat der Projektleiter nicht nur sein Team zu führen, sondern auch noch pausenlos seine persönliche Nervensäge zu unterhalten.

Wer immer das „Management" im Unternehmen ist, das haben alle diese Führungskräfte gemeinsam: Sie stehen in der Hierarchie über dem Projektleiter, verstehen nichts von den Inhalten und sind fest davon überzeugt, daß man nicht länger hinnehmen kann, daß Projekte ständig überzogen werden, das Budget sprengen und Produkte zutage fördern, die dann doch nicht richtig funktionieren.

Viele Manager wollen im Grunde gar nicht, daß das Projekt mit Erfolg zum Ziel kommt. Vielleicht würde sich durch die neue Technik etwas an ihren Aufgaben oder Machtbereichen ändern. Vielleicht haben sie auch keine Lust mehr, vor der Pensionierung noch neue Strukturen und Techniken zu begreifen. Vielleicht ist es für sie einfach unterhaltsamer, scheiternde Projektleiter zu beobachten als erfolgreiche...

Ganz egal aus welchen Gründen Manager den Erfolg eines Projektes verhindern wollen, der Projektleiter kann sich daran beteiligen, das Desaster heraufzubeschwören. In der Praxis haben sich folgende Tips bewährt:

1. Lassen Sie sich als Projektleiter das Projekt „aufs Auge" drücken. Verlangen Sie auf keinen Fall, selbst entscheiden zu dürfen, ob Sie die Aufgabe übernehmen wollen oder nicht.

2. Halten Sie sich von Absprachen über Ziele, Inhalte, Ressourcenvereinbarungen und Termine fern. Lassen Sie diese Dinge vom Management allein verhandeln.

3. Sie als Projektleiter sollten nicht die Aufwände schätzen. Lassen Sie sich die fertigen Schätzergebnisse von Ihren Führungskräften aushändigen.

4. Erstellen Sie immer wieder neue detaillierte Netzpläne. Wenn die Pläne fertig sind, lassen Sie sich über Änderungen in der Teamzusammensetzung, in der Ressourcenverteilung und in der Zielerwartung informieren. Je häufiger Sie nach Änderungswünschen fragen, desto mehr fällt Ihrem Management dazu ein.

5. Wenn sich die Ziele des Projektes und der Aufgabenumfang geändert haben, sollten Sie sich nicht dadurch unbeliebt machen, auf Anpassungen von Budget und Terminen zu bestehen.

6. Vermeiden Sie persönliche Gespräche mit dem Management. Sicherlich treffen Ihre Mitarbeiter auf Fluren und in der Kantine immer mal wieder den einen oder anderen aus der gehobenen Führungsebene. Lassen Sie sich von Ihren Mitarbeitern ausrichten, welche Wünsche „die da oben" von Ihrem Projekt erfüllt haben möchten.

7. Bitten Sie um externe Berater für Ihr Team, mischen Sie sich jedoch nicht in die Auswahl der betreffenden Personen ein.

8. Verwöhnen Sie von Anfang an das Management mit ausführlichen und kosmetisch attraktiv aufbereiteten Statusberichten

und Protokollen der Projektsitzungen. Je mehr Zeit für die Schönheit der Dokumentation investiert wird, desto weniger Zeit bleibt für die Arbeit am Projektergebnis.

9. Warten Sie, bis Ihr Team so richtig im Streß und unter Zeitdruck steht. Gehen Sie dann zum Management und bieten Sie eine qualitativ hochwertige Präsentation mit Folien, Produktdemo und detailliertem Gutachten an. Wenn die Präsentation perfekt vorbereitet ist, blasen Sie sie einfach aus Zeitmangel wieder ab.

10. Sorgen Sie dafür, daß stets alle Prospekte von Lieferanten, Beratern oder sonstigen Anbietern von projektrelevanten Produkten oder Leistungen auf Ihrem Schreibtisch landen. Sammeln Sie, bis etwa sechs Kilo Papier sich angehäuft haben. Tragen Sie dann die Unterlagen zum Management und verlangen Sie sie dort die schnellstmögliche Untersuchung der Angebote auf Brauchbarkeit und Wirtschaftlichkeit. Lassen Sie sich nicht darauf ein, diese unternehmerische Aufgabe selbst zu übernehmen. Als Projektleiter sollten Sie sich eigene Entscheidungen grundsätzlich abgewöhnen. Deshalb wäre es auch unsinnig, vorab einen Kompetenzrahmen zu klären. Als Projektleiter sind Sie die Aufsichtsperson eines ausführenden Teams. Entscheidungen muß das Management selber treffen.

1.3. Projektleiter – Machen Sie das Beste aus Ihrem Typ.

Man sollte meinen, daß der Projektleiter selbst alles daran setzt, mit seiner Aufgabe zum Erfolg zu kommen. Das muß jedoch nicht so sein. Es kann auch für Sie gute Gründe geben, Ihr Projekt lieber scheitern zu lassen. Vielleicht sind alle Führungspositionen zur Zeit besetzt und ein Folgeprojekt nicht abzusehen. Wenn sich dann noch die Unternehmensleitung von Managementberatern einreden läßt, daß Projektleitung eine temporäre Angelegenheit ist und nicht zum automatischen Aufstieg in der Firmenhierarchie führen soll, dann sind Sie als Projektleiter gut beraten, nicht zu schnell zum Erfolg zu kommen. Wer hat denn Lust, danach wieder im Grau einer untergeordneten Position zu verschwinden? Wenn Sie in der Situation sind, eventuell nach dem derzeitigen Projekt kein neues zu bekommen, dann sollten Sie natürlich nicht mit Pauken und Trompeten scheitern, sondern versuchen, das

Projekt dümpeln zu lassen. Sorgen Sie für kreativen Stillstand. Die Kunst ist es, konsequent nicht fertig zu werden. Je länger das Projekt dauert, desto länger sind Sie in Führungsposition und dürfen sich „Projektleiter" nennen.

Ein grandioses Scheitern ist hingegen dann angesagt, wenn man Ihnen ein Projekt „aufs Auge gedrückt" hat, von dem Sie schon immer gesagt haben, daß es nie erfolgreich sein kann. Vielleicht war Ihnen von Anfang an klar, daß es gar nicht möglich ist, in der vorgegebenen Zeit und unter all den einschränkenden Bedingungen das zu produzieren, was die blauäugigen Manager sich eingebildet haben, verlangen zu können. Sie wären schön dumm, sich ins Zeug zu legen und dann doch pünktlich die Ihnen gesetzten Ziele zu erreichen. Man würde Ihnen doch nie wieder glauben! Statt dessen sollten Sie Ihre Bedenken schriftlich fixieren, regelmäßig daran erinnern und Ihr Projekt entsprechend vergeigen und gleichzeitig erfolgsorientierten Fleiß simulieren.

Wie bringt man als Projektleiter das Projekt zum Scheitern? Folgen Sie den Beispielen Ihrer Kollegen in vielen anderen Unternehmen:

1. Lassen Sie sich den Auftrag mündlich erteilen. Dann können Sie sich später besser auf Mißverständnisse und Abmachungen berufen, an die sich außer Ihnen niemand mehr erinnert.
2. Verzichten Sie auf das klare Zuordnen von Kompetenzen. Sie können später immer noch darüber nachdenken, wo Sie mitreden oder sogar an Entscheidungen beteiligt werden möchten.
3. Lassen Sie sich ein Team zusammenstellen, und akzeptieren Sie ruhig auch nachträgliche personelle Veränderungen. Jedes neue Mitglied im Team wird später dazu führen, daß Zeit mit fachlicher Einarbeitung und mit psychologischen Eingliederungsprozessen verlorengeht. Außerdem erkennen das Team und auch das Management an solchen geduldeten Veränderungen, daß Sie kein Kämpfer sind und sich lieber unterbuttern lassen. Man wird Ihnen dann auch nach Lust und Laune Ressourcen wegnehmen. Das gibt Ihnen die Chance, später die Schuld am Scheitern den Managern in die Schuhe zu schieben.
4. Bedenken Sie, daß vom Projekt Betroffene keine Ahnung von Ihrem Sachgebiet haben und deshalb erst gar nicht nach ihren

Wünschen gefragt werden sollten. Lassen Sie Ihr Team entwickeln, was die Technik hergibt. Den Einsatz des Ergebnisses später durchzusetzen, ist Aufgabe des Managements.

5. Sie können sich auch kooperativ zeigen und die Betroffenen fragen. Dann sollten Sie Einzelinterviews durchführen. Dadurch geht zunächst eine Menge Zeit verloren, und Sie werden von den verschiedenen Wünschen, die sich auch noch alle widersprechen, so in der Weiterarbeit verwirrt, daß unmöglich ein Ergebnis zustande kommen kann.

6. Denken Sie daran, daß Sie kein Einpeitscher sind. Besonders am Anfang des Projektes sollten Sie lasche Führung betreiben. Je mehr sich das Team an gemütliche Endlossitzungen und ungenaue Anweisungen gewöhnt, desto größer die Chance, daß sich später unter Zeitdruck gar kein Eifer mehr einstellt. Das Scheitern liegt dann nicht an Ihnen, sondern nachweislich an der Faulheit der Leute.

7. Als Projektleiter sind Sie für die Motivation und die gute Stimmung im Team verantwortlich. Verzichten Sie auf Leistungskontrollen. Es würde die sensiblen Mitarbeiter unnütz kränken. Sagen Sie offen, was man Ihrer Ansicht nach tun könnte, kontrollieren Sie jedoch nicht, ob und von wem es getan wird.

8. Mitarbeiter sind oft sehr neugierig. Bekämpfen Sie diese Unart durch konsequente Diskretion. Es geht niemanden im Team etwas an, was Sie mit dem Auftraggeber und dem Management an Zielen und Funktionen, an Terminen und Qualitätskriterien vereinbart haben. Wenn Sie diese Vereinbarungen nur mündlich getroffen haben, können Sie ganz sicher sein, daß niemand sich Einblick in die Zusammenhänge des Projektes verschaffen kann.

9. Wenn es Ihnen Spaß macht, können Sie Pläne für das Projekt entwickeln. Lassen Sie sich dabei nicht von den Mitarbeitern hineinreden, und verraten Sie auch nicht, was Sie geplant haben. Die Leute sollen die Pläne befolgen und nicht kennen und womöglich beeinflussen. Wenn Ihnen ein Planungstool zur Verfügung steht, können Sie die Pläne täglich ändern. Dann sollten Sie die ständig wechselnden Versionen jedoch stets veröffentlichen. Das trägt zur Verwirrung bei und fördert im Team die Kommunikation. Sollte Ihnen das Planen keinen Spaß machen, dann lassen Sie es sein. Ihnen und Ihrem

Team sollte auch ohne Pläne immer wieder etwas zum Zeitvertreib zwischen Projektstart und -ende einfallen.

10. Fördern Sie die Begeisterung Ihrer Mitarbeiter dadurch, daß Sie jedem das Vorgehen nach seinem persönlichen Phasenkonzept oder seiner eigenen Interpretation des Vorgehensmodells gestatten.

11. Halten Sie vom ersten Tag an den Betriebs- oder Personalrat vom Projekt fern. Diese linken Typen sind erfahrungsgemäß alle technikfeindliche Spinner. Je später sie von Ihrem Projekt Wind bekommen, desto heftiger können sie sich dann mit ihren Zwergenaufständen blamieren.

12. Heuern Sie externe Berater für Ihr Projekt an. Verteilen Sie dann die Aufgaben so, daß die Externen das bekommen, was Intelligenz notwendig macht und die eigenen Leute das, was mit alten Programmen und vergessenen Geräten zu tun hat. Lassen Sie im Team durchblicken, zu welchen Gagen die Externen arbeiten. Geben Sie dafür den Externen fensterlose Büros zwischen Kopierer und Toiletten. Je größer die Eifersucht zwischen Internen und Externen, desto weniger wird Zeit mit Projektarbeit verbracht.

13. Verlangen Sie von Ihren Mitarbeitern teamfähiges Verhalten. Niemand geht abends zur Familie heim. Alle treffen sich in der Kneipe und fühlen sich gemeinsam beim Bier wohl. Je mehr Probleme die Leute zu Hause haben, desto weniger können sie sich auf ihre Arbeit konzentrieren.

14. Sollten Sie Mitarbeiter haben, die sich nicht ausstehen können, so setzen Sie die Kontrahenten in ein gemeinsames Büro, und lassen Sie sie an einer gemeinsamen Aufgabe arbeiten. Wann immer einer zu Ihnen kommt und sich über den anderen beklagt, schicken Sie ihn zu seinem Feind zurück mit der Empfehlung, man möge sich wie Erwachsene betragen und sich zusammenraufen. Wer seinen Gegner ständig vor Augen hat, kann seinen Haß nicht vergessen. Wer über Haßgedanken brütet, kann sich unmöglich auf die Arbeit konzentrieren.

15. Brechen Sie so konsequent wie möglich den Kontakt zu allen Personen ab, die nicht zu Ihrem Projekt gehören. Je eher man Sie und Ihr Team und das Projekt vergißt, desto früher können Sie Ihre Mitarbeiter ungestört mit der Technik spielen lassen.

Vielleicht wollen Sie sogar tatsächlich Ihr Projekt zum Erfolg führen. Das wird Ihnen jedoch nicht gelingen, wenn Sie sich Ihrem „Typ" entsprechend verhalten.
Bei Projektleitern gibt es, wie bei anderen Führungskräften auch, drei Verhaltensschwerpunkte.

1. Technikorientierung
   Sie planen, organisieren, experimentieren und optimieren. Bis tief in die Nacht sitzen Sie bei Zigaretten und Kaffee am Schreibtisch. Niemand kennt die Netzpläne und ihre Schnittstellen so wie Sie. Alle wissen, daß keiner ein Ihnen vergleichbares Wissen hat. Um Fehler möglichst ganz zu verhindern, verzichten Sie auf Delegation und machen alles selbst. Man kann sich darauf verlassen, daß ein absolut fehlerfreier Projektplan entstehen wird. Auch kann man sich auf die technische Perfektion Ihres Projektergebnisses verlassen, sollte es denn jemals fertig werden.

2. Machtorientierung
   Wenn Sie vom Typ her eher machthungrig sind, dann belasten Sie sich vermutlich nicht mit dem Kleinkram des Tagesgeschäftes. Das Projekt mit seinen Anforderungen ist Ihnen eine Station auf dem Weg nach oben. Mit täglich frischem Mut powern Sie gegen Kollegen, Vorstand, externe Lieferanten und mitdenkende Untermenschen. Sie gehören nicht zu den Weichlingen, denen man die Ressourcen klaut oder die Priorität runtersetzt. Sollte Ihr Vorname mit J und Ihr Nachname mit R beginnen, so nennt man Sie mit amerikanischem Akzent JR. Paßt es mit den Initialen nicht, dann heißt es jeden Morgen: Django reitet ins Büro. Sollten sich in Ihrem Team Mitarbeiter befinden, die auch um Posten und Macht kämpfen, dann sind Sie sofort zur Stelle und treiben die Leute zurück an die Arbeit. Unkraut muß man beizeiten klein halten. Ein guter Manager weiß das und rottet rechtzeitig aus, was unnötig Unruhe in die Gruppe bringen würde. Sie lassen auch nicht zu, daß irgendwer mit irgendwem paktiert. Sobald sich Freundschaften im Team zeigen, werden die Betroffenen radikal getrennt. Mauschelei gibt es bei Ihnen nicht. Gleichzeitig legen Sie Wert auf Loyalität. Niemand hat sich an Ihnen vorbei mit Führungskräften oder Mitarbeitern aus anderen Bereichen zusammenzurotten. Solche Tendenzen müssen rechtzeitig erkannt und

bekämpft werden. Es fängt damit an, daß niemand mit Leuten aus fremden Abteilungen gemeinsam zur Kantine geht. Essen kann man sehr wohl auch mit den eigenen Kollegen.

3. Mitarbeiterorientierung
   In Ihrem Projekt ist es sehr gemütlich. Die Motivation Ihrer Mitarbeiter ist für Sie von so hoher Bedeutung, daß Ihr ganzes Denken darauf ausgerichtet ist, das Team bei Laune zu halten. Man plaudert über private und dienstliche Belange, und jeder bemüht sich, den Kollegen mit Rat und Tat bei der Lebensbewältigung zur Seite zu stehen. Sollte die Kritik von außen kommen, daß in Ihrem Projekt mehr geredet als gearbeitet wird, dann weisen Sie zu Recht darauf hin, daß man ja wohl den Mitarbeitern heute nicht verbieten kann, auch einmal ein paar persönliche Worte zu wechseln. Wie man weiß, kommen sich Menschen bei einem Glas Bier oder Sekt am nächsten. Also wird jede Gelegenheit genutzt, den Teamgeist auch durch geistige Getränke zu fördern. Geburtstage, neue Autos und Babys, Urlaubsanfang und Urlaubsende, Hochzeitstage, Minigewinne im Lotto... Sie und Ihre Mitarbeiter haben immer wieder einen Anlaß, mal ein paar Flaschen für das Team herbeizuschleppen.

Vielleicht haben Sie von allen drei der oben beschriebenen Orientierungen etwas in sich. Das ist nicht ungewöhnlich. Trotzdem dominiert bei den meisten Führungskräften eine der drei Orientierungen. Überlegen Sie, welche der drei Ihnen am meisten liegt. Dann sollten Sie diese konsequent ausbauen. Unterstreichen Sie Ihren Typ durch Konzentration auf möglichst ein Verhaltensmuster. Das fördert zwar nicht die Projektarbeit, macht Sie für Ihre Mitarbeiter jedoch berechenbarer. Wer will schon unberechenbar sein?!

1.4. Mitarbeiter im Team – Künstler und Erfinder

Auch für die Mitarbeiter Ihres Projektes kann es gute Gründe geben, den Erfolg der Arbeit zu verhindern. Es fängt schon damit an, daß gleich zu Anfang klar ist, daß Sie als Projektleiter eine Niete sind. Man hätte Sie nie zum Chef machen dürfen. Im Vergleich zur eigenen Kompetenz halten Ihre Mitarbeiter Ihr Wissen für minimal. Vielleicht haben die Mitarbeiter vorher ausdrücklich davor gewarnt, einen Ahnungslosen wie Sie zum Projektleiter zu machen und lieber eine fachlich qualifizierte Person (z.B. die eigene) zu nehmen. Nun muß man natürlich verhindern, daß die falsche Auswahl des Projektleiters trotzdem zu Erfolg führt. Das bedeutet: Man wird die eigene Qualifikation als Profi und die Dummheit des Projektleiters herausstellen und deutlich machen, daß die besten Fachleute unter der Regie eines Ahnungslosen das Scheitern nicht verhindern können.

Es gibt jedoch auch die Mitarbeiter, die nicht unbedingt ein Scheitern wollen, sondern eher für ein endlos sich hinziehendes Projekt sind. Vielleicht wartet in der Linienposition ein ungewisser oder ein unangenehmer Job auf sie. Vielleicht wird im Projekt ein laxerer Arbeitsstil gepflegt als unter der Stechuhrfuchtel des normalen Betriebes.

So können Ihre Mitarbeiter den Erfolg des Projektes verhindern oder zumindest verzögern:

1. Sie berufen sich ständig auf die Klauseln in ihren Arbeitsverträgen und auf ihre Stellenbeschreibungen. Sie vergleichen jede der ihnen gestellten Aufgaben mit den Dokumenten und lehnen alles ab, was ihrem Status nicht angemessen ist. So kommt es, daß in vielen Projekten ein Großteil der Arbeit liegenbleibt, bis sich schließlich der Projektleiter selbst darum kümmert.
2. Sie rennen nicht von Neugierde gejagt hinter Informationen her. Bei Bedarf können sie stets unerledigte Aufgaben begründen mit: „Hat mir keiner gesagt, daß das gemacht werden soll." So kommt es in jedem Projekt früher oder später zu Terminverzögerungen.
3. Sie gehen mit ihrem Wissen nicht hausieren. Sie sind nicht dafür zuständig, den anderen Mitgliedern des Teams Nachhilfeunterricht zu erteilen. Notfalls sagen sie: „Hat mich ja keiner gefragt." So kommt es, daß in vielen Projekten gleiche Arbeiten doppelt erledigt werden.
4. Sie stellen ihr Licht nicht unter den Scheffel. Sie bringen ihr Fachwissen und ihre Intelligenz gerne zur Kenntnis. Im Kreise der Kollegen diskutieren sie die Bedeutung von Fachbegriffen. Zum Beispiel: Was ist eine „Relation" oder ein „Arbeitsschritt"? Was ist ein „Fachkonzept" im Unterschied zum „Feinkonzept"? Sie lassen auch nicht locker, wenn Kriterien der

„Qualität" oder der „Funktionalität" des zu erstellenden Ergebnisses auseinandergeklaubt werden. Mit besonderer Lust
weisen sie nach, daß das anzuwendende Vorgehensmodell
blanker Unsinn ist und besser ein anderes zum Einsatz kommen sollte. So kommt es, daß in den meisten Projekten mehr
Zeit mit Besprechungen als mit Arbeit verbracht wird.

5. Sie sind keine Dichter oder Papierschieber oder sonstige
   Schreiberlinge. Sie sind Profis in ihren Sachgebieten und erstellen Produkte, die ein intelligenter Mensch verstehen kann,
   wenn er will. Sie halten sich nicht damit auf, Dokumentationen
   anzufertigen. Das kann nach dem Ende des Projektes ein anderer machen. Sollte man sie jedoch unter Drohungen zur Dokumentation zwingen, dann lassen sie alle Projektarbeit auf der
   Stelle liegen und schreiben ein dickes und möglichst unver-
   ständliches Handbuch, mit dem niemand etwas anfangen kann.
   So kommt es, daß die meisten Projekte gar nicht oder unbrauchbar dokumentiert sind.

6. Sollten Führungskräfte des Unternehmens oder Kollegen aus
   anderen Abteilungen ihnen zum Beispiel in der Kantine begeg-
   nen, dann zeigen sie sich kommunikativ und kooperativ. Sie
   machen großzügige Versprechungen, was man im Projekt an
   zusätzlichen Aufgaben nach den Wünschen der Allgemeinheit
   noch erledigen wird. Ihnen, dem Projektleiter, werden sie
   natürlich nicht verraten, welche Zusagen sie wem gegenüber
   gemacht haben. So kommt es, daß viele Projekte bei den Betroffenen schließlich zu großer Enttäuschung führen.

7. Sie suchen das Gespräch mit dem Betriebs- oder Personalrat.
   Unter dem Siegel der Verschwiegenheit teilen sie ihnen mit,
   daß sich im Projekt Dinge tun, für die sich die Vertreter der
   Mitarbeiter eigentlich dringend interessieren sollten. Mehr
   könne man über die Internas des Projektes leider nicht sagen.
   So kommt es, daß viele Projekte nach einigem Hin und Her
   von den Personalvertretern zu Fall gebracht oder zumindest
   lange verzögert werden.

1.5. Betriebsrat – Nur nichts übers Knie brechen.

Ein ordentlicher Betriebs- oder Personalrat weiß, daß Projekte
von der Unternehmensleitung in Auftrag gegeben werden und so-

mit in den meisten Fällen nichts Gutes zu bedeuten haben. Fast immer geht es um die Einführung neuer und ungesunder Techniken, um den Abbau von Arbeitsplätzen und um die Perfektion der Totalüberwachung der Kollegen.

Als Projektleiter geraten Sie an erster Stelle unter den Beschuß der Betriebsräte. Man sieht in Ihnen den verlängerten Arm der Ausbeuterkaste und geht gnadenlos gegen Sie vor.

Wie können die Personalvertreter den Erfolg Ihres Projektes verhindern?

1. Sie veranstalten eine Mitarbeiterversammlung in der sie verkünden, daß die Unternehmensleitung ein neues Projekt plant und daß sie selbst alles daransetzen werden, daß durch das Projekt kein Arbeitsplatz verlorengeht. Damit regen sie die Phantasie der Mitarbeiter an, darüber nachzudenken, welche Arbeitsplätze gemeint sein könnten. Schon breitet die Angst sich aus.

2. Anschließend führen sie Gespräche mit dem Management und zeigen den hohen Herrschaften auf, wie verantwortungslos man es bereits von Seiten des Projektes her geschafft hat, Unruhe ins Unternehmen zu bringen.

3. Sie bestehen darauf, daß Vertreter aus ihrer Runde an sämtlichen Sitzungen, Konferenzen und Workshops des Projektes teilnehmen und daß nichts entschieden werden darf, was nicht durch den Betriebs- oder Personalrat genehmigt wurde. Ab sofort dauert jedes Meeting bis in die Nacht und führt doch nur zu der Erkenntnis, daß die jeweils anstehende Entscheidung zu vertagen ist.

4. Nach jedem Projektmeeting findet im Kreise der Personalvertreter eine „Krisensitzung" (so nennen sie ihre eigenen Besprechungen zum Projekt nur noch) statt. In dieser „Krisensitzung" beplaudern sie untereinander, was ihnen zu dem Projekt so durch den Kopf geht. Danach verfassen sie dann eine Mitteilung für das Schwarze Brett. Sie informieren die Kollegen darüber, daß die Lage kritisch ist, daß man jedoch weiterhin mit aller Kraft für jeden einzelnen Arbeitsplatz kämpfen werde.

Das nächste wird dann eine Besprechung „am runden Tisch" mit Unternehmensleitung, Personalvertretung und Projektleitung sein. Das führt wieder zu einer Mitteilung für das Schwarze Brett. Danach kann eine neue Projektbesprechung erfolgen...

So kriecht das Verfahren von einem Meeting zur nächsten Konferenz oder Mitarbeiterversammlung. Irgendwann weiß niemand mehr, wie die Schwierigkeiten eigentlich angefangen haben, und das Projekt ist vom Tisch.

Sollten Sie, lieber Projektleiter, bisher noch gut mit dem Betriebs- oder Personalrat zusammenarbeiten, dann genügt zur Vernichtung Ihrer Erfolgschancen bereits die harmlos gestellte Frage: „Ihr seid wirklich sicher, daß Ihr mit unseren Zielen einverstanden seid?"

2. Konflikte im Projekt

2.1. Konflikte – Aber nicht bei mir!

Es gibt kaum ein Projekt, bei dem nicht irgendwann der eine oder andere Konflikt auftritt. Es kann um Auseinandersetzungen um Ressourcen gehen, um Machtkämpfe im Hinblick auf bestimmte Positionen, um die Durchsetzung von Entscheidungen oder auch ganz einfach um „Chemieprobleme" zwischen den beteiligten Personen.

Häufig werden die Konflikte nicht offen ausgetragen. Statt dessen kommt es zu scheinbar ruhigen Sachdiskussionen, die in Wirklichkeit sehr wohl von unterschwelligen Spitzen oder sogar Drohungen geprägt sind. Man geht in manche der Sitzungen mit gesträubten Nackenhaaren und kommt aus manchen der Besprechungen mit schweißnassem Hemd wieder heraus.

Obwohl uns viele der Konflikte nachts nicht ruhig schlafen lassen, versuchen wir, sie lieber nicht zur Kenntnis zu nehmen. Wir haben gelernt, daß vernünftige Menschen ihre Meinungsverschiedenheiten ruhig und sachlich besprechen und ihre Probleme gemeinsam lösen. Es wäre fast peinlich zuzugeben, daß man Konflikte hat. Besonders Projektleiter stehen oft unter dem Druck, daß sie als Führungskraft für die stets positive und optimistische Stimmung und für die erfreuliche Kommunikation zwischen allen Parteien verantwortlich sind. Es wird nicht selten als Versagen des Projektleiters angesehen, wenn es innerhalb seines Teams oder mit Außenstehenden zu Reibereien kommt.

Trotzdem: Wo Menschen miteinander leben und arbeiten, sind Auseinandersetzungen, Meinungsverschiedenheiten, Ärger, Verletzungen, Angriffe und vermeintliche Angriffe unvermeidlich. Es kommt zu Konflikten.

Psychologen definieren wie folgt:
„Ein Konflikt ist
– ein Kampf
– gegensätzlicher
– oder gleichartiger aber konkurrierender
– Handlungstendenzen."

Das kann bedeuten, daß zwei oder mehrere Parteien unterschiedliche Ziele oder Interessen verfolgen oder daß die Parteien das gleiche wollen, jedoch in Konkurrenz zueinander.
Man denke im Projekt nur an den Kampf um Personal und um Ressourcen. Man denke an die Auseinandersetzungen zwischen dem Projektteam und dem Personal- oder Betriebsrat. Man denke an die Rangeleien um Positionen und Kompetenzen.

Eine andere Definition lautet:
„Ein Konflikt ist ein emotional belastetes Betroffensein von vermeintlichen oder tatsächlichen Spannungen, Drohungen, Widersprüchen, deren Ursache im tatsächlichen oder interpretierten Verhalten von Personen oder in Sachzusammenhängen liegt oder zu liegen scheint."
Diese Definition bezieht die gefühlsbezogene Komponente mit ein. Sie sagt ausdrücklich, daß der Konflikt emotional belastend ist und daß er nicht immer einen realen Grund haben muß. Das wissen wir aus unserem täglichen Leben. Ganz egal, wie souverän und sachlich wir uns nach außen geben, innerlich kocht und brodelt es oft ganz heftig. Auch wissen wir, daß es immer wieder aus nichtigem Anlaß oder aus eingebildeten Verletzungen zu Konflikten zwischen Menschen kommen kann.

Auch die Projektleiter oder Spezialisten, die nicht einmal vor sich selbst ihre Gefühle eingestehen wollen, entwickeln in Konfliktsituationen eindeutige Streßsymptome: feuchte Hände, nervöses Rauchen, Griff zum Alkohol, Frustkäufe, aggressives Autofahren, Anschnauzen von Mitarbeitern und Kollegen, abfälliges Reden über die „feindliche Partei", Produzieren von Fehlern und Zunahme der Vergeßlichkeit. Und wenn man dann der Sache nachgeht, kann man manchmal feststellen, daß alles nur auf einem Mißverständnis beruht. Jemand fühlte sich beleidigt oder benachteiligt, obwohl das gar nicht der Fall war. Ein anderer witterte finstere Absichten (eine Spezialität zwischen Management und Betriebsrat) und griff schon mal vorbeugend an. Wieder ein anderer unterstellt dem Projekt heimliche Ziele, die gegen die Mitarbeiter gerichtet sind, und organisiert Widerstand oder stiftet Streit zwischen Projektteam und zukünftigen Produktbenutzern.

Konflikte sind immer mit Gefühlen verbunden: Angst, Wut, Haß, Niedergeschlagenheit oder das Gefühl von Hilflosigkeit. Manche

Menschen jedoch scheinen Konflikte zu lieben. Sie entwickeln Kampfeslust und genießen förmlich die Auseinandersetzung. Man kann nur hoffen, daß es der „Gegenpartei" dann ebenso geht.

Grundsätzlich ist jeder Konflikt innerhalb eines Projektes oder mit Außenstehenden ein Zeitfaktor. Unglaublich viel Zeit geht mit den Auseinandersetzungen verloren. Und noch viel mehr bezahlte Arbeitszeit wird verbraucht von den Personen, die als Betroffene oder interessierte Zuschauer die Sache immer und immer wieder miteinander oder mit Unbeteiligten besprechen und sich dabei in Spekulationen ergehen, wer denn wohl wie als „Sieger" aus der Sache herausgehen wird. Ungelöste Konflikte – ganz egal, ob sie einen vernünftigen Grund haben oder nicht – können Projekte für Tage oder gar Monate lahmlegen.

Somit kann man sagen, daß Konflikte schädlich sind. Sie vergiften das Klima, nehmen die Arbeitsfreude, verschwenden Zeit und blockieren die Kreativität.

Auf der anderen Seite haben Konflikte durchaus auch ihre positiven Seiten:
- Mißstände und Mißverständnisse werden deutlich
- Ideen und Problemlösungen werden angestoßen
- Verbesserungen werden entwickelt und ausprobiert
- neue Kommunikationsformen werden gefunden
- „reinigende Gewitter" klären die Luft

Grundsätzlich gilt: Nicht jeder Konflikt ist schädlich, aber unerledigte Konflikte sind teuer.

Ein guter Projektleiter steckt den Kopf nicht in den Sand und kehrt auch nicht die Probleme unter den Teppich. Er erkennt die Schwierigkeiten, bereinigt sie und sorgt dafür, daß sich nicht immer die gleichen Probleme wiederholen.
Projektmanagement ist immer auch Konfliktmanagement.

2.2. Wer gegen wen?

Konflikte können auf unterschiedlichen sozialen Ebenen oder zwischen Individuen oder auch innerhalb der eigenen Person auftreten. Die Psychologen unterscheiden zunächst einmal zwischen drei verschiedenen Grundtypen von Konflikten:

* Persönlichkeitsbedingte Konflikte
– innerhalb der eigenen Person liegend
– in der Beziehung zwischen Personen

* Systembedingte Konflikte
– personenunabhängig und jeden betreffend, der sich in dem System bewegt
– durch Strukturen, Organisationsformen etc. bedingt

* Sachkonflikte
– parallel zu verfolgende widersprüchliche Ziele
– Entscheidungskonflikte
– Machtkämpfe und Kompetenzgerangel
– Kampf um knappe Ressourcen
– Interessenkonflikte

Persönlichkeitsbedingte Konflikte sind immer vorrangig zu behandeln. Sie wirken emotional ungleich stärker als andere Probleme und können ein Projekt leicht auf Dauer lahmlegen. Wenn sie ungelöst bleiben, besteht außerdem die Gefahr, daß mit der Zeit immer mehr bisher unbeteiligte Personen in die Probleme mit einbezogen werden.

Systembedingte Konflikte muß man häufig als „unlösbar" akzeptieren. Es kann sich zum Beispiel um Reibereien zwischen einem deutschen Unternehmen und seiner Konzernleitung in den USA handeln. Es kann sich um Gesetze handeln, die einem Projekt Fesseln anlegen. Es kann sich um „gewachsene Strukturen" handeln oder um übernomme technische Zusammenhänge, die im Projekt berücksichtigt werden müssen. Auch Organisationsprojekte können nicht an bisherigen Strukturen, Gewohnheitsrechten, gesetzlichen Bestimmungen oder moralischen Bedenken vorbei „ideale" Zustände einführen. Also gibt es auch hier immer wieder Konflikte zwischen dem, was ideal wäre und dem, was man notgedrungen hinnehmen muß.
Sachkonflikte lassen sich häufig durch „Machtwörter" und Prioritätenfestlegungen lösen. Das Management bestimmt, welche Entscheidungen zu treffen sind, wer welchen Kompetenzrahmen bekommt, welche Ziele vor anderen Vorrang haben etc.

Bei jedem Konflikt ist zu diagnostizieren, zwischen welchen Parteien er eigentlich besteht. Konflikte können sich abspielen:

* zwischen Einzelindividuen

Innerhalb des Projektes kann es immer wieder zu Problemen zwischen einzelnen Personen kommen. Man hat unterschiedliche Ziele, verschiedene Meinungen zum Lösungsweg oder unverträgliche Arbeitsgewohnheiten. Nicht selten läßt sich bei Konflikten zwischen Einzelpersonen gar nicht genau sagen, was eigentlich die Ursache ist. Oft werden nämlich nicht die wahren Gründe ausgesprochen, die einem friedlichen Zusammenarbeiten im Wege stehen. Man stelle sich nur einmal vor, wie es ist, wenn ein missionarisch orientierter „Linker" mit einem strammen CSU-Wähler das Büro teilt. Keiner von beiden wird sich beim Projektleiter beklagen, daß die unterschiedlichen politischen Ausrichtungen bei der Arbeit hinderlich sind. Statt dessen wird man über die Gliederung des Projektberichtes, über den jeweiligen Geräuschpegel des anderen beim Telefonieren oder über sonstige Dinge streiten. Manchmal gibt es nicht einmal einen Konfliktgrund, der den betroffenen Mitarbeitern selbst bewußt ist. Die Nase des anderen gefällt einem nicht. In diesem Fall spricht man auch von „Chemie-Problemen". Dem Projektleiter sei geraten, Mitarbeiter, die sich nicht leiden können, lieber kommentarlos in getrennten Büros unterzubringen und mit sauber getrennten Aufgaben zu betrauen. Appelle an die Vernunft bringen genauso wenig wie die Aufforderung: „Rauft euch zusammen."

Völlig in die Irre geht ein Projektleiter, der den einzelnen Vorwürfen nachgeht, die die Konfliktparteien gegeneinander vorbringen. Fast immer handelt es sich um vorgeschobene Gründe. In einem Projekt beklagte sich zum Beispiel ein Mitarbeiter darüber, daß der Kollege ständig mit lautem Geklapper in der Kaffeetasse rühre. Der Projektleiter – ein Ingenieur durch und durch – versteckte daraufhin ein Tonbandgerät im Büro. Er konnte nachweisen, daß tagelang nicht klappernd im Kaffee gerührt wurde. Auch das Vorspielen des Tonbandes führte nicht dazu, daß die beiden Kollegen sich sympathischer wurden.

Natürlich sollte man von erwachsenen Menschen erwarten, daß sie im Projekt ihre persönlichen Abneigungen überwinden und wenigstens korrekt miteinander arbeiten. Wenn man jedoch feststellt, daß es zwischen zwei Personen nicht klappt, dann sollte man als Projektleiter nicht nach Gründen forschen, sondern die beiden trennen. Es ist wie in der Ehe: Lieber Scheidung als Mord.

* innerhalb einer Person
Konflikte innerhalb einer Person muß die betreffende Person mit
sich selbst ausmachen. Zu einem Gefühl der „inneren Zerrissen-
heit" kann es kommen, wenn widersprüchliche Anforderungen
gestellt werden.
Wenn ein Mitarbeiter zum Beispiel für sich entschieden hat, niemals bei einem Rüstungsprojekt mitzuarbeiten, dann kann ein lu-
kratives Angebot in diesem Bereich zu einem inneren Konflikt
führen. Zunächst sagt man vielleicht nein. Dann fällt einem ein,
daß der Arbeitsmarkt auch nicht mehr so rosig aussieht, daß man
eine Familie zu ernähren und das Haus zu bezahlen hat... Auf der
anderen Seite steht das Gewissen.
Speziell in sehr technisch orientierten Projekten geraten Projektleiter manchmal in einen inneren Konflikt im Hinblick auf ihre
Aufgaben. Einerseits möchten sie die Führungsverantwortung
der Projektleitung haben, andererseits würden sie sich am liebsten
in technische Feinarbeiten verkriechen.

* innerhalb einer Gruppe
In jedem Projekt kommt es zumindest während der Frustphase zu
internen Konflikten. Die inoffizielle Rangordnung wird gebildet.
Meinungsbildner konkurrieren um Einfluß und Macht. Der
„Hausrebell" legt sich mit dem Projektleiter an. Der intellektuelle
Tüftler mäkelt an der Grobkonzeption herum und verletzt dabei
die Gefühle der Autoren. Der Bürokrat hat die ersten Regelver-
stöße entdeckt. Der zwangsweise ins Team versetzte Mitarbeiter
läßt jeden wissen, wie schrecklich er alles findet. Der alte Hase
schaut auf die jungen Kollegen herab, und die frisch ausgebildeten
Nachwuchskräfte regen sich über die Sturheit der Alten auf.
Alle diese Kämpfe um Macht, um Positionen in der Hackordnung, um das Rechthaben und um das eigene Ansehen werden oft
scheinbar sachlich ausgetragen. Man streitet über die Zielformulierungen des Projektes, über die allein selig machende Vorgehensweise, um die Gliederung des Protokolls oder um Ressourcen.
Der Projektleiter sollte auch hier nicht unbedingt den einzelnen
Anlässen nachgehen. Er ist vielmehr gut beraten, sich aus den team-
internen Reibereien herauszuhalten und statt dessen dafür zu sorgen, daß möglichst schnell sichtbare Erfolge nach Außen vorge-
zeigt werden können. Das Gefühl, zu einem erfolgreichen Projektteam zu gehören, läßt viele interne Streitigkeiten abflauen. Ein

eher mieser Trick ist es, wenn man ein Team mit internen Kon-
flikten dadurch einigt, daß man der Gruppe einen gemeinsamen
Feind gibt. Dabei kann es sich um ein konkurrierendes Projekt-
team handeln, um den Betriebs- oder Personalrat oder um das
Management. Es gibt Projektleiter, die ganz bewußt ihr Team
durch ein gemeinsames Feindbild zusammenschweißen.
In der Politik kennt man dieses Vorgehen zum Beispiel vom Iran.
Das Land ist voller interner Konflikte. Aber man kanalisiert den
Haß. Die Juden oder die Amerikaner oder der ganze Westen sind
der gemeinsame Feind. Und siehe da: Es funktioniert.
Für einen Projektleiter kann dieses Experiment jedoch auch negativ ausgehen. Der bisherige gruppeninterne Konflikt wird dann
abgelöst durch einen Konflikt zwischen Gruppen (siehe unten).

* zwischen Gruppen
Im Rahmen der Projektarbeit sind Konflikte zwischen Gruppen
besonders häufig in folgenden Konstellationen: Das Projektteam
gegen die zukünftigen Benutzer des zu erstellenden Produktes.
Das Team gegen die Geschäftsleitung. Das Team gegen den Per-
sonal- oder Betriebsrat.
Mit dem Personalrat kann es Ärger geben, wenn durch das Projekt zum Beispiel bisherige Arbeitsplätze wegfallen, wenn Hierarchieebenen wegrationalisiert werden, wenn Produkte entstehen,
die eher im Interesse der Unternehmensleitung sind als im Interesse der zukünftigen Benutzer.
Bei jedem Konflikt, den das eigene Team mit anderen Gruppen
auszutragen hat, muß der Projektleiter die Sache in die Hand nehmen. Er darf nicht in Sacharbeit „abtauchen" und das Team die
Probleme allein ausfechten lassen.
Er muß aber auch darauf achten, daß er nicht in Feuereifer gerät
und Konflikte bearbeitet, die eigentlich Aufgabe der Geschäftsleitung sind. Es kommt nämlich gar nicht so selten vor, daß sich das
Management mit unpopulären Maßnahmen hinter einem Projektteam versteckt.

* zwischen einem Individuum und einer Gruppe
In diesen Zusammenhang gehören unter anderem auch das Mob-
bing- und das Prügelknabenphänomen. Aus irgendwelchen Gründen wird eine Person von der Gruppe nicht anerkannt. Man sollte
sich vor allgemeinen Urteilen hüten. Es ist nicht immer so, daß
der Außenseiter die Schuld an seiner Rolle trägt. Es ist aber auch

nicht immer so, daß das Mobbing-Opfer unschuldig und die Gruppe schuldig ist.

Dem Projektleiter ist fast immer zu empfehlen, die Außenseiterperson aus dem Team zu entfernen. Manchmal kennt man die Ursache für das Mobbing und kann ein offenes Gespräch mit der betreffenden Person führen. Das kann jedoch nur als Hilfe für die Zukunft verstanden werden. Im aktuellen Team ist oft der Druck der Projektarbeit zu groß, als daß man einen Außenseiter „resozialisieren" könnte.

Auch der Projektleiter kann als Individuum in Konflikt mit seinem Team geraten. Vielleicht war er zu streng, und die Mitarbeiter schließen sich wie eine schweigende Mauer gegen ihn zusammen. Niemand exponiert sich, aber stillschweigend wird die Arbeit blockiert. Vielleicht wird aber auch die Autorität des Projektleiters nicht anerkannt. Niemand erträgt den Gedanken gern, einen Schwächling als Chef ertragen zu müssen. Wie bei dem schwach gewordenen Leittier eines Rudels versucht die Gruppe, sich selbst ein stärkeres „Alpha-Tier" zu geben und den schwachen „Rudelführer" loszuwerden.

Im allgemeinen kann man sagen, daß ein Projektleiter, der das Team gegen sich hat, mit hoher Wahrscheinlichkeit das Projekt zum Scheitern bringt. Das heißt nicht, daß Sie Ihrem Team ständig zu Diensten sein müssen, daß Sie kein „Machtwort" mehr sprechen dürfen. Es wird sogar von Ihnen erwartet, daß Sie die Zügel fest in der Hand haben. Aber als Einzelkämpfer gegen Ihre Mannschaft können Sie nichts ausrichten.

2.3. Die Dimensionen von Konflikten

Besonders im beruflichen Umfeld möchte niemand sich dem Vorwurf aussetzen, unsachlich oder gar emotional zu argumentieren. Statt dessen tut man so, als fühle man sich innerlich überhaupt nicht erregt oder erbost oder betroffen oder zu irgendwelchen Reaktionen angestachelt. Man beherrscht sich, bleibt möglichst ruhig und versucht so sachlich wie es nur geht, die eigenen Argumente vorzubringen. Manche Menschen neigen sogar dazu, immer wieder innerhalb eines Konfliktes darauf hinzuweisen, daß sie keinerlei persönliche Interessen in diesem Zusammenhang ha-

ben („Ich hab da doch keine Aktien drin.", „Mir ist es doch völlig
egal.", „Es geht doch hier nur um die beste Lösung für die Firma.",
„Ich rege mich nicht auf!") und emotional auch gar nicht betroffen
sind. Gleichzeitig wird der „Gegner" genau beobachtet. Mit Scha-
denfreude wird sofort jede Gefühlsäußerung festgestellt und ange-
prangert: „Bleiben Sie doch sachlich!"

Wenn wir jedoch genau hinsehen, können wir feststellen, daß das
Konfliktgeschehen nie nur auf sachlicher Ebene abläuft. Wäre es
nur sachlich, wäre es viel leichter, in Ruhe und zügig zu einem Ergebnis oder einer Einigung zu kommen. Wer jedoch schon einmal
ein Projekt geleitet hat, kennt die Probleme und die endlosen Verhandlungen und den inneren Zorn und die heimlichen Triumphe,
die bei Konflikten auftreten.

Konflikte haben immer mindestens zwei Dimensionen, eine sachliche und eine emotionale:

1. Die sachliche Dimension
Bestimmte sachliche Unklarheiten oder Meinungsverschiedenhei-
ten sind zu klären und zu entscheiden. In Projekten geht es häufig
um Fragen wie:
– Wieviel Zeit steht zur Verfügung?
– Wer hat welche Kompetenzen?
– Wer soll im Projekt mitarbeiten?
– Welches Phasenkonzept oder Vorgehensmodell soll gelten?
– Welche Ziele sind mit welcher Priorität zu erreichen?
– Welches ist die beste Lösungsmöglichkeit auf dem Weg zur
  Zielerreichung?
– Wer bestimmt, was Qualitätsmaßstab ist?
– Welche Ressourcen sollen zur Verfügung stehen?
– Wie ist bei Pannen und Problemen zu verfahren?
– Wer verhandelt mit welcher Kompetenz mit welchen externen
  Partnern?
– Welche Informationen sind zu schützen, und wer darf welche
  Unterlagen einsehen?

Man sollte meinen, daß solche Fragen in aller Sachlichkeit besprochen, geklärt und entschieden werden können. Kompetente
Leute mit Willen zum Projekterfolg sollten sich zusammensetzen,
ihre Erfahrungen und ihre Erkenntnisse austauschen und dann
gemeinsam zu Entscheidungen kommen.

So fangen viele der Projektbesprechungen und Arbeitskreise tatsächlich an. Aber nicht immer kann wirklich konfliktfrei gearbeitet werden.

Menschen treffen aufeinander, die sich mögen oder auch nicht, die bereits vorher Karrierekonkurrenten waren, die schon in früheren Projekten Auseinandersetzungen miteinander hatten, die auf Grund unterschiedlicher Sichtweisen oder Erkenntnisse verschiedene Lösungen bevorzugen oder ablehnen, die neben den offiziellen Projektzielen auch noch unausgesprochene eigene Ziele verfolgen...

Wo Menschen miteinander reden und arbeiten, treffen nicht nur Intelligenzen aufeinander, sondern auch Gefühle und Absichten. Somit kommt zu der sachlichen Dimension schnell eine weitere hinzu:

2. Die emotionale Dimension
Konflikte kann man auch mit Eisbergen vergleichen.
Ein vergleichbar geringer Anteil ist sichtbar, ein viel größerer Anteil ist unter der Oberfläche verborgen. Die emotionale Dimension eines Konfliktes ist viel größer und viel belastender als die sachliche. Das gilt auch dann, wenn alle Parteien heftig abstreiten, daß überhaupt irgendwelche Gefühle betroffen sind. Trotzdem kann es bei kleinen sachlichen Meinungsverschiedenheiten sehr leicht zu großen emotionalen Bezügen kommen. Wenn zum Beispiel zwei Experten den zu erwartenden Aufwand für ein Projekt schätzen sollen, ist die Chance groß, daß der eine etwas mehr Aufwand als der andere schätzt. Manchmal einigen sie sich irgendwo in der Mitte. Manchmal sprechen sie sich ab, von welchen Voraussetzungen sie ausgegangen sind und kommen dann bei Angleichung der Prämissen zu gleichem Schätzergebnissen. Manchmal jedoch kann auch das passieren:
Die sparsame Unternehmensleitung erklärt die geringere Aufwandschätzung für die richtige. Das beleidigt den anderen Experten in seiner Fachkompetenz. Er fühlt sich angestachelt zu beweisen, warum sein höheres Ergebnis auf einer seriöseren Schätzung beruht. Das wiederum verärgert den anderen Experten...
Hin und her gehen die Argumente, bis keiner der beiden mehr ohne Gefahr des „Gesichtsverlustes" von seinem Standpunkt abrücken kann. Jeder bemüht sich, sein überlegenes Expertentum vorteilhaft mit den Irrtümern des anderen zu vergleichen. Jeder

fühlt sich vom anderen in seiner fachlichen Qualifikation angegriffen. Jeder befürchtet, von der Geschäftsleitung als schlechter Schätzer gesehen zu werden. Das darf man nicht auf sich sitzen lassen...

Bei der emotionalen Dimension eines Konfliktes geht es um Fragen wie:
- Wer will wen „besiegen"?
- Wer hat Sorge, zu kurz zu kommen?
- Wer hat noch aus einem früheren Projekt mit wem eine „Rechnung offen"?
- Wer kann sich gegen wen durch seine Machtposition durchsetzen?
- Wer ist wem rhetorisch unterlegen und kann das schlecht ertragen?
- Wer will neben den offiziellen Zielen auch noch eigene Interessen durchsetzen?
- Wer hat welche Befürchtungen, daß sich durch das Projekt etwas für ihn Nachteiliges ergeben könnte?
- Wer ist verärgert, weil er nicht die gewünschte Rolle im Projekt spielt?
- Wer mag wen nicht?
- Wer paktiert mit wem?
- Wer verteidigt welchen Status oder welche Vorrechte?

Wie weit die emotionale Dimension zutage tritt, hängt vom kulturellen Hintergrund, von Verhaltensgewohnheiten, von Traditionen und auch von der Selbstbeherrschung der Beteiligten ab. In den meisten Projektsitzungen kann man wohl davon ausgehen, daß es nicht zu Gebrüll oder gar Faustkämpfen kommt. Bei den Parlamentssitzungen einiger Staaten kann man – wie uns das Fernsehen gelegentlich zeigt – scheinbar nicht immer sicher sein, daß sich die Kontrahenten nicht irgendwann doch noch gegenseitig schlagen.

In Projektsitzungen findet der „Schlagabtausch" verbal statt. Scheinbar ruhig und sachlich bringt man seine Argumente vor. Und doch gelingt es immer wieder, sich gegenseitig durch spitzfindige Andeutungen und geschickte Formulierungen auf die Palme zu bringen.
Ganz unschuldig erinnert zum Beispiel einer: „Wir wollen doch nicht wieder durch eine Fehlplanung Verluste machen." Das klei-

ne Wort „wieder" reicht aus, daß alle sich an ein bestimmtes Projekt erinnern. Der damals verantwortliche Projektleiter fühlt sich sofort angegriffen und holt zum Gegenschlag aus...

Oft entwickelt sich eine zunächst harmlose Meinungsverschiedenheit ganz allmählich zu einem Konflikt mit zunehmend emotionaler Bedeutung. So können Feindschaften entstehen, an deren Anfang sich später niemand mehr erinnert.
Und jeder der Beteiligten ist sicher: Ich wollte die Angelegenheit sachlich besprechen. Aber der andere spinnt oder hat finstere Absichten oder ist zu dumm für eine vernünftige Lösung.

2.4. Typische Konfliktquellen im Projekt

Obwohl jedes Projekt seine neuen und überraschenden Probleme und auch Vorteile entwickelt, gibt es ganz typische Konfliktursachen, die man seltener bei Einheiten der Linienorganisation erleben kann als in Projekten. Es mag daran liegen, daß Projekte häufig bereits mit Zeitdruck, Ressourcenmangel und nicht immer optimal zusammengestellten Teams beginnen. Vielleicht sind Projekte auch deshalb besonders konfliktanfällig, weil man sich nicht immer bewußt macht, wieviel Zeit am Anfang notwendig ist, damit die Mitglieder des Teams sich zusammenfinden können, damit die Kommunikation zwischen Projekt und zukünftigen Produktbenutzern und Personal- oder Betriebsrat und Unternehmensleitung und sonstigen Partnern sich entwickeln kann. Dazu kommt fast immer noch die Schwierigkeit, daß häufig erst spät erkannt wird, daß Ziele und Aufgaben schwammig definiert wurden, daß nicht jeder die Zusammenhänge richtig verstanden hat und daß auch nicht jeder wirklich einverstanden ist mit dem Projekt oder auch nur an den Nutzen oder die Realisierbarkeit glaubt.

Mangel, Mißverständnisse und menschliche Faktoren sind die Grundursachen für viele Projektkonflikte. Leider treten die Reibereien meistens nicht sofort zutage, sondern erst recht spät, wenn sich vieles kaum noch einrenken läßt oder viel Initiative erfordert.

Die typischen Konfliktquellen sind in Projekten immer wieder:

– Kompetenzregelungen
Wer darf was entscheiden? Wer ist wofür verantwortlich? Wer
verbindet welches Prestige mit der Kompetenzregelung?
Im Zusammenhang mit der Kompetenzregelung kommt es immer
wieder zu dem klassischen Konflikt, daß der einzelne Mitarbeiter
gleichzeitig Anforderungen des Projektleiters erfüllen soll und für
seinen Linienvorgesetzten Aufgaben zu erledigen hat. Wer trifft
Personalentscheidungen? Wer darf wem „etwas sagen"?
Um diesem Gerangel möglichst aus dem Weg zu gehen, sei jedem
Projektleiter empfohlen, gleich zu Anfang des Projektes auf einer
schriftlichen Kompetenzfestlegung zu bestehen. Man sollte sich
dabei nicht abwimmeln lassen mit Bemerkungen wie: „Das ist
doch alles Bürokratismus!" Projekte verschlingen Geld und Zeit.
Wenn sie nicht gut laufen, können materielle und immaterielle
Verluste (Frust, Ärger, Imageverluste) enstehen. Wenn man sich
das vor Augen hält, sollte man nicht vor dem vergleichsweise geringen Aufwand zurückschrecken, am Anfang – noch vor jedem
Konflikt – die grundlegenden Rechte und Pflichten des Projektleiters, der Teilprojektleiter, der Mitglieder des Steuerungsteams
und sonstiger Ansprechpartner und Entscheider schriftlich zu
fixieren.

– Schätzungen und Pläne
Schätzungen sind immer ein heikles Thema im Projekt. Von den
geschätzten Aufwänden, Kosten und Fertigstellungsterminen
hängt es oft ab, ob das Projekt überhaupt in Auftrag gegeben
werden soll. Oft läßt sich bei unbekannter Technik oder bei neu-
en Verfahren gar nicht so genau schätzen, wie lange es dauern
und wieviel es kosten wird. Dazu kommen diverse Überlegungen, die jeder Beteiligte still für sich behält. Der Projektleiter
unterstellt, daß man ihn nur drücken will und ihm Termine und
Budgetgrenzen serviert, die sich in der Praxis niemals einhalten
lassen. Die Unternehmensleitung geht davon aus, daß alles solange dauert, wie man den Leuten Zeit dafür gibt. Also muß man
streng sein, sonst leben sich die Mitglieder des Projektteams aus
und vergessen die Gesetze der Wirtschaftlichkeit. Die einzelnen
Mitglieder des Projektteams stehen auf dem Standpunkt, daß
die Führungskräfte – das gilt auch für den Projektleiter – keine
Ahnung haben, wie leicht der Teufel im Detail steckt. Am grü-

nen Tisch werden Schätzungen ausgeheckt und Pläne entwickelt, die nachher auf dem Buckel der Mitarbeiter durchgedrückt werden sollen.

Dem Projektleiter sei empfohlen, niemals Schätzungen zu akzeptieren, die er nicht selbst für realistisch hält. Sollte man ihn trotz aller Proteste zwingen, ein Projekt zum Ziel zu führen, dessen vorgegebene Schätzungen und Pläne er nicht für realistisch hält, dann sollte er seine Bedenken schriftlich formulieren und sachlich gut begründen. Es reicht nicht, nur zu behaupten, daß das nicht funktionieren kann. Nicht selten stellt man erst durch die schriftliche, detaillierte Begründung fest, daß nicht die Schätzungen falsch waren, sondern die jeweiligen Vorstellungen, was eigentlich genau und mit welcher Qualität vom Projekt erwartet wird.

– Zusammenarbeit mit den Betroffenen
Nicht jedes Projekt gefällt den Menschen, die später mit dem Ergebnis leben sollen. Man denke nur an Organisationsprojekte zur Straffung der internen Abläufe, an Projekte zur Einführung von Lean Management, von neuen Verfahren zur Qualitätssicherung etc. Ganz besonders unbeliebt sind natürlich Projekte, die Arbeitsplätze wegrationalisieren, ausgliedern oder entscheidend verändern sollen.
Auch wenn der Projektleiter nicht für die Entstehung des Projektes verantwortlich ist, sondern ganz einfach beauftragt wurde, eine von der Unternehmensleitung getroffene Entscheidung umzusetzen, wird man ihn mindestens als willfährigen Gehilfen des Übels angreifen. Natürlich soll sich der Projektleiter nicht von seinem eigenen Auftrag distanzieren nach dem Motto: „Ich finde es auch nicht gut, aber man hat mich gezwungen." Er sollte aber auch nicht die Reibereien mit den Betroffenen allein durchstehen müssen. Er muß von Anfang an klarstellen, daß sich die Unternehmensleitung in erster Linie mit dem Konflikt zu befassen hat.
Das gilt auch für Projekte, die zu Konflikten mit der Presse und der allgemeinen Öffentlichkeit führen können.

– menschliche Konflikte
In Projekten treffen Fachleute und Laien verschiedener Sachgebiete und mit verschiedenen Arbeitsgewohnheiten und verschiedenen Fachsprachen aufeinander. Nicht jeder Beteiligte empfin-

det die „bunte Truppe" als Bereicherung. Nicht selten begegnet man sich mit Vorurteilen, die dann auch noch beim ersten gemeinsamen Meeting bestätigt werden. Wer vorher geglaubt hat, daß DV-Spezialisten arrogant sind, wird beim ersten englischen Fachwort des DV-Kollegen dieses Vorurteil bestätigt sehen. Wer vorher schon wußte, daß die Kollegen aus der Revision kleingeistig und verkniffen sind, erkennt sofort entsprechende Symptome, wenn der Vertreter der Revision seine Bedenken äußert. Wer vorher schon wußte, daß Verkäufer Windhunde ohne geistigen Tiefgang sind, sieht sich bereits bestätigt, wenn er die entspannte Sitzhaltung des Kollegen aus dem Vertrieb sieht. Mit solchen Gefühlen von Mißtrauen und Abwertungen fangen recht viele Projekte an. Meistens lernen die Mitglieder des Teams sich im Laufe der Zeit gut genug kennen und revidieren ihre Vorurteile, manchmal jedoch – und ganz besonders unter dem im Projekt üblichen Druck – können kleine Abneigungen zu ernsthaften Grabenkriegen führen.

Als Projektleiter sollte man gleich zu Anfang sehr deutlich machen, daß man selber jedes einzelne Mitglied des Teams in gleicher Weise respektiert. Wenn der Projektleiter selbst zum Beispiel aus der Technik kommt, darf er sich nicht mit seinen Technikern gegen die anderen solidarisieren nach dem Motto: „Leider müssen wir die Typen aus der Revision mit ins Projekt holen." Wer so anfängt, hat ganz sicher in kürzester Zeit Konflikte im Team.
Über diese Konflikte soll später noch einiges gesagt werden.

Eines gilt für alle Konflikte: Wenn der Knatsch einmal da ist, kann man ihn nicht logisch wegdiskutieren. Wenn es zu Auseinandersetzungen gekommen ist, kann man nicht mehr der einen oder der anderen Partei nachweisen, daß eigentlich alles in Ordnung ist, daß man die Unklarheiten nur sachlich betrachten und die ungelösten Fragen klären sollte. Man muß nämlich immer davon ausgehen, daß sich vor dem Ausbruch eines Konfliktes schon längst bei Betroffenen Gefühle entwickelt haben wie: „Das lasse ich mir nicht bieten!" oder: „Die anderen machen doch immer, was sie wollen." oder: „Wenn ich mir das jetzt auch wieder gefallen lasse, bin ich blamiert."

Man sollte auch nicht vergessen, daß Projektkonflikte häufig zwei unterschiedlich starke Parteien betreffen. Oft kann sich die stärkere Partei – zum Beispiel die Geschäftsleitung – durchsetzen. Dann ist der aktuelle Konflikt zunächst vielleicht geregelt. Aber der Ärger bei der schwächeren Partei über die Niederlage ist oft schon der Keim für spätere neue Konflikte.

Auch das sollte man nicht vergessen: Jeder Konflikt hat seine lustvoll interessierten Zuschauer. Auch das kann es für die Betroffenen manchmal schwer machen, nachzugeben und sich friedlich zu einigen.

2.5. Das Gras wachsen hören?

Die meisten Konflikte brechen nur scheinbar plötzlich aus. In Wirklichkeit bahnen sie sich langsam an. Mehr über die Eskalationsstufen von der ersten Verstimmung bis zum offenen Krach erfahren Sie später. An dieser Stelle sei auf die typischen Warnmerkmale verwiesen, die einem erfahrenen Projektleiter anzeigen können, daß da „etwas im Busch" ist. Leider achten viele Projektleiter nicht rechtzeitig auf solche Warnzeichen. Wer sich sehr stark in die fachlichen und technischen Zusammenhänge des Projektes versenkt, bekommt von den menschlichen Stimmungen zu wenig mit und wird dann von einem offenen Konflikt überrascht. Sehr harmoniebedürftige Projektleiter bemerken zwar erste Anzeichen von Verstimmungen, tun dann aber alles, um die Probleme schnell unter den Teppich zu kehren. Dadurch kann sich ein ungelöstes kleines Problem leicht unbemerkt zu einem großen Krach entwickeln.

Wenn man bedenkt, wieviel bezahlte Arbeitszeit und wieviel Energie – sowohl von den Beteiligten als auch von den interessierten Beobachtern – in Konflikte gesteckt werden, dann kann man jedem Projektleiter nur raten, sensible Antennen für mögliche zwischenmenschliche Probleme zu entwickeln. Man sollte natürlich nicht ständig herumstochern und besorgt nach Mißstimmungen forschen. Das könnte bisher zufriedene Mitarbeiter unnötig auf die Idee bringen, psychische Nabelschau zu betreiben und seelische Unpäßlichkeiten zu entwickeln, um endlich dem Projektleiter die Probleme liefern zu können, die er ja wohl dringend sucht.

Typische Anzeichen für unterschwellige, latente oder drohende Konflikte im Projektteam sind:

- Clownereien, die Besprechungen behindern und die Konzentration stören
- „Mauern" und Verstecken oder Verfälschen von Informationen
- Dienst nach Vorschrift, Bürokratie, Formalismus und zunehmendes Beharren auf schriftlichen Anweisungen oder Arbeitsplatzbeschreibungen
- Desinteresse, Vergeßlichkeit und unerklärliche Begriffsstutzigkeit
- Gerüchte und Intrigen
- Aggressivität oder auch falsch wirkende Überfreundlichkeit
- stures Beharren auf Standpunkten und unerklärliche Uneinsichtigkeit auch bei intelligenten Mitarbeitern
- Zynismus, Sarkasmus und Galgenhumor
- Kurzkrankheiten und zunehmendes Klagen über körperliche Beschwerden

Im Grunde ist jede Verhaltensänderung ein möglicher Hinweis auf einen möglichen Konflikt. Wenn zum Beispiel bisher das Team immer gemeinsam in die Kantine zum Essen ging, dann kann das plötzliche Sich-zurückziehen einzelner Personen ein Warnsignal sein. Wenn vorher die einzelnen Mitglieder des Teams ihre Pausen individuell gestalteten, kann das plötzliche „Zusammenrotten" ein Hinweis sein.

Man sollte sich bei der Beachtung dieser Anzeichen stets bewußt sein, daß nicht immer die Person, die Konfliktmerkmale zeigt, auch die ist, die das Problem verursacht hat.

Projekte können auch in Konflikte mit ihrem Umfeld geraten. Es kann zu Reibereien mit dem Management kommen oder zu Auseinandersetzungen mit dem Betriebs- oder Personalrat. Auch in diesen Zusammenhängen gibt es typische Anzeichen für sich anbahnende, aber noch nicht offen ausgebrochene Konflikte:
- Vereinbarungen mit dem Management gelten nicht mehr
- Das Management zeigt vermehrtes oder vermindertes Interesse am Projektfortschritt
- Es kommen immer wieder Änderungswünsche und Nachforderungen
- Man findet keinen gemeinsamen Termin mehr für Absprachen mit dem Projektleiter
- Prioritäten werden verschoben

- Projektpräsentationen entwickeln sich zu „Hinrichtungen"
- Zu Projektsitzungen werden Stellvertreter geschickt, oder man sagt kurzfristig die Teilnahme ab
- Während der Meetings wird der Augenkontakt mit dem Projektleiter gemieden oder durch aggressives Starren übertrieben
- Während der Meetings kommt es zu demonstrativer Langeweile, zu Störungen (z.B. mit dem Kulli schnippen) oder zu Nebenbeschäftigungen (z.B. ausdauernde Beschäftigung mit dem eigenen Zeitplaner)

Auch hier gilt, daß jede Verhaltensänderung ein Warnsignal sein kann.

Manchmal kann der Projektleiter durch offene Fragen das Problem ans Licht holen. Manchmal führt die offene Frage aber auch zu sturem Abstreiten wie zum Beispiel: „Nein, wir haben keine Probleme. Wieso?" Soll man dann sagen: „Sie haben während meiner Projektpräsentation mit dem Kulli geschnippt"? Damit würde man sich nur lächerlich machen.

Wenn auf das konkrete Nachfragen nach möglichen Störungen oder Problemen nicht mehr als ein Achselzucken kommt, dann ist der Konflikt vielleicht schon weiter, als die Merkmale bisher vermuten ließen.

Dann wird es höchste Zeit, daß sich der Projektleiter Gedanken macht über die möglichen Ursachen:
- Wer leistet Widerstand?
- Wessen Verhalten hat sich geändert?
- Wie?
- Seit wann?
- In welchen Situationen und Zusammenhängen?
- Gegenüber wem?
- Gibt es vielleicht Akzeptanzprobleme?
- Welche Ziele verfolgt hier vermutlich wer?
- Gibt es bisher nicht beachtete „Chemie-Probleme" zwischen einzelnen Personen?
- Wird irgend jemand durch das Projekt in seiner bisherigen Position beeinträchtigt?
- Könnte sich jemand beeinträchtigt fühlen?

Der Projektleiter muß im Einzelfall entscheiden, ob er diesen Fragen allein nachgeht oder ob er sich mit Mitarbeitern, Kollegen

oder anderen Führungskräften zu einer Analyse der Situation zusammensetzt.
Schleifen lassen sollte er die Probleme auf keinen Fall.

2.6. *Vorbeugen ist besser als heilen.*

Fast ebenso banal und dennoch richtig ist der Spruch: „Gefahr erkannt, Gefahr gebannt." Wenn man weiß, wo und wann und zwischen welchen Parteien mögliche Konflikte auftreten könnten, dann sollte man sich überlegen, ob man nicht einiges verhindern oder zumindest abmildern kann.
Zu den Vorarbeiten am Anfang eines Projektes gehören auch Analysen von bereits absehbaren Risiken. Dabei sollte man sich keineswegs nur auf technische Risiken beschränken. Man sollte sich immer auch mit den Menschen befassen, die im Zusammenhang mit dem Projekt vielleicht Wünsche, Befürchtungen, Erwartungen oder Abneigungen haben. Oft kann man sich dann bereits auf Widerstände einstellen, die erst später zum Tragen kommen.

Man sollte sich auch überlegen, mit welchen externen Partnern man im Verlaufe der Projektzeit zusammenarbeiten wird. Gibt es kritische Partner, die schon öfter ein Projektteam in Probleme gebracht haben? Es kann sich dabei um unzuverlässige Lieferanten oder auch um sture Kollegen oder Führungskräfte aus anderen Abteilungen handeln. In manchen Unternehmen gehört die heftige Auseinandersetzung mit dem streitbaren Betriebsrat zum Standardprogramm jeder Projektarbeit. Ein ganz besonders konfliktträchtiger Aspekt ist die Personalbesetzung. Wenn man weiß, daß es üblich ist, immer wieder Mitarbeiter aus dem Team abzuziehen und durch solche zu ersetzen, die woanders gerade frei wurden, dann kann man sich auch auf einige Konflikte einrichten. Im Team selbst wird kaum die notwendige routinierte Zusammenarbeit entstehen können, und die Personen außerhalb des Projektes sind auch nicht immer bereit, sich auf neue Ansprechpartner einzustellen. Hinzu kommt, daß die einzelnen Mitarbeiter oft keine Lust haben, die angefangenen Arbeiten von Kollegen zu übernehmen oder sich in Aufgaben zu vertiefen, die sie vermutlich doch nicht zuende bringen können.

Wichtig ist auch die Betrachtung des Projektumfeldes, der Ausstattung mit Ressourcen, der Bedingungen, unter denen gearbeitet werden soll. Wenn in diesen Bereichen bereits am Anfang Einschränkungen gemacht werden oder Absprachen nur mündlich erfolgen, sind spätere Konflikte ebenfalls sicher.

Manche Konflikte entstehen auch dadurch, daß irgendwo eine Panne oder ein Risikofall eintritt. Einerseits liegen die Nerven der Mitarbeiter und des Projektleiters dann ohnehin blank, andererseits tragen auch einige der Beteiligten die Sorge mit sich herum, man könne ihnen womöglich die Schuld am Risikofall anhängen. Deshalb gehört die sorgfältige Risikoanalyse eines Projektes auch immer zu den Vorbeugemaßnahmen gegen mögliche Konflikte.

Die Risikoanalyse befaßt sich im wesentlichen mit den Fragen:
- Was kann schiefgehen?
- Welcher Schaden kann entstehen? Für wen?
- Wie und wann werden wir es bemerken?
- Wie können wir die Risiken vermindern?
- Was muß im Fall des Eintretens der Panne oder der Katastrophe getan werden? Von wem?
- Wer muß rechtzeitig über mögliche Gefahren und mögliche Schäden informiert werden?

Je besser das Projektteam auf Krisen eingestellt ist, desto sicherer kann es damit umgehen, desto reibungsloser kann die Behebung der Probleme in Angriff genommen werden, desto weniger wird die Situation dann auch noch durch menschliche Konflikte zusätzlich belastet.

Wie können Sie Konflikten vorbeugen?
- Betreiben Sie eine offene Informationspolitik besonders den zukünftigen Produktbenutzern gegenüber!
  Niemand soll mißtrauisch oder argwöhnisch Vermutungen darüber anstellen müssen, was da wohl an geheimnisvollen Dingen im Projekt geschieht. Man sollte sich auch niemals auf das Argument zurückziehen: „Das verstehen die Betroffenen sowieso nicht." Lassen Sie als Projektleiter die zukünftigen Anwender neuer Produkte und auch die Personalvertreter selbst entscheiden, wie tief sie in die technischen Zusammenhänge einsteigen wollen. Setzen Sie sich und Ihr Team nicht

dem Verdacht aus, daß Sie Informationen vorsätzlich verheimlichen.

– Beziehen Sie die Betroffenen mit ein!
Je mehr die zukünftigen Produktbenutzer bei der Erstellung des Produktes einbezogen waren – zum Beispiel in Workshops und Besprechungen –, desto leichter können sie das Neue und Ungewohnte akzeptieren, desto geringer werden die Widerstände sein.

– Bauen Sie ein Sympathiefeld auf!
Machen Sie sich und Ihr Team gleich zu Anfang des Projektes persönlich bekannt. Stellen Sie sich den Betroffenen vor, erklären Sie den geplanten Verlauf der Arbeiten und bieten Sie an, daß man mit Fragen und Vorschlägen zu Ihnen oder zu einem eigens bestimmten Vertreter der Betroffenen im Projektteam kommen kann.

– Nehmen Sie Befürchtungen und Bedenken der Betroffenen ernst!
Schon manches Projekt mußte allein deshalb ständig mit Konflikten zwischen Team und zukünftigen Benutzern kämpfen, weil der Projektleiter und seine Mitarbeiter arrogant genug waren, die Sorgen der Betroffenen als Beweis ihrer Ahnungslosigkeit abzutun. Wenn die Betroffenen merken, daß man ihre Sorgen nicht ernst nimmt und sie selbst auch noch für „dumm" hält, dann kann es keine friedliche Koexistenz und keine sinnvolle Zusammenarbeit geben.

Bezogen auf das eigene Team sollte der Projektleiter auch die Sensibilität haben, sich rechtzeitig zu überlegen, wer vermutlich gut oder auch weniger gut mit wem zusammenarbeiten kann. Sehr laute und lebhafte Mitarbeiter können stillen Denkern das Leben zur Hölle machen. Raucher passen nicht immer zu Nichtrauchern. Methodenpäpste mit verschiedenen „Glaubensrichtungen" sollte man gar nicht gleichzeitig im Projekt haben.

Wenn zum Beispiel zwei Mitarbeiter das Büro oder die Aufgabe teilen und nach einigen Versuchen des „Zusammenraufens" schließlich feststellen, daß sie nicht miteinander auskommen können, dann sollte man sie trennen. Notfalls muß einer von beiden das Team verlassen. Das ist immer noch besser, als wenn ihnen der Projektleiter „logisch" nachweist, daß sie als „erwachsene

Menschen" miteinander auskommen müssen und gefälligst zusammen zu bleiben haben. Das wäre der sichere Weg in eine
schrittweise Ausweitung des Konfliktes, bis schließlich das gesamte Team davon betroffen ist.
Über die Ausweitung von Konflikten wird noch berichtet.

2.7. Worum geht es eigentlich?

Es gibt verschiedene Typen von Konflikten, die man im Projektverlauf immer wieder erleben kann. Die Konflikttypen unterscheiden sich durch ihre Ursachen und durch die Art ihres Auf-
tretens. Dabei sollte der Projektleiter sich jedoch auch bewußt
machen, daß nicht immer sicher ist, daß die Ursache eines Konfliktes auch tatsächlich da liegt, wo die Unstimmigkeiten ausgebrochen sind. Man unterscheidet:
- Offene Konflikte
  Diese Konflikte sind klar zu erkennen. Die betroffenen Partei-
  en haben Position bezogen und streiten mehr oder weniger
  emotional um ihre Ziele, um das Rechtbehalten oder aus Ärger
  über die Gegenpartei.
- Latente Konflikte
  Diese liegen eher „in der Luft". Sie sind nicht jedem bewußt. Es
  kann sein, daß zum Beispiel das eine oder andere Mitglied des
  Projektteams eine ganze Weile Ärger und Frust mit sich her-
  umträgt, aber das Problem noch nicht offen ausgesprochen hat.
  Oft reicht dann ein vergleichsweise geringer Anlaß, und zur
  Überraschung der bisher ahnungslosen Kollegen kommt es bei
  dem Verärgerten zu heftigen Reaktionen.
  Latente Konflikte sind gefährlich. Unsensible oder sehr technik-
  orientierte Projektleiter bemerken eventuell gar nichts, bis „der
  große Knall" kommt. Manchmal sind die Auswirkungen unan-
  gemessen heftig. Das ist besonders dann der Fall, wenn die bisher sich im Stillen ärgernde Person den Konfliktausbruch
  gleich auch noch für ein allgemeines „Großreinemachen" nutzt.
  Zur Verblüffung der anderen werden dann womöglich uralte Geschichten ausgegraben, an die sich kaum noch jemand erinnert.
- Verschobene Konflikte
  Das sind Konflikte, die nicht da ausgetragen werden, wo sie
  von ihrer Ursache her eigentlich hingehören. Wenn sich zum

Beispiel der Projektleiter vom Management unter Druck gesetzt fühlt, sich dort jedoch nicht traut, „auf den Tisch zu hauen", dann kann es passieren, daß er seine schlechte Laune statt dessen bei den Mitarbeitern ausläßt.

Projekte sind gelegentlich Schauplätze für verschobene Konflikte. Das ist dann der Fall, wenn sich die Unternehmensleitung mit unangenehmen Entscheidungen hinter dem Projekt versteckt. Dann sieht sich das Projektteam in Auseinandersetzungen mit den Betroffenen und dem Personal- oder Betriebsrat verwickelt, obwohl eigentlich die Unternehmensleitung diese Dinge klären sollte. Solche Konflikte treten häufig in Zusammenhang mit Projekten zur Reorganisation oder Rationalisierung auf.

Für offene Konflikte gilt immer, daß der Projektleiter sich zunächst bemühen sollte, die Gemüter der Beteiligten zu beruhigen und die emotional Reagierenden möglichst von der Neugierde anderer abzuschirmen. Je weniger vom Konflikt nach außen durchdringt, desto besser. Häufig ist es auch nicht ratsam, während des offenen Ausbruchs bereits Ursachenanalyse zu betreiben. Es ist ohnehin jede der Parteien überzeugt, daß die Gegenpartei mit dem Streit angefangen oder sich boshaft verhalten hat und somit an allem die Schuld trägt. Während des offenen Konfliktes gilt: Abschotten, beruhigen und Schäden begrenzen.

Latente Konflikte sollte man möglichst früh bemerken. Dazu braucht man manchmal eine feine Witterung für Strömungen und Stimmungen. Man sollte stets auf die oben beschriebenen typischen Hinweise für drohende Konflikte achten. Im Einzelfall ist zu entscheiden, ob man den latenten Konflikt lieber kontrolliert zum Ausbruch kommen lassen will oder erst einmal abwartet, ob sich die Probleme mit der Zeit von selbst erledigen.

Verschobene Konflikte sind oft sehr schwer zu regeln. Man kann wohl kaum einem Menschen sagen: „Sie streiten hier herum, weil Ihnen woanders eine Laus über die Leber gelaufen ist." Das kann man sich denken und eventuell als Anlaß nehmen, die Sache mit Toleranz zu betrachten. Wenn es sich um einen verschobenen Konflikt handelt, den die Unternehmensleitung dem Projekt „hingeschoben" hat, dann sollte man allerdings sehr klar aussprechen, wie man die Sache sieht und wer sie mit wem zu regeln hat.

Ob offen, latent oder verschoben, der Projektleiter muß sich auch als Krisen- und Konfliktmanager verstehen. Bei aller persönlichen Betroffenheit und Verärgerung muß er versuchen, möglichst schnell die Sache in den Griff zu bekommen und die Wogen wieder zu glätten, damit rasch weitergearbeitet werden kann.

Manchmal ist es erforderlich, vor der Regelung eines Konfliktes die wahre Ursache zu identifizieren. Die Frage nach dem „Schuldigen" oder der Person, die „angefangen" hat, ist jedoch fast immer müßig. Es fühlt sich ohnehin jeder unschuldig und sieht im anderen den „bösen Widersacher".

Bei den Konflikttypen wird unterschieden in:
- Zielkonflikte
  Es werden mit einem Vorhaben oder mit einem Projekt gleichzeitig unterschiedliche Ziele verfolgt, die sich gegenseitig ausschließen. Zielkonflikte sind wahre Klassiker des Projektmanagements.
  Beispiel:
  Durch ein Hotelbauprojekt an der türkischen Küste soll ein wirtschaftlich schwaches Gebiet gefördert werden. Der Tourismus soll Arbeitsplätze schaffen und die Landflucht abbauen. Gleichzeitig ist darauf zu achten, daß durch die neuen Hotelanlagen die Umwelt nicht geschädigt und die traditionelle Lebensweise der Bevölkerung nicht beeinflußt werden. Das geht nicht. Jedes Hotel schädigt irgendwie auch die Umwelt. Die neuen Arbeitsplätze werden manchen der Einheimischen zugute kommen und anderen nicht. Dadurch wird sich zunächst die gewohnte Lebensweise verändern. Der Kontakt mit den Fremden wird auch das Verhalten der Einheimischen mehr oder weniger beeinflussen.
  Beispiel:
  In einem Unternehmen sollen durch ein Projekt zum Lean Management die Hierarchien abgebaut werden. Gleichzeitig wird garantiert, daß niemand seinen angestammten Arbeitsplatz verliert. Auch das ist unmöglich.

Zielkonflikte haben häufig etwas von: „Wasch mich, aber mach mir den Pelz nicht naß." Für Projekte bedeutet das oft: Alles soll besser werden, aber nichts darf sich für die Betroffenen ändern. Für den Projektleiter gilt grundsätzlich, daß Zielkonflikte nicht von ihm zu lösen sind. Statt dessen hat er sich, sobald er das

Problem erkennt, damit an die Unternehmensleitung oder den Auftraggeber zu wenden. Zielkonflikte sind – oft durch eine Priorisierung – durch die Instanzen zu bereinigen, die für den Projektauftrag verantwortlich sind. Auf keinen Fall darf einfach weitergearbeitet werden, solange der Zielkonflikt nicht bereinigt ist.

– Wahrnehmungskonflikte
Diese Art von Konflikten entstehen durch unterschiedliche Meinungen, Erfahrungen, Vorlieben, Sichtweisen. Im Projekt stehen sie häufig in Zusammenhang mit den verschiedenen Lösungsmöglichkeiten und mit den verschiedenen möglichen Wegen zum Projektziel.
Beispiel:
Für ein Unternehmen soll eine neue Außendienstorganisation entwickelt werden. Die eine Partei hält einen eigenen Außendienst als Organisationseinheit innerhalb des Unternehmens für die richtige Variante. Dadurch werde gesichert, daß der Außendienst das Unternehmen am Markt immer korrekt entsprechend der Corporate Identity darstelle. Die andere Partei hält es für besser, keinen eigenen Außendienst aufzubauen, sondern lieber mit freien Agenturen zu arbeiten. Sie sieht das bestehende hausinterne Tarifsystem in Gefahr, wenn eine bestimmte Abteilung – anders als alle anderen – mit Provisionen arbeitet.

Der Konflikt entzündet sich daran, daß jede der Parteien die eigenen Argumente für groß und wichtig hält und die Bedenken der Gegenpartei für Bagatellen oder leicht lösbare Kleinigkeiten. Die Argumente der Gegenpartei erscheinen unlogisch, schlecht durchdacht, rückständig ...
Oft ist es dann nur noch ein kleiner Schritt bis zu der Überlegung, ob die Gegenpartei neben den offiziellen Argumenten nicht vielleicht doch unredliche eigene Ziele (Machtzuwachs oder ähnliches) verfolgt.
Wahrnehmungskonflikte sind schwer zu regeln. Die Richtigkeit einer persönlichen Einschätzung oder Beurteilung läßt sich nur schwer „objektiv beweisen". Häufig „gewinnt" in einem solchen Konflikt der bessere Rhetoriker oder die mächtigere Person.

– Verteilungskonflikte
Konflikte um die Verteilung von knappen Ressourcen, von

Personal, von Budgetanteilen etc. sind ebenfalls typisch im Projekt. Es geht immer wieder um die Frage: Wer bekommt was und wieviel davon? Um in den Verteilungskonflikten nicht immer der Unterlegene zu sein, muß ein Projektleiter lernen, sein Projekt immer wieder im eigenen Unternehmen gut „zu verkaufen". Er muß die Unternehmensleitung notfalls von Zeit zu Zeit an die Wichtigkeit seines Projektes erinnern. Es wäre eine völlige Fehleinschätzung, wenn man davon ausginge, daß logische Argumente überzeugen könnten. Es wäre sicherlich gut und richtig, wenn logische Kriterien die Verteilung von Ressourcen bestimmen würden. So geschieht es in der Realität jedoch fast nie. Das gilt auch dann, wenn die Entscheider subjektiv das Gefühl haben, rein sachlich und vernünftig die Ressourcen zugeteilt zu haben. In der Realität sind Verteilungskonflikte oft reine Machtkonflikte rivalisierender Projektleiter und anderer Führungskräfte. Natürlich kann es sich auch innerhalb des Teams um Machtkonflikte zwischen den Mitarbeitern handeln. Wenn zum Beispiel zwei Mitarbeiter um einen PC-Drucker kämpfen, dann bekommt ihn fast nie die Person, die ihn am dringendsten braucht, sondern die, die am besten kämpfen, manipulieren und argumentieren kann.

– Rollenkonflikte
In Projekten entstehen Rollenkonflikte häufig durch ungünstige Aufgaben- und Kompetenzverteilungen. Von einem „intrapersonellen" Rollenkonflikt spricht man, wenn ein Beteiligter sich nicht mit der ihm zugedachten Rolle identifizieren kann. Dabei kann es sich zum Beispiel um eine sehr fachlich orientierte Person handeln, die wegen ihrer überlegenen Fachkompetenz zum Projektleiter ernannt wurde, die jedoch eigentlich nicht so gerne Führungsaufgaben wahrnimmt. Ein solcher Projektleiter neigt häufig dazu, sich in seine Fach- und Sachaufgaben zu verkriechen und die Leitungsfunktionen zu vernachlässigen. Daraus entwickeln sich dann fast zwangsläufig weitere Konflikte.

Ein Rollenkonflikt kann auch dadurch entstehen, daß jemand eine Aufgabe oder Funktion übernimmt und dann nicht genau weiß, was eigentlich in dieser Rolle an Verhalten, Auftreten, Entscheidungen etc. erwartet wird.

Ein anderer Typ des Rollenkonfliktes ist der, daß eine Person in sich mehrere Rollen vereinigt. Jemand ist zum Beispiel als Projektleiter Führungskraft eines Kollegen und gleichzeitig dessen Skatfreund. Wie „hart" kann man den Kollegen „anfassen", wenn er bei seinen Projektarbeiten bummelt?

„Inter-personelle" Rollenkonflikte entstehen dadurch, daß Personen sich gegenseitig in ihren Rollen nicht anerkennen. Der häufigste Fall im Projekt ist, daß hochqualifizierte Spezialisten ihren Projektleiter nicht als „Autoritätsperson" anerkennen, weil er in ihrem Fachgebiet weniger weiß als sie selbst. Dieses Problem kann entstehen, wenn man glaubt, daß der beste Sacharbeiter automatisch der Chef der anderen Sacharbeiter sein müßte. Geradezu klassisch ist dieser Konflikttyp in DV-Projekten. Für viele DV-Spezialisten ist der Gedanke schwer erträglich, daß sie unter der Leitung eines Menschen arbeiten sollen, der weniger „Knipser" ist als sie selbst.

Ganz normal sind die Rollenkonflikte, die während der Frustphase zu Beginn eines Projektes auftreten. Verschiedene Personen versuchen, für sich die ranghöchste Position innerhalb der „Hackordnung" beziehungsweise der inoffiziellen Hierarchie im Team zu ergattern. Es gibt fast immer mehr als eine Person, die Einfluß auf die Kollegen haben und Meinungsbildner sein möchte. Aber nicht jeder wird in gleicher Weise von den anderen in dieser Rolle anerkannt. In größeren Projektteams können sich sogar um zwei oder mehr potentielle inoffizielle Führer regelrechte Parteien bilden.

Als Projektleiter sollte man, um Rollenkonflikte möglichst zu vermeiden oder gering zu halten, vier Regeln beherzigen:

1. Ich übernehme nur dann die Projektleitung, wenn ich auch bereit bin, mich vom Kleinkram der Sacharbeit zu distanzieren.
2. Als offizieller Führer des Projektteams halte ich mich konsequent aus den Rangeleien heraus, die während der Frustphase zur Besetzung der inoffiziellen Hierarchien stattfinden.
3. Ich werde bewußt am Anfang des Projektes konsequent meinen Führungsanspruch behaupten und nicht dulden, daß mir fachlich überlegene Profis die Führung streitig machen.
4. Ich beginne erst dann mit der Projektarbeit, wenn meine Auf-

gaben und Kompetenzen unmißverständlich und schriftlich definiert sind.

– Beziehungskonflikte
Von Beziehungskonflikten spricht man, wenn es menschlich zwischen zwei oder mehr Personen „nicht klappt". Ein kleiner Streit ist noch kein Beziehungskonflikt. Es können jedoch dauerhafte Beziehungskonflikte entstehen, wenn man in zwanghafter Harmoniesucht jeden kleinen Streit sofort unterdrückt. Der Projektleiter sollte sich möglichst aus den Wortgeplänkeln seiner Mitarbeiter heraushalten. Für ihn besteht erst Handlungsbedarf, wenn sich eine der betroffenen Parteien an ihn wendet (nicht mit Petzen zu verwechseln!) oder wenn dritte ihm zur Kenntnis geben, daß der Arbeitsfortschritt durch die Probleme gefährdet ist.

Beziehungskonflikte entstehen häufig durch unterschiedliche Vorstellungen über den eigenen Wert im Verhältnis zu dem des Kontrahenten. Eine andere Ursache können „Chemie"-Probleme sein. Dann wissen die Kontrahenten oft selbst nicht, warum sie sich nicht mögen. Unterschiedliche Werte und Anschauungen können zu Abneigungen und unüberwindbaren Vorurteilen führen. Man sollte auch nicht vergessen, daß unterschiedliche Gewohnheiten im Hinblick auf Ordnung, Körperpflege und Benehmen die Zusammenarbeit schwierig bis unmöglich machen können. Wenn Menschen sich voreinander ekeln, wenn sie sich gegenseitig mit Geräuschen (z.B. an den Zähnen saugen) oder durch Gerüche belästigen, dann können sie nicht miteinander arbeiten. Dann sollte man sie auch nicht zwingen, das Büro zu teilen, gemeinsame Ergebnisse zu produzieren, sich regelmäßig abzusprechen.

Beziehungsprobleme auf Grund von Vorurteilen (zum Beispiel wenn der erste pakistanische Kollege ins Projekt kommt) regeln sich durch die gegenseitige Gewöhnung fast immer von selbst. Beziehungskonflikte, deren Ursachen für den Projektleiter nicht recht zu erkennen sind, sind oft unlösbar. Da ist es oft das beste, die betroffenen Personen zu trennen.

2.8. Kämpfen oder Abtauchen?

Von Führungskräften wird erwartet, daß sie „konfliktfähig" sind. Was ist damit gemeint? Sollen sie „leidensfähig" sein? Oder „kämpferisch"? Oder „blind und taub" für Probleme? Aus Erfahrung wissen wir, daß die Menschen sich im Falle von Konflikten sehr unterschiedlich verhalten. Welches Verhalten eine Person in der aktuellen Situation an den Tag legt, hängt ab von der eingeschätzten Macht und Stärke der Gegenpartei im Vergleich zur eigenen Position, von der Wichtigkeit der Angelegenheit für die betreffende Person und ganz besonders vom üblichen Verhaltensstil. Man unterscheidet vier Richtungen des Verhaltens in Konflikten:

1. Kampf um Sieg und Niederlage
Für Menschen, die diesem Verhaltensstil zuneigen, geht es in einem Konflikt nie nur um die Sache. Es geht immer auch um die persönliche Ehre und das eigene Prestige. Manchmal wird sogar weitergekämpft, wenn das ursprüngliche Problem längst erledigt ist oder wenn man längst weiß, daß man sich mit dem Konfliktgegner gar nicht messen kann. Die Kämpfer um Sieg und Niederlage erleben einen Konflikt immer auch als persönliche Herausforderung an ihre Stärke. Sie müssen geradezu zwanghaft beweisen, daß sie nicht alles mit sich machen lassen, daß sie nicht wehrlos sind, daß niemand ihnen etwas antun kann. Von solchen Kämpfern hören wir gelegentlich Sätze wie: „Das muß ich mir nicht bieten lassen!" Oder auch: „Mir geht es gar nicht um die Sache, mir geht es ums Prinzip!" Wenn sie es geschafft haben, ihren Gegner (oft nur vermeintlich) in die Knie zu zwingen, dann sagen sie: „Dem habe ich es aber gegeben. Da konnte der gar nichts mehr sagen."
An seine Siege erinnert sich der Kämpfertyp noch nach Jahren. Immer wieder unterstreicht er, wie sehr es ihm gelungen ist, den Gegner zu vernichten. Er sagt zum Beispiel: „Da war der so klein mit Hut!" Dazu werden mit den Fingerspitzen ein paar Zentimeter angedeutet. Die Niederlage des anderen wird genußvoll als Triumph gefeiert.

Wenn der Kämpfer selber als Verlierer aus einem Konflikt herausgeht, dann ist das für ihn wie ein „Gesichtsverlust". Mit der Schande wird er kaum fertig. Das Folgeproblem ist dann bereits

vorprogrammiert. „Mit dem habe ich noch eine Rechnung offen",
droht er. Oder: „Da ist das letzte Wort noch nicht gesprochen."
Finster sinnt er über Rache nach, und irgendwann ist es soweit.
Dann kommt der nächste Krach. Aber auch der Sieg des Kämp-
fers ist oft nicht das Ende des Dramas. Da er seinen Sieg nicht nur
genießt, sondern auch noch stolz herumposaunt, verletzt er
natürlich die Gefühle des Unterlegenen. So besteht immer die Gefahr, daß später auch von dieser Seite wieder neue Probleme entstehen. Beim „Kämpfertypen" haben Zeugen des Konfliktes
natürlich wunderbare Unterhaltung. Da spielt sich nichts diskret
hinter den Kulissen ab. Der Kämpfer braucht für sein Prestige das
Publikum.

Bei einem Kämpfer kann man wirklich nicht von „Konfliktfähigkeit" sprechen. Er ist viel zu sehr emotional engagiert und verliert
im aktuellen Fall den Blick für Proportionen. Nicht selten geht
von diesen Menschen etwas Bedrohliches aus.

Die Unternehmensleitung kann gelegentlich ganz bewußt einen
solchen Kämpfer zum Projektleiter machen. Fast immer geht es
dabei um Projekte, mit denen ein anderer sich nicht die Hände
schmutzig oder als Kollege unbeliebt machen will.

Wenn Sie von sich selbst wissen, daß Sie eine Neigung zu diesem
Sieg-oder-Niederlage-Verhalten haben, dann sollten Sie sich vielleicht doch einmal bewußt machen:
- Viele Ihrer Siege sind nur Scheinsiege. Sie ziehen spätere Ra-
  chefeldzüge nach sich. Verlassen Sie sich lieber nicht darauf,
  daß Sie immer in der Lage sein werden, die Dinge in Ihrem Sinne in den Griff zu bekommen.
- Sie werden vermutlich im Laufe Ihres (Projektleiter-)Lebens
  immer wieder von geschickten Taktierern vor deren Karren gespannt. Man mißbraucht Sie in Ihrem Unternehmen womöglich zu ähnlichen Zwecken wie Discobesitzer ihre Raus-
  schmeißer. Achten Sie einmal darauf, ob man Ihnen speziell die
  Projekte gibt, bei denen es um Entlassungen, Rationalisierun-
  gen etc. geht.
- Sie werden vermutlich immer mal wieder von gelangweilten
  Managern oder sogar eigenen Mitarbeitern künstlich angestachelt, sich irgendwo zu „engagieren". Es macht ganz einfach
  Spaß, Ihnen zuzuschauen, wenn Sie mit Schaum vor dem Mund

Dinge durchpauken. In solchen Fällen haben Sie in Ihrem Unternehmen womöglich eine ähnliche Funktion wie in bestimmten Gesellschaftsschichten ein Kampfhund.Es ist sehr einfach, Sie zu instrumentalisieren, weil Sie zu schnell emotional werden und den Überblick verlieren. Es wäre empfehlenswert, Entspannungstechniken zu üben.

2. Nachgeben um des lieben Friedens willen
Das Gegenteil vom Kämpfer ist der Harmoniesüchtige. Bei noch nicht ausgebrochenen Konflikten neigt er erst einmal dazu, die Probleme unter den Teppich zu kehren. Es ist doch alles nicht so schlimm, man soll sich doch bitte nicht aufregen, es wird schon wieder gut werden, wir wollen doch nett miteinander auskommen... Der Friedensapostel ist ständig bemüht, die Wogen zu glätten und das Unangenehme „schön zu reden".Wenn ein Konflikt ausgebrochen ist, weicht der Friedliche sofort zurück. Nachgeben ist seine Devise. Auch das ist keine „Konfliktfähigkeit". Wer immer wieder nachgibt, macht sich langsam aber sicher zum Deppen der anderen. Die anderen werden immer dreister und fordern von Mal zu Mal mehr. Typisch für den Friedlichen als Projektleiter ist, daß ihn eigentlich jeder gerne leiden mag, aber keiner richtig ernst nimmt. Mit seinem Projekt kommt er ganz sicher in Termindruck, weil ihm ständig die Ressourcen und die Mitarbeiter weggenommen werden. Anders als man vielleicht vermutet, sind solche friedfertigen Projektleiter durchaus nicht immer bei ihren Mitarbeitern beliebt. Dafür hat er viel zu sehr das peinliche Image, ein Schwächling zu sein. Es ist keinem Mitarbeiter recht – das sollte sich jede Führungskraft grundsätzlich merken –, einer „Flasche" untergeordnet zu sein. Schon um das Ansehen des Projektes und damit auch des Teams zu sichern, muß ein Projektleiter, bei aller Freude an Harmonie, auch von Zeit zu Zeit in Konflikten hart durchgreifen und standhaft bleiben.

Wenn Sie zum Typ des Nachgebers gehören, dann kann es für Sie sinnvoll sein, ganz gezielt Verhaltenstraining in Richtung Selbstbewußtsein und Durchsetzungsfähigkeit zu machen.

3. Abtauchen
Der Abtaucher ist eine Variante des Harmoniesüchtigen. Der Unterschied ist der, daß der Abtaucher von den Konflikten nichts bemerkt, weil er rechtzeitig verschwunden ist. Er hört und sieht

kein Problem. Für einen Projektleiter ist das Abtauchen im Konfliktfall eine Form der Arbeitsverweigerung.
Es ist Ihre Pflicht, Konflikte zu regeln.
Ein Projektleiter ist nicht nur Checklistenabhaker oder Ressourcenverwalter. Er ist eine Führungskraft, die mit einem Team ganz bestimmte Ziele zu erreichen hat. Dazu gehört auch das Führen in Konfliktsituationen. Einen reinen Schönwetter-Chef kann das Projektteam nicht gebrauchen.

Einen Abtaucher überhaupt zum Projektleiter zu machen, ist eine Fehlentscheidung des Managements. Abtaucher sollten nicht mit Führungsaufgaben betraut werden. Ihre Stärke liegt in der reinen Sacharbeit. Da kann es sogar gut sein, wenn er – alle ihn umgebenden Konflikte ignorierend – stur bei seinem Sachgebiet bleibt.

Mir ist kein Verhaltenstraining bekannt, das aus einem Abtaucher einen konfliktfähigen Projektleiter machen könnte.

4. Kooperative Problemlösung
Die kooperative Problemlösung gilt als das Idealverhalten im Konfliktfall. Es ist das, was wir anstreben sollten. Leider haben wir oft den Eindruck, daß wir selbst dazu sowohl bereit als auch in der Lage sind, daß wir es jedoch bedauerlicher Weise mit einem Gegner zu tun haben, der viel zu unkooperativ auf seinem Standpunkt beharrt.

Mit „kooperativer Problemlösung" ist gemeint, daß sich die betroffenen Parteien zusammensetzen, ihre verletzten Gefühle und möglichen Rachegelüste vergessen und gemeinsam eine Lösung des Problems entwickeln, die letztlich weder einen eindeutigen Sieger noch einen Verlierer aus dem Konflikt hervorgehen läßt.

Wegen der fast immer bereits hochgeschaukelten Emotionen braucht man für die gemeinsame Problemlösung einen neutralen Schlichter oder sogar pro betroffener Partei einen weitgehend neutralen „Anwalt". Auch mit dieser Unterstützung durch Außenstehende gelingt oft nicht die Erreichung des kooperativen Ideals, sondern man handelt einen Kompromiß aus.
Für diese Kompromißverhandlungen sollte sich der kluge Projektleiter natürlich vorher überlegen:
– Das muß mindestens für mich herausspringen.
– Hier kann ich nachgeben.
– Diese Angebote werde ich machen.

– Wenn ich auf XY verzichten soll, dann will ich wenigstens AB dafür haben.

Diese Vorbereitungen klingen zwar sehr nach Basartechnik und nach Feilscherei. Aber was soll man machen? Die Gegenpartei geht sicher genauso gut vorbereitet in die Verhandlungen. Innerhalb der Verhandlungen sollte man sich dann so geschickt zeigen, daß man einerseits eine gewisse Nachgiebigkeit als Ko-operationsfähigkeit demonstriert und andererseits hart kämpft, um nicht als Weichling zu erscheinen. Außerdem macht man seine Verhandlungspartner womöglich unzufrieden, wenn man ihnen ihre Erfolge zu leicht entgegenspielt. Auch die anderen wollen das Gefühl haben, in einer harten Auseinandersetzung wacker gekämpft zu haben. Nehmen Sie sich ein Beispiel an den Ritualen der Tarifparteien. So ähnlich können Konflikte zwischen Projektleitern und anderen Führungskräften auch stattfinden. So ähnlich kann man als schlichtender Projektleiter auch die Konflikte zwischen Mitgliedern des Teams steuern.

Nach jedem geregelten Konflikt sollte man sich immer fragen, ob eine der Parteien sich nun vielleicht doch noch als Verlierer fühlen könnte. Ob zu Recht oder Unrecht, das spielt keine Rolle. Allein die Tatsache, daß sich jemand als Unterlegener fühlt, kann schon wieder der Keim für einen späteren neuen Konflikt sein.

2.9. *Es fängt ganz langsam an.*

Manchmal scheint es, als breche ein Konflikt urplötzlich aus. Völlig überrascht stehen wir vor den heftigen Auseinandersetzungen und Anfeindungen und Wortgefechten. Eben schien die Stimmung noch friedlich zu sein, und schon ist der Knatsch perfekt. Tatsächlich ist ein Konflikt fast nie ein plötzliches Ereignis. Fast immer sind die Anfänge eher unauffällig und harmlos und liegen weit vor dem Ausbruch. Wenn jedoch die harmlosen Anfänge nicht geregelt werden, dann kann sich die erste Verstimmung langsam weiterentwickeln bis zum „Großen Knall". Man spricht im Hinblick auf die Entwicklung von Konflikten auch von Eskalationsstufen. Auf jeder der Stufen könnte durch geeignete Maßnahmen der Konflikt gestoppt werden. Leider sind einige der Stufen für Außenstehende und oft sogar für Beteiligte zu unauffällig, als daß man das Problem ernst nimmt. Es kommt auch immer wieder vor, daß bei einem sich entwickelnden Konflikt die eine Partei das Problem nach einer „Aussprache" für gelöst hält und die Sache vergißt. Die andere Partei jedoch hat das Problem nicht vergessen, weil sie sich zum Beispiel als Verlierer der angeblichen Lösung sieht. Hier brodelt der Konflikt weiter.

Konflikte in Projekten durchlaufen folgende Eskalationsstufen:

1. Leichte Verstimmung
Die Anlasse für Projektkonflikte können zunächst geradezu lächerlich gering sein:
- Soll die Mittagspause um 12:00 Uhr für alle beginnen, oder geht jeder nach Belieben zur Kantine?
- Wer darf bei der Präsentation die Gäste begrüßen?
- Was ist unter dem Begriff „Arbeitsschritt" im Aufgabenmodell zu verstehen?
- Welche PC-Software soll für die Projektdokumentation vorgeschrieben werden?
- Warum ist Herr Müller nicht im Verteiler für die Infoschriften?
- Wer vertritt den Projektleiter im Urlaub?
- Wer bekommt ein eigenes Exemplar des Protokolls?

Mißlaunigkeit und Verstimmung machen sich oft zunächst nur bei einer Person breit.
- Man fühlt sich übergangen, weil ein anderer um Rat gefragt wurde.
- Man fühlt sich angeekelt, weil der Kollege am Nebenschreibtisch ständig Schuppen vom Kopf knibbelt.
- Man fühlt sich zurückgesetzt, weil ein jüngerer Mitarbeiter Teilprojektleiter wurde.

Diese geringen Anlässe können kaum eine echte Auseinandersetzung hervorrufen. Und doch kann es geschehen, daß jemand sich ein wenig verärgert fühlt oder den Eindruck hat, überstimmt oder nicht richtig gewürdigt worden zu sein, oder erkennt, von Ahnungslosen umgeben zu sein...

Man sagt vielleicht nichts dazu, aber man geht die Sache im Geiste mehrfach durch. Dann erkennt man, daß der einmalige Ärger nicht der einzige ist. Es summiert sich. Erst ist man bei den Kantinenzeiten ignoriert worden, dann hat einen der Projektleiter nicht

gegrüßt, dann soll man das Protokoll anders gliedern als bisher gewohnt, und zu allem Überfluß hat man auch noch den „Asozialen" mit im Büro sitzen ...
Die geringe Verstimmung wächst sich langsam zu einer großen Verstimmung aus.

2. Partnerschaftliche Aussprache
Man kann mit dem ungelösten Problem nicht mehr weiterleben. Man möchte die Sache klären und bittet den Projektleiter um einen Gesprächstermin.Häufig wird der betreffende Mitarbeiter bei diesem Gespräch nach den genauen Anlässen seines Ärgers gefragt. Er soll genau sagen, was passiert ist, welches Unrecht man ihm getan hat, wer sich falsch verhalten hat.
Und nun erkennt der Mitarbeiter oft selbst, daß sich seine Argumente für Außenstehende eher dürftig anhören. Soll er sagen, daß er sich morgens nicht gegrüßt gefühlt hat? Soll er sagen, daß es ihm wichtig ist, daß Protokolle wie früher gegliedert werden? Soll er sagen, daß er sich vor dem Kollegen ekelt?
Das kann er nicht sagen, ohne sich lächerlich zu machen oder intolerant zu wirken.
Was als ruhiges und sachliches Gespräch geplant war, geht in unlogische Auseinandersetzung über, in Rechtfertigungen, Belehrungen, Beweisführungen, Wortklaubereien, Fehldeutungen, oft sogar in heftigen Streit und lautstarkes Hin und Her von Angriffen und Gegenangriffen.
Sehr viele dieser „offenen und freundschaftlichen" Aussprachen gehen jedoch auch so aus, daß man sich gegenseitig bestätigt, daß alles wohl nur ein Mißverständnis war. Aber bei einem der Gesprächspartner bleibt das ungute Gefühl, sich nicht richtig ausgedrückt oder gar blamiert zu haben oder schon wieder vom Rhetoriker über den Tisch gezogen worden zu sein. Für diese Person geht der Konflikt weiter zur nächsten Eskalationsstufe.

3. Schweigen und sich ausweichen
Der Kontakt mit dem Konfliktgegner und manchmal auch mit dem Schlichter wird gemieden. „Ich kann den nicht mehr sehen", sagt man ja wohl auch über eine Person, mit der man Probleme hat.

Während dieser „Schweigephase" des Konfliktes wiegen Projektleiter sich häufig in der irrigen Sicherheit, das Problem sei seit

dem offenen Gespräch bereinigt. Sie halten sich selbst womöglich
für gute Führungskräfte, denen es wieder einmal gelungen ist, eine kleine Unstimmigkeit im Team gelöst zu haben. Weil sie vom
Konflikt nichts mehr hören und sehen, halten sie ihn für beseitigt.
Um so mehr überrascht sie dann der spätere erneute Ausbruch.

4. Suche nach Parteigängern
Die meisten Menschen bleiben mit ihrem Kummer nicht gern allein. Sie sprechen sich bei Kollegen und Freunden aus. Sie schildern das Problem und veranschaulichen die Dummheit oder
Schlechtigkeit des Gegners mit plastischen Beispielen. Auch aus
Eifersucht, der Gegner könne sich Sympathie verschaffen, versucht man, möglichst viele Kollegen für sich zu gewinnen.
Bisher unbeteiligte Dritte werden in den Konflikt mit hineingezo-
gen oder zu interessierten Zeugen der Ereignisse.
Nun ist es leider so, daß sehr viele Menschen Spaß an Skandalen
und möglichst dramatischen Ereignissen haben. Das führt dazu,
daß die Zuhörer der Konfliktschilderung oft nicht etwa be-
schwichtigend auf den Erbosten einwirken. Im Gegenteil, es
macht ihnen viel mehr Spaß, die Sache richtig anzuheizen. Sie sagen zum Beispiel: „Das darfst du dir nicht bieten lassen!" Oder:
„Mit mir könnte man das nicht machen." Man berät den Kollegen, was er alles an Möglichkeiten zur Verfügung hat, sich durchzusetzen, recht zu behalten und Rache zu üben. Je mehr Leute
man in seine Konflikte eingeweiht hat, desto dringender wird der
Wunsch, sich „nicht unterkriegen" zu lassen oder gar Verlierer zu
sein. Zunehmend verspürt man den Wunsch, etwas zu unternehmen.

5. Entwickeln von Planspielen
Der Mitarbeiter geht im Geiste verschiedene Handlungsalternati-
ven durch. Er studiert vielleicht die Stellenanzeigen in der Zeitung
und überlegt, wo er einen besseren Job mit mehr Geld bekommen
würde. Vielleicht überlegt er auch, wie er es seinem Gegner
„heimzahlen" kann. Eine andere Möglichkeit wäre, doch mal mitten in der Phasenabnahme krank zu feiern....
Genußvoll wird im Geiste durchgespielt, welche Möglichkeiten
es gibt, sich selbst Vorteile und dem Gegner Nachteile zu verschaffen. Auch mit diesen persönlichen Lösungs- und Rachestra-
tegien bleibt man nicht gern allein. Man geht zu Kollegen und
Freunden und bespricht die verschiedenen Möglichkeiten. Auch

jetzt kann man oft erleben, daß die eigentlich unbeteiligten Dritten nicht etwa schlichtend und beruhigend wirken, sondern eher noch Tips zur Verbesserung der Strategien und Planspiele beitragen. Man unterrichtet den betroffenen Mitarbeiter über rechtliche Möglichkeiten, über technische Tricks, über spezielle Schwächen des Gegners...

Man kann sich vorstellen, daß die Phantasien des Betroffenen sich entwickeln. Immer klarer steht ihm vor Augen, welche wundervollen Möglichkeiten er hat und wie wichtig es für seine Selbstachtung ist, etwas zu unternehmen. Mit zunehmender Phantasie wächst das Selbstbewußtsein: „Ich muß mir das nicht bieten lassen. Ich kann auch ganz anders!" Dieses Selbstbewußtsein führt nahtlos zur nächsten Stufe der Eskalation.

6. Drohende Winke mit Zaunpfählen

In alkoholisierter Gesellschaft kann es jetzt zu groben Beschimpfungen bis zu körperlichen Angriffen kommen. Man kennt es von nächtlichen Schlägereien in Wirtshäusern oder von Banden kriminalisierter Jugendlicher. So führt man sich natürlich nicht in den Kreisen auf, in denen wir Projekte machen. Dennoch kennen auch wir die Phase der Drohungen, Provokationen und Angriffe. Unsere Arena für diese Phase ist meistens das Projektmeeting. Sticheln, versteckte Andeutungen über „Schritte", die man unternehmen könnte, wenn man wollte, listige Beleidigungen, Demütigungen und Demonstrieren der eigenen Stärke finden statt im Umfeld scheinbar sachlicher Diskussionen. Tatsächlich geht es darum, den Gegner verbal niederzuschmettern, ihn vor anderen bloßzustellen, ihn einzuschüchtern und ihm schreckliche Visionen an den Horizont zu malen.

In der Phase der Drohungen und versteckten Hinweise geht es längst nicht mehr nur um das ursprüngliche Problem, welches den Konflikt ausgelöst hat. Jetzt geht es oft nur noch um Sieg oder Niederlage, Gesicht bewahren, Durchsetzen und Machtdemonstrationen. Je höher die Konfliktparteien in der Hierarchie stehen, desto bedrohlicher oder auch unterhaltsamer ist dieses „Gigantenringen" für die Mitarbeiter. Besonders unterhaltsam wird es, wenn dann die Nerven blank liegen und die nächste Stufe der Eskalation erreicht wird.

7. Gefühlsausbrüche und soziale Ausfälle

Wenn die verbalen Auseinandersetzungen die Gemüter ausreichend angeheizt haben, verliert der eine oder andere der Konflikt-
betroffenen sicherlich die Nerven. Man haut mit der Faust auf
den Tisch, knallt die Türen, brüllt sich Unflätigkeiten zu und
zeigt mit einzelnen Fingern oder sogar Armen, was man auch ohne Worte zum Ausdruck bringen kann.

Manchmal kommt es nach ersten Gefühlsausbrüchen zunächst
wieder zu einer gewissen „Ruhe vor dem Sturm". Man ist betroffen von der Heftigkeit der Auseinandersetzung und schämt sich
wohl auch für die peinlichen Auftritte. Es kann noch einmal eine
scheinbare Ruhe eintreten, die vielfach wieder mißverstanden
wird. Es kann sein, daß man glaubt, die soeben durchgestandene
Phase der Gefühlsausbrüche sei bereits das „reinigende Gewitter"
gewesen. Das stimmt jedoch nicht. Wenn jetzt der Konflikt nicht
wirklich gelöst wird, entwickelt sich aus der scheinbaren Ruhe
noch einmal eine Phase der Angriffe, Provokationen und Stiche-
leien.

8. Angriffe auf das „Hinterland"

Mit dem „Hinterland" kann zum Beispiel gemeint sein, daß man
den Gegner nicht mehr nur bezüglich des aktuellen Konfliktes
anspricht, sondern ganz allgemein angreift und beleidigt. Das
kann sein:
– Ihr Gewerkschaftler seid doch alle vom Osten bezahlt!
– Ihre Mutter war doch auch schon eine Geschiedene!
– Kein Wunder, daß Sie keine Freunde haben!
– Sie haben doch noch nie ein Projekt zum Erfolg geführt!
– Ihre Sekretärin lacht doch auch seit langem über Ihre Neurosen!
– Sie als Türke sollten lieber Ziegen melken!
Der Gegner wird angegriffen in für ihn zum Teil völlig überraschenden Bereichen. Was soll seine Mutter plötzlich damit zu tun
haben, daß er zwei weitere Mitarbeiter im Projekt braucht?! Wieso wird er als Gewerkschaftler angegriffen, wenn er doch nur
klären wollte, daß das Feinkonzept so nicht in Ordnung ist? Was
hat die Nationalität damit zu tun, daß man nicht bereit ist, sich
die Ressourcen wegnehmen zu lassen?

Während dieser Phase der Pauschalangriffe – die fast nie in einem
vernünftigen Zusammenhang zum Thema des Konfliktes stehen –

werden häufig so treffsicher Gefühle verletzt, daß eine friedliche Lösung des Konfliktes kaum noch möglich ist. Damit wird die höchste Stufe des Konflikts erreicht.

9. Krieg um Sieg und Vernichtung des Gegners
Jetzt kommt es zum „Totalen Krieg". Es kann sein, daß die Kontrahenten inzwischen so in Rage sind, daß sie sogar vor Wut lieber sich selbst in Schwierigkeiten bringen als auf Rache zu verzichten. Man will den anderen vernichten, wenn nicht physisch – das macht man in unserem zivilisierten Projektumfeld nicht –, dann psychisch, finanziell etc. Man zerstört notfalls unter eigenen Verlusten des anderen Projekt, seine Karriere, seinen guten Ruf.

Nicht jeder Konflikt spielt sich in „klinisch reiner Form" genau nach diesen Phasen ab. Es kann zu Rückfällen in vorherige Phasen kommen oder zum Überspringen von Phasen. Manchmal befindet sich die eine Partei noch in der einen und die andere Partei bereits in der nächsten Phase der Eskalation.Als Projektleiter sollte man sich merken:
- Ruhe bedeutet nicht unbedingt, daß das Problem wirklich vom Tisch ist.
- Je früher man einen Konflikt in den Griff bekommt, desto größer sind die Heilungschancen.
- Je weniger man sich als Führungskraft selbst emotional in Konflikte verstrickt, desto leichter kann man die der Mitarbeiter schlichten
- Je mehr man sich selbst in Konflikte mit anderen Führungskräften verwickeln läßt, desto größer die Chance, daß man zur Unterhaltung der Teammitglieder beiträgt. Man sollte sich gut überlegen, ob man das will.

2.10. Der Stille ist der Schuft.

Die gängige Meinung ist, daß man sich in Konflikten möglichst ruhig und beherrscht benehmen soll. Man darf sich angeblich nicht von Gefühlen mitreißen lassen, sondern hat in aller Höflichkeit ruhig und sachlich seinen Standpunkt vorzutragen. Dann muß man so nett sein, den Gegner ausreden zu lassen, um ihm danach erst wieder zu erläutern, was man selbst für richtig hält.

Wenn in einer Konfliktsituation eine der Parteien die Nerven verliert und laut wird oder sich im Ton vergreift, dann wird sofort erinnert: „Wir sollten doch in Ruhe die Dinge besprechen." Die unbeherrschte Person weiß sofort, daß sie sich wieder einmal falsch verhalten hat. Zu dem Ärger über den Konflikt kommt nun auch noch die Demütigung, sich durch Emotionalität blamiert zu haben.

Es gibt zwei grundsätzlich verschiedene Reaktionstypen in Konflikten. Es gibt Menschen, die leicht emotional reagieren, sich aufregen oder wütend werden oder sich schnell in die Enge getrieben fühlen. Und es gibt die Menschen, die in Konflikten innerlich mit dem Zuspitzen der Situation immer kälter und ruhiger werden. Je mehr die Gegenpartei sich erregt und hektisch wird, desto mehr inneren Abstand entwickeln sie selbst, desto ruhiger und „gefühlstoter" werden sie. Ein solcher Mitarbeiter beschrieb seine innere Haltung einmal so: „Es ist, als ob ich mich aus mir selbst entferne. Wie ein unbeteiligtes körperloses Wesen schwebe ich dann über der Situation. Ich sehe mich selbst und den anderen wie ein neutraler Dritter. Und dann weiß ich genau, was ich zu sagen und zu tun habe, um zu gewinnen."

Dieses innerliche Entfernen aus dem Konflikt, diese Kälte und der eigentlich schon sezierende Blick auf das Problem, sind typisch für sehr stark kompetenzorientierte Menschen. Wenn die Situation brenzlich und emotionsaufgeladen wird – und jeder Konflikt berührt die Gefühle -, dann schaltet sich bei diesen kompetenzorientierten Menschen das Gefühl weitgehend aus. Der Verstand übernimmt die Kontrolle. Das ist häufig das Geheimnis eines „Pokerfaces".

Diese kompetenzorientierten Menschen haben in Konflikten, die – wie in einer zivilisierten Gesellschaft üblich – rein verbal ausgetragen werden, mehrere Vorteile:
- Sie behalten innerlich den Überblick und geraten nicht in blinde Wut.
- Sie können noch klar erkennen, mit welchen spitzen Bemerkungen, Zynismen oder auch Mienenveränderungen sie den Gegner in endgültige Raserei bringen können.
- Sie machen durch ihr beherrschtes Verhalten, durch ihre ruhige und korrekte Art dem anderen noch deutlicher, wie lächerlich und unreif er sich aufführt.

Für Außenstehende ist es oft der Aufgeregte, der Türenknaller und Fluchende, der den Konflikt verschlimmert. Tatsächlich ist es häufig der Schweiger, der den anderen „wild" macht.

Wer selbst in Konflikten zu emotionalen Reaktionen neigt, kennt diese Eisgesichter, diese kalten Zyniker. Der kennt auch die nachträgliche Scham, wenn man sich schließlich wieder beruhigt hat und noch Wochen später im Blick des anderen sieht, wie peinlich man sich aufgeführt hat.

Wer selbst zu den schweigenden Logikern gehört, kennt den Ekel vor den unberechenbaren und lachhaften Szenen, die man sich manchmal bieten lassen muß mit all den Beschimpfungen und verrückten Angriffen. Der kennt jedoch auch das heimliche Vergnügen, Zeuge zu sein, wenn sich der Verrückte immer tiefer in die Probleme reitet und sich um Kopf und Kragen redet.

In Konflikten prallen eben nicht nur Meinungen, Ziele und Absichten aufeinander, sondern auch verschiedene „Kulturen" des Verhaltens. Wir lernen, daß das ruhige und vernünftige Verhalten das „richtige" ist für Menschen, die sich zu benehmen wissen.

In gewaltorientierten Gesellschaften oder unter Betrunkenen gewinnt die Partei, die am besten prügeln kann. In unserem Projektumfeld setzt sich oft der bessere Rhetoriker durch. Die Person, die sich in Konfliktsituationen selbst im Griff hat, kann natürlich viel besser argumentieren und notfalls rechtzeitig den Mund halten. Gleichzeitig ist es oft auch die ruhige Person, die ganz diskret und mit ausgekochter Raffinesse den aufgeregten Gegner noch weiter reizt und schließlich zu unverzeihlichen Worten oder Handlungen stimuliert. Die Behauptung, daß der Stille der Schuft sei, ist natürlich übertrieben. Aber als Führungskraft sollte man bei Reibereien im Team bewußt darauf achten, wer sich eigentlich wie verhält. Wenn man immer nur dem Lauten und Unbeherrschten die Schuld an der Auseinandersetzung gibt, dann trifft man oft den Falschen. Bei genauerer Beobachtung kann man nämlich feststellen, daß es oft der kühle Zyniker mit seinen feinsinnigen Bemerkungen ist, der immer wieder die Flamme zu Lodern bringt.

Wenn man selbst in bebender Wut vor solch einem Stillen steht, dann sollte man sich möglichst schnell vom Schauplatz des Gefechtes entfernen und sich an anderem Ort zunächst innerlich abkühlen.

Man unterscheidet konfliktschürendes Verhalten und konfliktlösendes Verhalten.

Konflikte bewußt schüren, kann am besten die Person, die ruhig bleibt. Ihr Verhaltensrepertoire beinhaltet häufig:
- Hinweise auf den „gesunden Menschenverstand"
- negative Kommentare zur Unbeherrschtheit des anderen
- zynisches Lächeln als Reaktion auf Argumente des anderen
- Demonstration überlegener Souveränität und des eigenen guten Benehmens
- Verwendung der „Onkel-Doktor-Sprache": „Wir sollten doch vernünftig miteinander reden." Oder: „Wir wollen die Sache doch mal logisch betrachten.", „Wir sollten doch versuchen, hier sachlich zu bleiben".

Ich spreche bei diesen Wir-Formulierungen gerne von der „Onkel-Doktor-Sprache", weil sie uns erinnert an: „Wie geht es uns?", „Haben wir schon unser Zäpfchen genommen?" Man muß schon ein sehr dickes Fell haben, wenn einen das „Wir" des Gegners im Konflikt nicht zur Raserei bringen soll.

Das Aufbrausen der emotionalen Person mag sich im akuten Fall vielleicht dramatischer anhören, trägt jedoch oft dazu bei, daß das Problem schneller gelöst wird. Die spontanen Reaktionen und das Zeigen der Gefühle lassen beim Kontrahenten gar nicht den Eindruck entstehen, er werde getäuscht oder listig gelinkt. Statt dessen neigt der Kontrahent eher dazu, sich ein wenig zurückzunehmen um den Aufgeregten nicht noch mehr aufzuregen. Außerdem werden Gefühlsausbrüche oft menschlich leichter nachgefühlt. Kühle Logik und besserwisserisches Argumentieren schaffen Distanz und fördern das Mißtrauen.

Zum konfliktlösenden Verhalten gehört:
- Zeigen der Gefühle
- beschreibende Schilderung des eigenen Standpunktes als persönliche Sicht („Ich sehe das so...", „Mir scheint...") statt behauptender Aussagen von scheinbarer Neutralität („Es ist doch wohl Tatsache daß...", „Richtig ist...")
- fragendes Eingehen auf den Kontrahenten („Wie meinen Sie das genau?", „Warum glauben Sie, daß es so ist?")
- respektvolles Umgehen miteinander (Eine andere Meinung ist

kein Beweis für mindere Intelligenz oder schlechteren Charakter.)

Im akuten Prozeß der emotional aufgeladenen Situation ist es oft besser, wenn sich die Parteien zunächst trennen können. Ein gewisser Abstand zur Sache und zur anderen Person kann die Gemüter zunächst beruhigen. Man sollte auf keinen Fall Konfliktparteien zur Einigung zwingen, solange beide noch nicht in der Lage sind, ein ruhiges Gespräch miteinander zu führen.

2.11. Konflikte regeln

Kein Konflikt läßt sich wirklich regeln, wenn auch nur eine der betroffenen Parteien ein taktisches oder auch neurotisches Interesse an der Fortsetzung der Reibereien hat. Man kennt den Spruch: „Es kann der Beste nicht in Frieden leben, wenn es dem bösen Nachbarn nicht gefällt." Der „böse Nachbar" kann auch ein Kollege am Nebenschreibtisch sein oder die Person, mit der man sich immer wieder fachlich einigen muß.

Es gibt Menschen, die in sich eine Unzufriedenheit oder sogar einen Haß gegen den Beruf, den Arbeitgeber etc. tragen. Hierdurch ist es ihnen unmöglich, teamorientiert und engagiert mitzuarbeiten. Leider kommt es immer wieder vor, daß Führungskräfte ausgerechnet ihre „schwierigen" Mitarbeiter in ein Projekt abschieben. Soll doch der Projektleiter sich damit ärgern. Besonders zynisch sind dann noch Hinweise, man habe den „problematischen Fall" aus „pädagogischen" Gründen ins Projekt geschickt, um ihn dadurch wieder zu motivieren. Man sollte sich bei einem Projekt immer überlegen, ob es um das Erreichen von Zielen geht, oder ob das Projekt der Resozialisierung von „schwierigen Fällen" dient. Manchmal muß ein Projektleiter gleich zu Anfang die Standfestigkeit beweisen, daß er sich nicht moralisch unter Druck setzen und die „Neurotiker" aufhalsen läßt. Im Umfeld „schwieriger" Personen entstehen unweigerlich Konflikte im Team. Nicht jeder Mitarbeiter ist bereit, neben der Sach- auch noch Sozialarbeit zu leisten.

Für den Projektleiter kann das bedeuten, daß er bei Konflikten im Team eventuell auch prüfen muß, ob es sich um einen Mitarbeiter handelt, der immer wieder zu Reibereien und Unannehmlichkeiten Anlaß gibt. Dann wäre es sinnlos, jeweils die Einzelkonflikte zu lösen, sondern besser, die schwierige Person ganz aus dem Projekt zu entfernen. Außer: Die pünktliche Erreichung der Projektziele im Rahmen des Budget ist nicht so wichtig wie die Beschäftigungstherapie für „Streithammel". So hart muß man es manchmal sehen.

Wenn ein Projektleiter es nicht über sein gutes Herz bringt, den Neurotiker zu entfernen, dann muß er ihn sich selbst ins Büro setzen. Man sollte jedoch nicht „gute Werke" tun und dann den Problemfall den Mitarbeitern zumuten. Es gehört mit zur Verantwortung des Projektleiters, dafür zu sorgen, daß sein Team in einem möglichst konfliktfreien Umfeld arbeiten kann.

Die meisten Konflikte im Projekt gehen jedoch nicht so weit, daß man über die Trennung von einer Person nachdenken muß. Viele Konflikte kreisen auch nicht um eine Person innerhalb des Teams, sondern haben mit Personen oder Parteien außerhalb des Teams zu tun.

Wie geht man vor, wenn man einen Konflikt zu regeln hat? Grundsätzlich sind vier Schritte zu durchlaufen:

1. Wahrnehmen
2. Austragen
3. Lösen
4. Nacharbeiten

Zunächst muß der Konflikt als solcher wahrgenommen werden. Dazu gehört auch die richtige Einschätzung, welche der Parteien sich in welcher der oben beschriebenen Eskalationsphasen befindet. Es muß auch richtig eingeschätzt werden, wer direkt oder indirekt betroffen ist oder sich betroffen fühlt.

Zum Austragen gehört, daß der Konflikt überhaupt an die Oberfläche darf. Oft wird ein Konflikt schnellstens unter den Teppich gekehrt, weil man sich verpflichtet fühlt, ständig für Frieden und Harmonie sorgen zu müssen. Konflikte, die vertuscht oder „unter den Teppich gekehrt" werden, sind immer eine Gefahrenquelle für spätere – und dann oft viel heftigere – Ausbrüche.

Die Lösung oder Regelung eines Konfliktes muß so gestaltet sein, daß möglichst keine der Parteien mit dem schlechten Gefühl der

Niederlage aus dem Problem hervorgeht. Jede Partei muß für eine sinnvolle Lösung zu Zugeständnissen bereit sein. Es darf jedoch nicht passieren, daß eine Partei den Eindruck gewinnt, selber mehr Zugeständnisse gemacht zu haben als die andere.

Bei Konflikten zwischen einzelnen Personen, die auf Grund ihrer Persönlichkeit einfach nicht zusammen arbeiten können („Chemieprobleme"), muß fast immer eine fachliche Trennung der Aufgabenbereiche und oft auch eine räumliche Trennung der Arbeitsplätze vorgenommen werden. Das jeweilige Zugeständnis kann dann die Bereitschaft sein, sich wenigstens höflich, korrekt und distanziert kollegial zueinander zu verhalten. Sollte selbst das nicht möglich sein, muß eine der Personen aus dem Projekt entfernt werden. Bei der Entscheidung, welche der Personen zu entfernen ist, sollte man sich moralische Urteile über „Schuld" und „Unschuld" oder „Wer hat angefangen?" sparen. Es ist die Person zu entfernen, die im Projekt am wenigsten vermißt wird oder die Person, die vermutlich als erste den nächsten Konflikt starten wird.

Bei Konflikten um knappe Ressourcen oder verschiedene Auffassungen vom Lösungsweg kann die Lösung gelegentlich nur durch ein „Machtwort von oben" erfolgen.

Zur Nacharbeit gehört einerseits die Beobachtung, ob sich die Lösung in der Praxis bewährt und ob sich die Parteien an die Vereinbarungen halten. Es gehört auch dazu, daß bei wichtigen Konflikten noch einmal in Ruhe analysiert wird, wie es eigentlich überhaupt zu dem Problem kommen konnte und ob die Gefahr besteht, daß es noch einmal passiert. Man sollte aus jedem Konflikt mit Lernerfahrungen hervorgehen.

Im Hinblick auf die Schlichtung von Konflikten ist es für den Projektleiter natürlich ein großer Unterschied, ob er selbst betroffene Partei oder neutraler Schlichter ist.

Als persönlich Betroffener kommen zu dem Konflikt noch weitere Bedenken hinzu:
– Wie stehe ich da, wenn ich mich hier nicht durchsetzen kann?
– Wie stehe ich da, wenn ich zu hart durchgreife und mich unbeliebt mache?
Man möchte weder der Depp sein, der sich nicht durchsetzen konnte, noch der fiese Typ, der die Gegenpartei niedergemacht

hat. Diese Gratwanderung erfordert hohe Konzentration und kluges Verhalten. Ausgerechnet das ist jedoch problematisch, weil man als Partei auch emotional betroffen ist.

Als persönlich Betroffener kann man in folgenden Schritten einer gemeinsamen Lösung entgegengehen:

1. Körperlich und seelisch beruhigen
Manchmal kann es sinnvoll sein, erst einmal Distanz zur Gegenpartei zu schaffen. Vor allem, wer eher emotional reagiert, sollte sich bremsen und nicht das Problem auf Anhieb lösen wollen. Auf der anderen Seite sollte man damit rechnen, daß die Gegenpartei auch aufgeregt ist und sich vielleicht „im Ton vergreift". Es hilft niemandem, wenn man sich dann aufbläst und darauf besteht: „Nicht in dem Ton mit mir! Das muß ich mir nicht bieten lassen." Die Emotionalität des anderen sollte man lieber ignorieren und statt dessen versuchen, sich auf das sachliche Problem des Konfliktes zu konzentrieren und nicht die eigenen Ziele aus den Augen zu verlieren.
Auf keinen Fall hilft es, wenn man sich dem anderen gegenüber wie eine Gouvernante aufspielt und an Benimmregeln erinnert: „Wir wollen doch sachlich bleiben." Oder: „Unterbrechen Sie mich nicht." Es sollte sich zwar auch in einem Konflikt jede Partei um Höflichkeit bemühen, aber niemand sollte sich schulmeisterlich um die „Erziehung" der Gegenpartei verdient machen wollen.

2. Durch Fragen der Lösung näher kommen
Häufig wird ein Konflikt dadurch verschlimmert, daß jede Partei der anderen logisch nachzuweisen versucht, wie irrig oder ungerechtfertigt deren Meinungen oder Forderungen sind. Es fallen Formulierungen wie: „Die Sache ist doch die..." Oder: „Es ist doch wohl so, daß..." Oder: „Tatsache ist..." Solche Formulierungen verhärten die Fronten nur. Denn die jeweils andere Partei fühlt sich dadurch angestachelt, ihrerseits zu beweisen, daß sie sich keineswegs irrt oder anmaßend verhalten hat.
Je mehr sich die Konfliktgegner gegenseitig von der einzig richtigen Wahrheit zu überzeugen versuchen, desto wichtiger wird es für jeden, auf keinen Fall nachzugeben. Niemand möchte am Ende als Dummkopf dastehen. Besser ist es, nicht zu behaupten und zu beweisen, sondern zu fragen.

„Wie sehen Sie die Sache?" Oder: „Wie kommen Sie zu der Ansicht?" Oder: „Warum meinen Sie, daß es so ist?"
Das Fragen hat mehrere Vorteile:
- Man gewinnt Zeit. Während der andere antwortet und seinen
  Standpunkt erklärt, kann man selber innerlich zur Ruhe kommen und dann leichter strategisch denken.
- Man kann die Gegenpartei besser in ihrer Denkwelt und mit
  ihren Wünschen verstehen. Das hilft einem später, wenn man
  den anderen überzeugen will. Je mehr man über die Motive und
  Vorstellungen anderer weiß, desto besser kann man später die
  eigenen Vorstellungen begründen.
- Man nimmt durch Fragen Emotionen aus dem Konflikt. Sehr
  viel Aufregung ensteht in Auseinandersetzungen allein dadurch, daß beide Parteien sich gegenseitig in Grund und Boden
  zu reden versuchen. Man redet hektisch auf den anderen ein
  und gerät sofort unter Druck, wenn der andere etwas sagt, weil
  man ja gleich etwas dagegenhalten will. Manchmal streiten die
  Parteien förmlich um den höchsten Redeanteil und um die
  Chance, sofort zurückzugeben, wenn der andere etwas gesagt
  hat, was man so nicht akzeptieren kann.
  Wenn man statt dessen fragt, gibt man dem anderen die Chance, in Ruhe seinen Standpunkt zu schildern. Zuhören heißt
  schließlich noch nicht zustimmen. Wenn man dann durch weitere Fragen den anderen noch mehr reden läßt, kann man oft
  beobachten, daß der sich zunehmend beruhigt und seinen Ärger reduziert.
- Durch Fragen bringt man schließlich den anderen dazu, daß
  der sich dann auch bemüßigt fühlt, seinerseits zuzuhören. Ein
  Konflikt wird nicht dadurch „gewonnen", daß man möglichst
  viel und möglichst laut und möglichst zuerst auf den anderen
  eingeredet hat. Es ist fast immer viel erfolgreicher, sich selbst
  erst einmal zurückzunehmen und dem anderen den Vortritt zu
  lassen. Soll der andere sich ruhig „leerreden". Er kann dann
  später auch leichter zuhören. Wer zuerst bereit ist, den anderen
  durch Fragen zum ungestörten Reden zu bringen, hat oft am
  Ende den Vorteil, das „letzte Wort" zu behalten.

3. Die eigene Sicht schildern
Wenn der Gegner sich ausreichend geäußert hat und Signale dafür
gibt, daß er sich leergeredet hat und jetzt selbst innerlich ruhig ge-

nug zum Zuhören ist, dann kann man aus eigener Sicht die Lage
schildern. Man sollte die verbesserte Stimmung nun jedoch nicht
wieder dadurch verschlechtern, daß man die eigene Sicht als nach-
gewiesene Wahrheit darstellt. Statt dessen formuliert man zum
Beispiel: „Ich habe den Eindruck..." Oder: „Mir kommt es so
vor..." Oder: „Ich bin davon ausgegangen, daß..."
Diese Formulierungen reizen den Gegner nicht so sehr zu Wider-
spruch wie Tatsachenbehauptungen. Er kann sich jetzt viel gelas-
sener anhören, wie man selbst die Sache sieht.

4. Notfalls zurück zur Fragestellung
Falls der Gegner doch wieder heftig wird und sich ereifert, sollte
man sofort wieder fragen: „Wie meinen Sie das genau?" „Warum
scheint es Ihnen so?"

Viele Konflikte sind tatsächlich dadurch zu gewinnen, daß man
innerlich ruhig bleibt und bei jeder Aufregung der Gegenpartei
sofort wieder in die Fragehaltung geht. Man sagt ja auch: „Wer
fragt, führt."

5. Notfalls vertagen
Wenn es nicht gelingt, zu einer Einigung zu kommen, dann sollte
man vielleicht lieber die Verhandlung vertagen. Es bringt fast nie
etwas, mit Gewalt Sieger zu werden. Der Stolz, „gesiegt" zu haben, dauert oft nicht lange. Ein Konflikt, der einen Sieger und einen Verlierer produziert hat, zieht meistens einen Folgekonflikt
nach sich.
Durch das Vertagen können die Gemüter sich beruhigen. Man
kann sich neue Argumente ausdenken oder sich neue Verbündete
suchen.
Um „des lieben Friedens willen" nachgeben, ist noch schlimmer
als „siegen". Wer einfach klein beigibt, könnte dadurch einen Folgekonflikt heraufbeschwören, daß er den Gegner ermutigt hat, in
Zukunft noch dreister zu werden. Außerdem verliert ein Projektleiter, der immer wieder in Konflikten klein beigibt, schnell die
Achtung seiner Mitarbeiter. Niemand will einem „Verlierer-Typ"
unterstellt sein.

3. Der Projektleiter als Führungskraft

3.1. Der Projektleiter ist kein Abteilungsleiter.

Nachdem Sie, liebe Leserin, lieber Leser, nun so viel über die möglichen Konflikte und ihre Auswirkungen erfahren haben, fragen Sie sich vielleicht: „Kann man überhaupt konfliktfrei ein Projekt zum Ziel bringen?"

Auch hierauf lautet die Antwort, wie so oft: „Jein." Sehr professionelle Projektleiter können mit sehr guten Mitarbeitern im Umfeld eines sehr gut geführten Unternehmens weitgehend konfliktfrei arbeiten. Nur gibt es leider nur selten die ideale Umgebung für ein Projekt.

Aber man kann, wenn man sich rechtzeitig darauf einstellt und die möglichen Risiken kennt, die Gefahr von großen Konflikten reduzieren. Häufig reicht schon das Wissen um typische Probleme, wie sie überall in Projekten vorkommen. Kleine Reibereien werden sich nie ganz vermeiden lassen. Dafür sind wir Menschen alle zu individuell und zu leicht voneinander genervt.

Wesentlich für das Arbeitsklima und die positive Zielorientierung des Teams ist der Projektleiter. In Ihrer Rolle sind Sie schließlich nicht nur Planer und Verteiler von Aufgaben und Kontrollierer von Ergebnissen. Sie sind Führungskraft unter – im Vergleich zu Linienvorgesetzten – meistens sehr erschwerten Bedingungen. In den folgenden Kapiteln soll es speziell um Ihre Rolle, Ihre Aufgaben und auch Ihre Persönlichkeit gehen. Vielen Konflikten kann man rechtzeitig vorbeugen, wenn man sich einmal bewußt gemacht hat, wo sie unter Umständen ihren Anfang nehmen.

Sie als Projektleiter müssen unbedingt am Anfang eines Projektes Ihren Status klären, Ihre Kompetenzen abstecken und sich im Unternehmensumfeld den notwendigen Respekt verschaffen. Außerdem brauchen Sie um sich ein Team, das Ihre Führungsautorität anerkennt und dennoch möglichst selbständig arbeitet. Sie brauchen die notwendigen Ressourcen und Ausstattungen für das Projekt, und Sie brauchen die gute Zusammenarbeit mit anderen Abteilungen oder mit externen Partnern.

Sie sollten sich auch über Ihren eigenen Arbeitsstil Gedanken machen. Vielleicht gehören Sie zu den Menschen, die zu viel Zeit mit

Details verbringen oder umgekehrt zu denen, die eher das „Große Ganze" betrachten und dabei den „Teufel im Detail" unterschätzen. Lesen Sie nun die folgenden Kapitel, die sich speziell mit Ihrer Rolle befassen. Im darauf folgenden Kapitel lesen Sie über typische Prozesse und Beziehungen in Teams.
Für die Vermeidung vieler Konflikte reicht es schon, daß man sich einmal die Zusammenhänge bewußt macht. Denn auch bei der Projektarbeit gilt: „Gefahr erkannt – Gefahr gebannt."

Die Führungsaufgaben können für einen Projektleiter sehr viel schwieriger sein als für eine Führungskraft aus der Linienorganisation. Ein Abteilungsleiter zum Beispiel baut sich langsam sein Team auf. Von Zeit zu Zeit kommen neue Mitarbeiter hinzu, die sich einarbeiten und in die bestehende Gruppe einleben. Der Projektleiter bekommt häufig fast von einem Tag auf den anderen sein Team zugeordnet. Dieses Team setzt sich aus Personen zusammen, die er selbst vielleicht nicht alle gewählt hätte, hätte er die Chance gehabt, seine Mitarbeiter selbst auszusuchen. Er muß jedoch die Fachleute nehmen, die Freikapazitäten für das Projekt haben (was sich im Laufe der Zeit oft auch wieder als trügerische Hoffnung erweist) und die man – aus welchen Gründen auch immer – in der Linie für eine Weile entbehren kann. Hinzu kommt, daß oft auch nicht jedes Mitglied des Teams freiwillig im Projekt ist, sondern hineingeschoben wurde, weil man die Qualifikation brauchte oder weil sonst kein anderer zur Verfügung stand.

So finden sich mehr oder weniger freiwillig Team und Projektleiter zusammen, die möglichst schnell konkrete Ergebnisse produzieren sollen, jedoch kaum die Chance haben, erst einmal zusammenzuwachsen. Nicht jeder Mitarbeiter hat überhaupt Interesse daran, sich auch menschlich einzuleben. Man weiß, daß die Projektarbeit nur für eine begrenzte Zeit vorgesehen ist und daß man danach wieder am alten Platz weiterarbeitet. Dadurch wird der Teamgeist nicht unbedingt gefördert.
Da die Mitarbeiter organisatorisch weiterhin ihrem Linienvorgesetzten zugeordnet bleiben, kann leicht das Gefühl entstehen, „Diener zweier Herren" zu sein. Einerseits erwartet der Projektleiter ihre engagierte Mitarbeit, andererseits werden sie fast immer auch weiterhin mit ihren bisherigen Aufgaben betraut. Immer heißt es dann: „Das Tagesgeschäft geht vor." Dabei bleibt die Projektarbeit liegen oder verzögert sich. Besonders tückisch sind

von Anfang an prozentuale Zuordnungen. Wenn ein Mitarbeiter zum Beispiel mit 40% im Tagesgeschäft bleibt und mit 60% zum Projekt gehört, dann ist die Rechnung ohnehin falsch. Menschen, die an verschiedenen Aufgaben parallel arbeiten, brauchen immer „Umschaltzeiten". Sie müssen sich jeweils wieder neu hineindenken in das, was sie aktuell tun sollen, können jedoch nicht immer auf Anhieb das aus ihrem Bewußtsein löschen, was sie zuvor getan haben. Außerdem brauchen solche Mitarbeiter auch mehr Kommunikationszeiten. Sie werden ständig herausgerissen und müssen sich immer wieder über den aktuellen Stand informieren. Und außerdem: Wer kann 40% Arbeitskraft so genau abmessen? Soll es zeitlich gemessen werden? Wird die Stunde der Mittagsmüdigkeit und die der abendlichen Aufräumerei genauso berechnet wie die beste Zeit zwischen zehn und zwölf Uhr? In der Praxis passiert es oft ganz einfach: Der Mitarbeiter bekommt von zwei Chefs gleichzeitig Arbeit aufgepackt und muß sich ständig dagegen wehren, daß nicht beide ihn mit 100% belasten. Je öfter er dann von dem einen oder anderen seiner „Aufpacker" hört, er sei wohl nicht motiviert oder nicht flexibel oder nicht belastbar, desto mehr bezahlte Arbeitszeit verbringt er womöglich damit, sich bei den Kollegen zu beklagen. Da es den Kollegen nicht anders geht, ist man sich bald einig, daß die Projektarbeit eine Menge Ärger und Zusatzstreß einbringt, sich jedoch nicht auf die Gehaltsentwicklung oder Linienkarriere auswirkt.
Darauf kann sich der Projektleiter immer verlassen: Im Zweifel stehen die Mitarbeiter eher zu ihren Linienaufgaben und zu ihrem Linienvorgesetzten. Dort ist schließlich ihr Dauerjob, und dort entscheiden sich Gehaltsverbesserungen und Aufstiege.

Nicht nur im Hinblick auf Führungsaufgaben ist das Leiten von Projekten oft schwieriger als das Leiten innerhalb einer Linienposition. Abteilungsleiter fühlen sich zwar auch immer völlig überfordert und personell unterbesetzt. Sie können jedoch ungleich leichter die Aufgaben in ihren Bereichen zuordnen und vergleichsweise routiniert durchführen lassen. Ein Projektleiter hingegen bekommt häufig seine Ziele vorgesetzt und gleichzeitig auch die Schätzungen zu Aufwand und Budget mitgeliefert, die von Personen erarbeitet wurden, die gar nicht tief genug im Fach stecken, um überhaupt realistisch abschätzen zu können, welcher Aufwand notwendig sein wird und welche Kosten zu erwarten sind. Da diese Personen jedoch häufig höherrangig sind als der Projektleiter, gelten ihre Schätzungen als verbindlich. Mancher Projektleiter fängt sein Projekt an mit dem Gedanken: „Das ist doch gar nicht zu schaffen."

Nach etlichen Anlaufschwierigkeiten hat man das Projekt schließlich gut im Griff, und auch die Mitarbeiter haben sich zu einem Team entwickelt und arbeiten Hand in Hand. Und genau jetzt – darauf kann man wetten – werden einzelne Mitarbeiter wegen dringenderer Aufgaben aus dem Projekt abgezogen. Was immer der Projektleiter sagt, ist auf jeden Fall weniger wichtiger als das, was der Linienvorgesetzte verlangt. Es ist fast wie blanker Hohn, wenn einem dann als Ersatz eine andere Person ins Projekt gesetzt wird. Auch wenn die Ersatzperson fachlich gut oder gar besser ist, sie muß sich erst wieder einarbeiten. Sie muß den Stil der Gruppe finden und von den anderen akzeptiert werden. Das kostet Zeit. Fast nie wird nach solchen personellen Änderungen dem Projektleiter zugestanden, seine Termine zu verschieben. Einerseits erhöht sich dadurch der Druck im Projekt, andererseits wird dadurch deutlich demonstriert, daß letztlich der Projektleiter über weniger Einfluß im Unternehmen verfügt als die Linienvorgesetzten. Auch das macht die Personalführung nicht leichter.

Natürlich muß man nicht davon ausgehen, daß irgendwer aus Bosheit dem Projektleiter Probleme bereiten will. Es sind die immer wieder auftauchenden Sachzwänge, die dazu führen, daß Personal nachträglich aus dem Projekt abgezogen wird, daß eingeplante Ressourcen dann doch nicht zur Verfügung gestellt werden etc. Auf der anderen Seite kann man auch immer wieder beobachten, daß es Projektleiter gibt, denen ständig von den Linienvorgesetzten Probleme bereitet werden und solche, denen das nicht passiert. Das hat sehr wohl auch mit der Persönlichkeit des Projektleiters zu tun:
– Läßt er sich das bieten?
– Kann er glaubhaft machen, daß seine Ansprüche berechtigt sind?
Zum Teil ist es durchaus auch eine Form des Machtkampfes, wenn immer wieder versucht wird, dem Projekt Personal und Ressourcen zu entziehen. „Wehret den Anfängen!" Diesen Rat sollte jeder Projektleiter beherzigen. Wenn man es sich im Unternehmen einmal angewöhnt hat, ein bestimmtes Projekt stets als

Reservelager für Personal und Ressourcen zu sehen, dann wird es zunehmend auch so behandelt. Man schickt aus der Linie die Leute ins Projekt, die man gerade nicht braucht und holt diejenigen wieder heraus, für die man etwas zu tun hat. Gleichzeitig wird vom Projektleiter verlangt, daß er die einmal beschlossenen Ziele in der vereinbarten Zeit und zu dem vereinbarten Preis erreicht.

Merke: Verpflichten Sie sich niemals zur Erreichung von Projektzielen ohne gleichzeitig – schriftlich! – aufzuzeigen, was Sie an Personal und Ressourcen dafür brauchen.
Lassen Sie – gleich von Anfang an – niemals zu, daß man Ihnen Personal oder Ressourcen abzieht, ohne daß Sie Abstriche an den Zielen machen oder die Termine aufschieben.
Beherzigen Sie diese Regel besonders am Anfang Ihres Projektes. Es ist nämlich fatal, sich am Anfang großzügig bei Eingriffen zu zeigen, wenn man noch gar keinen Druck spürt. Am Anfang pendeln sich jedoch Gewohnheiten ein, die Sie später, wenn das Projekt unter Termindruck steht, nur schwer wieder revidieren können. Außerdem stehen Sie gerade am Anfang eines Projektes unter der Beobachtung Ihrer Mitarbeiter. Diese müssen sich an Sie als „Chef" des Teams gewöhnen. Für die meisten Menschen ist es jedoch unerträglich, sich einer Person unterordnen zu sollen, die sich im Durchsetzen ihrer Ansprüche immer als freundlicher Verlierer erweist. Die Gefahr besteht, daß Ihr Team Sie im Vergleich zu den Linienvorgesetzten nicht als kooperativ sieht, sondern als Schwächling, dem jeder etwas wegnehmen kann. Einen Schwächling als Leiter des Projektes zu akzeptieren, liegt nicht jedem im Team!

3.2. Die Karten werden am Anfang gemischt.

Mit einem Projekt sollte man auf keinen Fall einfach loslegen und Probleme erst abwarten und dann im Bedarfsfall lösen. Besser ist es, von Anfang an so viele spätere Probleme wie nur irgend möglich gleich zu verhindern. Mit dem Satz „Die Karten werden zu Anfang gemischt" ist gemeint, daß sich gleich zu Beginn bestimmte Dinge einspielen, die später nur schwer zu verändern sind.
In vielen Projekten hat sich immer wieder gezeigt, daß späterer Erfolg oder späteres Scheitern bereits angelegt waren in den er-

sten zwei oder drei Projektwochen oder während der ersten Projektmeetings.
Damit Sie Ihr Projekt auf eine gesunde Basis stellen können, sei hier eine Checkliste angefügt. Gehen Sie sie vor Beginn der Projektarbeit durch, und prüfen Sie, was noch zu regeln oder zu vereinbaren oder schriftlich zu fixieren ist. Die Zeit, die Sie hierbei investieren, sparen Sie später auf jeden Fall.

Ich erinnere Sie nochmals daran: Je klarer Sie am Anfang auf bestimmten Grundvoraussetzungen bestehen, desto weniger neigen erfahrungsgemäß Linienvorgesetzte, Geschäftsführer und andere Führungskräfte später dazu, in das laufende Projekt einzugreifen. Es gehört immer auch ein wenig Machtkampf und „Abstecken des Reviers" dazu, wenn man als Projektleiter wirklich ernstgenommen werden will.
Prüfen Sie, ob Ihr Projekt auf einer gesunden Basis steht:

1. Aufgabenstellung und Ziele
   - klar abgegrenzter Aufgabenbereich und genaue Definition des zu erreichenden Ergebnisses
   - schriftliche Fixierung der ausgeschlossenen Leistungen, die nicht zum Projekt gehören
   - meßbare Ziele mit Priorisierung nach: muß, sollte, kann, darf - sinnvolle, plausible und realistische Ziele
   - meßbare Erfolgskriterien mit Vereinbarungen über Quantität, Qualität, Termin, Budget
   - zu beachtende Randbedingungen, Eckdaten, Gesetze, Richtlinien etc.
   - Schnittstellen zu bestehenden Systemen und zu anderen Bereichen des Unternehmens
   - sinnvolle Einbindung des Projektes in die Unternehmensstruktur

2. Auftraggeber und Unternehmensleitung
   - Auftraggeber und/oder Sponsor möglichst hoch in der Unternehmenshierarchie
   - verbindliche Zusagen über Personal- und Ressourcenverfügbarkeiten und über administrative Unterstützung
   - Übernahme der Verantwortung für die Nutzenrealisierung bei der späteren Anwendung des Projektergebnisses durch den Auftraggeber oder die Unternehmensleitung

– Priorisierung des Projektes gegenüber anderen Projekten und Linienaufgaben
– Schaffung eines geeigneten Arbeitsumfeldes vom ersten Tag des Projektes an
– Sicherung der übergeordneten Projektsteuerung durch geeignete Gremien

3. Benutzer des Projektproduktes oder Betroffene des Ergebnisses
– Beteiligung der Benutzer oder Betroffenen und des Betriebs- oder Personalrats bei der Zielfindung und bei den Vereinbarungen zum Funktionsumfang
– verbindliche Zusage zur Zusammenarbeit im laufenden Projekt
– Benennung fester Ansprechpartner in der Fachabteilung
– Benennung einer Person als „letzte Entscheidungsinstanz" bei notwendiger Zusammenarbeit mit mehreren Auftraggebern
– feste Vorgehenspläne bei nachträglichen Änderungsanträgen im Hinblick auf den Funktionsumfang und die Ziele

4. Projektteam
– angemessene fachliche und soziale Kompetenz der Mitarbeiter
– freiwillige Mitarbeit aller Teammitglieder
– Gewährleistung eines stabilen Kernteams über die gesamte Projektdauer
– Sicherstellung der (teilweisen) Befreiung der Teammitglieder von ihren Linienaufgaben
– Anerkennung des Projektleiters als „Chef" des Projektes
– Mitspracherecht des Projektleiters bei der Personalauswahl
– Mitspracherecht der Mitarbeiter im Hinblick auf ihren Projekteinsatz
– Einbindung von Mitarbeitern der Fachabteilung in das Projekt

5. Grundlagen der Projektarbeit
– klare und verbindliche Methoden, Richtlinien und Standards für den Projektverlauf
– dokumentiertes Informations- und Berichtswesen
– verbindliche Vereinbarungen über Verantwortungen, Aufgaben, Entscheidungskompetenzen
– nachvollziehbare Schätzungen und Planungen
– Bestätigung der Stimmigkeit von Schätzungen und Planungen durch den Projektleiter (falls nicht von ihm selbst erstellt)
– meßbare Erfolgs- und Qualitätskriterien und vereinbarte Abnahmeverfahren

– vereinbarte Vorgehensweisen für: Projektkontrollen, steuernde
  Eingriffe, nachträgliche Änderungen und Zwischenabnahmen
  bei Phasenwechseln
– schriftliche Konzepte für Datenschutz und Datensicherheit
– vereinbarte Vorgehensweisen im Risiko- und/oder Krisenfall

6. Projektleiter
– Bin ich offiziell ernannt worden?
– Werde ich von allen anerkannt?
– Habe ich die notwendige Kompetenz für projektinterne Ent-
  scheidungen?
– Verantworte ich die Planung, das Budget, den Personaleinsatz?
– Werde ich ausreichend von Auftraggeber und Management un-
  terstützt?
– Ist die enge Zusammenarbeit mit der Fachabteilung gesichert?
– Hat der Personal- oder Betriebsrat dem Projekt zugestimmt?
– Gibt es verbindliche Zusagen für die Verfügbarkeit von Spezia-
  listen, Ressourcen, Technik?
– Habe ich den Auftrag und die Aufgabe verstanden?
– Kenne ich auch die verdeckten Ziele des Auftraggebers, der Be-
  troffenen, des Managements, meiner Mitarbeiter?
– Gibt es verdeckte Ziele oder Bestrebungen, die den Projekter-
  folg gefährden können?
– Gibt es Widersprüche in den Zielvereinbarungen oder in den
  Erwartungen der Betroffenen?
– Kenne ich und kennen die Teammitglieder das Zielumfeld des
  Projektergebnisses?
– Weiß ich, wie das Ergebnis genutzt werden soll?
– Kenne ich die Ansprechpartner in anderen Abteilungen? Wer-
  de ich dort als Projektleiter akzeptiert?
– Bin ich mit der Teamorganisation und der Einbindung des Teams
  in das Unternehmensumfeld einverstanden?
– Bin ich für dieses Projekt fachlich und persönlich geeignet?
– Werde ich ausreichend Zeit für die Projektarbeit haben?
– Stimmen meine Einschätzungen mit den Schätzungen und Er-
  wartungen der Unternehmensleitung und des Auftraggebers
  überein?
– Glaube ich persönlich an den Projekterfolg?
– Will ich den Projekterfolg?
– Will ich dieses Projekt leiten?

Entscheiden Sie sich bewußt für oder gegen die Projektleitung. Es ist immer kritisch, wenn man sich ein Projekt „aufs Auge drücken" läßt und innerlich selbst den Erfolg nicht für möglich hält. Die eigene Motivation und die der Mitarbeiter (sie merken es Ihnen an!) sinkt sofort.

Besonders kritisch sollten Sie über sich selbst und Ihre Rolle als Führungskraft nachdenken, wenn Sie sich gegen Ihren Willen ein Projekt aufzwingen lassen und dann auch noch Ihr Schicksal beklagend durch das Unternehmen laufen. Wer soll Sie dann noch ernst nehmen, wenn Sie später um Personal und Ressourcen kämpfen müssen?

3.3. Im Projekt ist alles neu.

Alles mag wohl nicht neu sein, trotzdem ist zu bedenken, daß in einem Projekt zunächst sehr viele neue, unbekannte Probleme und fremde Zusammenhänge zu bewältigen sind. Anders als im Tagesgeschäft können die Mitarbeiter nicht sofort routiniert den gewohnten Aufgaben nachgehen, sondern müssen sich erst einmal im neuen Umfeld des Projektes orientieren.

Als typische Merkmale für die meisten Projekte gelten:

– Einmaligkeit
Anders als die Routineaufgaben des Tagesgeschäftes sind Projektaufgaben meisten einmalig. Wenn das Projekt zum Beispiel die Reorganisation des Außendienstes zur Aufgabe hat oder die Vorbereitung zur Zertifizierung nach EN ISO 9000 oder ähnliches, dann kann man davon ausgehen, daß sich das Team aus Personen zusammensetzt, die noch nie eine solche Aufgabe gelöst haben. Jeder einzelne muß sich neu in das Sachgebiet einarbeiten. Nicht jedem Mitarbeiter fällt es leicht, wieder „Anfänger" zu sein. Manche Menschen befürchten auch, das Problem vielleicht nicht richtig verstanden zu haben und dann Fehler zu machen, die man ihnen später ankreidet. Als Projektleiter sollten Sie immer darauf achten, daß Sie Mitarbeiter im Team haben, die sich vergleichsweise schnell und selbständig in neue Themen einarbeiten können und nicht erst einmal eine langwierige Schulung oder Experimetierphase brauchen. Konflikte sind unausweichlich mit solchen Mitarbeitern, die zu allem erst einmal eine ausführliche „Grundlagenforschung" brauchen.

– Neuartigkeit der Probleme
Die Neuartigkeit ergibt sich aus der Einmaligkeit. Selbst dann,
wenn man immer mal wieder ähnliche Projekte durchführt,
kommt es doch zu Problemen, mit denen man zuvor nichts zu
tun hatte. Man stelle sich vor, ein Unternehmen läßt durch ein
Projektteam immer wieder neue Filialen eröffnen. Natürlich bekommen der Projektleiter und seine Mitarbeiter schließlich Routine darin. Trotzdem ist bei jeder neuen Filiale auch mit neuen
Überraschungen zu rechnen. An einem Standort mag plötzlich
der Denkmalschutz zu berücksichtigen sein, am anderen gibt es
Probleme mit den Zufahrtswegen, beim nächsten funktioniert die
Zusammenarbeit mit der Stadtverwaltung nicht auf Anhieb.
Diese immer wieder neuen Problemen verlangen eine hohe Flexibilität der Beteiligten und auch die Bereitschaft, gelegentlich Aufgaben zu erledigen, die aus der Arbeitsplatz- oder Stellenbe-
schreibung nicht hervorgehen. Man kann nicht mit Mitarbeitern
im Projekt arbeiten, die sich plötzlich darauf berufen, daß bestimmte Aufgaben „unter ihrem Niveau" sind oder „zu hoch" für
sie. Außerdem gilt auch hierbei: Jeder muß sich schnell in unbekannte Zusammenhänge einarbeiten können und wollen.

– Komplexität
Die meisten Projekte sind auch in ihren Abläufen und Verknüp-
fungen mit anderen Bereichen recht anspruchsvoll. Man denke
nur an Projekte im Bereich der Reorganisation. Die Schnittstellen
und Abhängigkeiten zwischen den verschiedenen Abteilungen
sind zu berücksichtigen. Räumliche und personelle Gegebenheiten spielen mit in die Projektarbeit hinein. Ressourcen und Teil-
zeitkräfte sind rechtzeitig zu beschaffen und in ihrem Einsatz mit
anderen Projekten oder Abteilungen zu koordinieren. Gesetzli-
che Bestimmungen und psychologische Aspekte können die Arbeit beeinflussen. Teilprojekte mit eigenen Aufgabenbereichen
sind in Übereinstimmung zu bringen. Risiken sind zu bedenken...
Mindestens der Projektleiter muß eine Persönlichkeit sein, die es
schafft, zu jeder Zeit den Überblick zu haben und alle Fäden im
Griff zu behalten.
Blitzschnell müssen gelegentlich Entscheidungen getroffen werden, deren Auswirkungen sich manchmal bis in abgelegene Bereiche bemerkbar machen können.

– Zusammenarbeit mit verschiedenen Spezialisten
Je komplexer ein Projekt ist, desto mehr unterschiedliche Spezialisten kommen zum Einsatz. Man stelle sich als Projekt den Umbau einer Raffinerie vor. Von hochintellektuellen Akademikern bis zu pragmatischen Handwerkern, von Finanzgenies bis zu Umweltingenieuren hat man es mit recht unterschiedlichen Fachleuten zu tun, die häufig in ihrem eigenen Gebiet Spezialisten sind, das Fachgebiet des anderen jedoch schon nicht mehr überblicken. Typisch für die Spezialisten ist, daß sie meistens auch recht unterschiedliche Sprachen voller Fach- und Fremdwörter sprechen und ganz eigene Denkgewohnheiten haben. Die Kunst des Projektleiters ist es, mit all diesen verschiedenen Menschen kommunizieren zu können und sie zu führen, obwohl er sich selbst in deren Spezialgebieten vielleicht nur vage auskennt. Durch das Zusammentreffen der verschiedenen Spezialisten ergeben sich häufig menschliche Konflikte. Man kann sich nicht verständigen, kann die Arbeit der anderen nicht recht würdigen und glaubt gleichzeitig, von den anderen nicht richtig gesehen zu werden.
Beispiel: Die Akademiker schauen auf die Handwerker herab, und die Handwerker können die „unpraktischen Theoretiker" nicht wirklich ernst nehmen. Dazu kommt, daß manchmal sowohl die Akademiker, als auch die Handwerker der Meinung sind, der Projektleiter habe überhaupt keine Ahnung von der Sache.

– Unterschiedliche Techniken und Methoden
Selbst bei den Spezialisten, die aus der gleichen Fachrichtung kommen, kann es unterschiedliche Arbeitstechniken und Methoden oder auch Gewohnheiten geben. Auch diese Unterschiede können zu Konflikten führen. Jede Partei hält ihre Vorgehensweisen für die beste und will sie für das gesamte Projekt zum Standard machen.

– Fester Zeitrahmen mit Start- und Endtermin
Der feste Zeitrahmen ist so lange kein Problem, wie folgende Bedingungen erfüllt sind:
Erstens: Der erforderliche Zeitbedarf wurde von Anfang an realistisch und nicht „politisch" geschätzt oder gar in zähen Verhandlungen durch rhetorischen Sieg festgelegt.
Zweitens: Die bei den Schätzungen berücksichtigten Grundbedingungen gelten auch tatsächlich für den Projektverlauf. Das be-

deutet zum Beispiel, daß nach der Festlegung des Zeitrahmens weder die Personal- noch die Ressourcenverfügbarkeit sich ändert (außer: Bei Änderungen der Bedingungen wird auch der Zeitrahmen angepaßt).

– Eigenes Budget

Bei firmeninternen Projekten wird zwar heute fast immer auch ein Budget zugewiesen, aber dieses ist den Mitarbeitern nicht bekannt. Dadurch kann sich das Problem ergeben, daß die Beteiligten in ihrer Detailverliebtheit das Budget maßlos überschreiten. Sie sind von ihrem Denken her meilenweit von wirtschaftlichen Überlegungen entfernt.

– Klare Ziele

Noch immer werden Projekte begonnen, deren Budget und Zeitrahmen bereits festliegen, die Ziele jedoch noch unklar sind oder von verschiedenen Personen verschieden interpretiert werden. Sehr oft fällt es den Beteiligten auch schwer, die Projektziele von den Zielen des Ergebnisses zu unterscheiden.

Projektziele beschreiben das, was im Projekt vom Team zu erreichen ist. Sie beinhalten das, was im „Magischen Dreieck" genannt wird: Das in einem bestimmten Zeit- und einem bestimmten Budgetrahmen zu errreichende Ergebnis, welches bestimmten Qualitätskriterien genügen muß.

Die Ziele des Ergebnisses stehen jedoch nicht mehr in der Verantwortung des Projektteams. Hierbei verantworten der Auftraggeber und die Produktbenutzer, daß das Produkt überhaupt zum Einsatz kommt und richtig benutzt wird.

Beispiel: Ein Projektteam wird beauftragt, eine Außendienstorganisation aufzubauen. Der Auftraggeber verfolgt damit das Ziel, durch den neuen Außendienst seinen Kundenstamm zu erweitern. Die Projektziele beinhalten dann, bis wann der Außendienst eingerichtet sein muß und welche Struktur und Ausstattung bereitzustellen sind. Zum Beispiel: Bis zum neunten Mai müssen mindestens fünf erfahrene Vertreter ihren Dienst aufnehmen können. Jedem Vertreter sind zuvor PC, Dienstwagen, ausreichende Mengen an Werbematerial etc. zu beschaffen. Das Vertriebsgebiet muß überschneidungsfrei und gleichwertig eingeteilt sein...

Für die Erreichung dieser Ziele stehen Projektleiter und Team gerade. Die Ziele des Ergebnisses (hier: des neuen Außendienstes) können wie folgt formuliert sein: Der Außendienst muß pro Jahr mindestens fünfhundert neue Kunden gewinnen.

Für die Erreichung dieser „Produktziele" steht nicht mehr das Projekt gerade. Hier ist es unter anderem die Aufgabe des Auftraggebers, darauf zu achten, daß die Vertreter gut arbeiten können und zum Beispiel nicht mit Büroarbeiten an der Erreichung ihrer Ziele gehindert werden.

– Klare Nutzenerwartungen
Der Nutzen eines Projektes ergibt sich fast immer aus den Produktzielen. Hierzu muß vorher kalkuliert werden, welchen Gewinn oder welche Ersparnisse durch das eingesetzte Produkt zu erwarten sind. Dieser erwartete Nutzen wird verglichen mit den Projektkosten und mit den Kosten, die durch den Betrieb des Produktes oder des Ergebnisses entstehen. Man muß zum Beispiel ausrechnen, was es kostet, einen Außendienst (siehe oben) aufzubauen und zu unterhalten. Dagegen muß berechnet werden, welcher Gewinn sich durch die Arbeit des Außendienstes ergibt.

– Hohes Risiko
Bei den Risiken wird unterschieden zwischen den Risiken für das Projekt und denen durch das Projekt. „Für das Projekt" bedeutet: Was kann uns hindern, in der vereinbarten Zeit und zu den vereinbarten Kosten zum Ziel zu kommen? Dabei kann es sich zum Beispiel um eine Grippewelle mit Krankheitsausfällen oder um Probleme mit dem Rechner handeln etc. Risiken „durch das Projekt" können zum Beispiel entstehen, wenn ein Produkt hergestellt wird, das von den Benutzern nicht angenommen wird, und es kommt zu mehr oder weniger absichtlichen Sabotagen oder sonstigen „Frustschäden".

Anhand dieser Merkmale, die nicht in jedem Projekt in gleicher Prägnanz auftreten müssen, erkennt man leicht, daß die Projektarbeit ganz andere Anforderungen an die Mitarbeiter und an den Projektleiter stellt.

Es gibt Menschen, die man leider als weitgehend „projektunfähig" bezeichnen muß. Bei aller fachlichen Qualifikation fällt es ihnen schwer, sich mit den speziellen Gegebenheiten eines Projektes zu arrangieren. Folgende Schwierigkeiten ergeben sich häufig mit diesen „projektunfähigen" Mitarbeitern:

– Manche Menschen belastet die Unsicherheit ihrer Zukunft nach dem Projekt. Einerseits wollen sie gerne im Projekt mitarbeiten, andererseits halten sie ängstlich an ihren bisherigen Aufgaben fest, um dort nicht den Anschluß zu verlieren. Diese Menschen überlasten sich oft selbst, oder sie stehen den Kollegen im Weg, die während der Projektzeit ihre Linienaufgaben übernehmen sollen.

– Besonders „seßhafte" Personen trennen sich oft nicht gerne von ihrem persönlich eingerichteten Arbeitplatz. Sie haben ihren Schreibtisch mit Nippes, ihre Wände mit Bildern und ihre Bildschirme mit Stickern beklebt. Der Umzug in das Projektbüro wird als Entwurzelung empfunden und möglichst verzögert oder ganz boykottiert.

– Typisch für Projekte sind lange Sitzungen und auch gelegentlich die Übernahme von langweiligen und lästigen Arbeiten (z.B. Protokollschreiben, Kopien erstellen). Personen, die sehr starr an ihrem geregelten Tagesablauf hängen, sind weder zu Verschiebungen ihrer Frühstücks-, Kantinen- oder Heimgehzeit bereit, noch zur Verrichtung von Aufgaben, die ihrem Intellekt oder Status nicht angemessen sind.

– Manche Menschen brauchen sehr lange, bis sie sich in neues Wissen eingearbeitet haben. Dann geht ein Großteil der Projektarbeit verloren durch Studien und Versuche. Andere Menschen stehen auf dem Standpunkt, daß die Firma grundsätzlich verpflichtet ist, Mitarbeiter erst einmal zu schulen, bevor sie die Anwendung neuer Produkte oder Verfahren verlangen darf. Solche Menschen nerven durch fast „vorsätzliche Begriffsstutzigkeit" („Das hat mir keiner richtig erklärt!") nicht nur die anderen, sondern verschwenden auch sehr viel Zeit.

– Besonders hochqualifizierte Profis sind oft nicht bereit oder nicht in der Lage, sich mit Kollegen aus anderen Abteilungen oder Fachgebieten zu verständigen. Sie verwirren durch eine abgehobene Ausdrucksweise, durch ihr Fachchinesisch, und sie verärgern durch die echte oder vermutete Ausstrahlung von Arroganz.

– Speziell auch bei hochqualifizierten Profis ist häufig festzustellen, daß sie zwar in ihrem Sachgebiet außerordentliche Kenntnisse haben und unentbehrliche Fachleute sind, daß ihnen aber jeder Blick für die großen Zusammenhänge fehlt.

Leider hat der Projektleiter nicht immer die Möglichkeit, auf die Mitarbeit derer zu verzichten, die besser in ihrer Linienaufgabe aufgehoben sind als im Projekt. Was kann man tun?
Grundsätzlich sollte man folgende Regeln beherzigen:

1. Man zwinge niemals unwillige Menschen, bei einem Projekt mitzuarbeiten. Im Zweifel ist ein motivierter Mitarbeiter mit weniger Fachwissen immer besser als ein unwilliger mit hohem Fachwissen.
2. Man sollte besonders in den ersten Wochen des Projektes das Team möglichst zusammenhalten. Die Ängstlichen und die Verwirrten werden dann von den Mutigen mitgezogen und können sich leichter in die Projektsituation einleben und dort heimisch werden.
3. Man sollte niemals die Mitarbeiter darüber im Dunkeln lassen, was mit ihnen geplant ist für die Zeit nach dem Projekt. Werden sie an ihre bisherigen Arbeitsplätze zurückkehren oder neue Aufgaben übernehmen? Welche?
4. Man sollte gleich zu Anfang sicherstellen, daß jedes einzelne Mitglied des Projektteams die Ziele und die Erwartungen verstanden hat und diese auch erfüllen will. Jeder muß wissen und akzeptieren, daß das Projekt nicht als Spielwiese für neue Techniken zu sehen ist, sondern als „Baustelle".
5. Man sollte als Projektleiter ab einer Teamgröße von sieben Mitarbeitern sich selbst gar nicht mehr als Mitarbeiter verplanen. Das Leiten eines Projektes ab dieser Größe ist ein „Fulltime-job".

3.4. Der Chaot und der Nippelvergolder

Wie gesagt stellt jedes neue Projekt die betroffenen und beteiligten Personen zunächst vor Probleme, die nur schwer zu verstehen sind in ihrer Komplexität und in ihren Zusammenhängen. Was eigentlich erwartet wird, ist nicht klar. Die einzusetzenden Methoden und Techniken sind vielleicht noch nicht bestimmt oder für das Team ungewohnt. Die Ziele und Nutzenerwartungen sind noch unklar oder widersprechen sich.

Kein Projekt fängt gemütlich mit vertrauten Vorgaben und bekannten Zusammenhängen an. Die Frage ist: Wie verhalten Menschen sich angesichts neuer und ungewohnter Probleme? Und: Welches Verhalten ist das für ein Projekt günstigste?

Im folgenden Text soll keine ausführliche Psychologisierung stattfinden. Es sollen kurz in vier Bereichen jeweils zwei entgegengesetzte Haltungen dargestellt werden. In den hier geschilderten krassen Formen wird man diese Haltungen natürlich kaum erleben. Jeder von uns hat ein wenig von dem einen und von dem anderen in sich. Trotzdem wissen wir aus Erfahrung, daß die Menschen sich in bestimmten Situationen doch eher in der einen oder anderen Weise verhalten. Der eine geht vielleicht gerne an neue Probleme heran und probiert Neues aus, der andere braucht längere Zeit, um sich an ungewohnte Dinge zu gewöhnen. Ist dieses Verhalten angeboren? Lernen wir es? Wahrscheinlich trifft beides zu. In einer Firma, in der Fehler streng geahndet werden, wird man mit der Zeit vermutlich eher das zögerliche Herangehen an neue Dinge „züchten". In Unternehmen, in denen die Experimentierfreude der Mitarbeiter gefördert wird, findet man Neuem gegenüber wahrscheinlich mehr Aufgeschlossenheit. Für unsere Projekte ist die Frage, ob ein bestimmtes Verhalten angeboren oder erworben ist, eher unerheblich. Wichtig ist, daß Sie als Projektleiter von sich selbst wissen, wie Sie sich meistens verhalten und zu welcher Einstellung Sie neigen. Außerdem sollten Sie bei Ihren Mitarbeitern und bei den Betroffenen des Projektes Einstellungen und Verhaltensweisen erkennen können. Bedenken Sie bitte auch, daß es sinnlos ist, Menschen logisch zu erklären, warum eine andere Haltung, eine andere Einstellung oder ein anderes Verhalten besser für das Projekt wäre. Wenn ein zögerlicher Mensch begriffen hat, daß er besser mutig und forsch an neue Aufgaben herangehen sollte, dann ändert das gar nichts an seinem tatsächlichen Verhalten. Wenn ein Mensch, der mit seinen „Schnellschüssen" immer wieder Verwirrung stiftet, begriffen hat, daß er lieber bedächtig an die Dinge herangehen sollte, dann ändert das auch nichts. Wir Menschen können nur sehr begrenzt unser Verhalten steuern und fallen spätestens in Streßsituationen wieder zurück in unser gewohntes Verhalten und gewohntes Denken.

Die vier Bereiche, die speziell für unsere Projektarbeit wichtig sein können, sind:

1. Einstellung zur Unternehmensleitung und zu den Vorgesetzten
2. Einstellung zu Aufgaben und Problemen
3. Einstellung zur Realität
4. Einstellung zu möglichen Fehlern und Irrtümern

Lesen Sie die folgenden Gegenüberstellungen jeweils mit Blick auf sich selbst und Ihre eigene Haltung und mit Blick auf die Menschen, mit denen Sie im Projekt zusammenarbeiten.

1. Einstellung zur Unternehmensleitung und zu den Vorgesetzten
Die beiden gegensätzlichen Pole sind:
a) eher negative Einstellung
– Die „hohen Herren" entscheiden am grünen Tisch.
– Die haben keine Ahnung, wie es bei uns in der Realität aussieht.
– Die wollen doch nur das Maximum aus uns herausholen.
– Denen ist es doch egal, was mit den Mitarbeitern wird.

Die Einstellung zur Unternehmensleitung ist sehr von Mißtrauen geprägt. Man erwartet „von oben" nichts Gutes und geht davon aus, daß auch durch dieses Projekt mehr Verschlechterungen als Verbesserungen für die Mitarbeiter eingeführt werden sollen.
Das Positive an dieser Haltung ist, daß man nicht in blinder Autoritätsgläubigkeit alles schluckt und am Ende tatsächlich vor Verschlechterungen steht.
Das Negative an dieser Haltung ist, daß eine erfreuliche Zusammenarbeit kaum möglich ist. Latent sind ständig Konflikte vorhanden. Kleinigkeiten (z.B. fehlt in der Kopie des Protokolls eine Seite) werden sofort negativ interpretiert und führen zu mehr oder weniger großen Aufständen. Das Projekt hangelt sich von einer Krisensitzung mit dem Personal- oder Betriebsrat zur nächsten.

b) eher positive Einstellung
– Endlich werden die Dinge von den Managern in Angriff genommen.
– Wie gut, daß man uns daran mitarbeiten läßt.
– Unsere Unternehmensleitung besteht aus Profis. Sie wissen, was sie tun.
– Die Führungskräfte wissen, daß wir Profis sind. Man traut uns gute Arbeit zu.
– Man sieht unsere Leistung und erkennt unser Engagement an.

Die Einstellung zur Unternehmensleitung ist von freundlicher Erwartung geprägt. Man geht davon aus, daß die Führungsebene ebenfalls eine freundliche und respektvolle Haltung den Mitarbeitern gegenüber hat. Man erwartet Offenheit, Fairneß und Förderung von „denen da oben".

Positiv an dieser Haltung ist, daß die Mitarbeiter sich nicht mit mißtrauischen Vermutungen und Gerüchten und Interpretationen aufhalten. Kaum etwas ist so zeitaufwendig wie der Austausch negativer Gedanken und Spekulationen. Statt dessen gehen die Mitarbeiter eher motiviert an die Arbeit und sind zur Zusammenarbeit mit den anderen Hierarchieebenen bereit.

Negativ an dieser Haltung ist, daß sich eine gewisse Blauäugigkeit ausbreiten kann. Man nimmt vielleicht die Entscheidungen der Vorgesetzten zu kritiklos hin und bedenkt dabei nicht, daß die Manager einerseits oft schon sehr weit aus der Praxis vor Ort entfernt sind und ebenso anfällig für Fehlentscheidungen sind wie alle anderen Menschen auch. Man vergißt vielleicht auch, daß die Vorgesetzten nicht nur von menschenfreundlichen Motiven erfüllt sind. Sie sind oft sehr wohl in erster Linie macht- und profitorientiert und denken erst in zweiter Linie über das Wohl der Mitarbeiter nach.

2. Einstellung zu Aufgaben und Problemen
Die beiden gegensätzlichen Pole sind:
a) aktiv-gestaltende Haltung
– packt Probleme an und sucht spontan nach Lösungen
– übernimmt gern die Verantwortung für Aufgaben
– ergreift die Initiative vor anderen
– fängt zügig mit der Arbeit an und wartet nicht erst auf Anweisungen
– erkennt ohne Aufforderung, was zu tun ist

Der eher aktiv-gestaltend orientierte Mitarbeiter will sich beteiligen. Er will die Dinge mit beeinflussen und Ergebnissen auch den eigenen Stempel aufdrücken. Positiv an dieser Haltung ist, daß auch bei Abwesenheit des Vorgesetzten die Dinge dann noch weitergehen, wenn unerwartete Ereignisse eintreten. Bei Unklarheiten wird nicht auf Weisung „von oben" gewartet, sondern in Eigeninitiative der Sache nachgegangen. Aktiv-gestaltende Menschen wirken wie Motoren in einem Projekt. Sie bringen von sich aus die Arbeit voran und produzieren ständig Ideen und Vorschläge.

Negativ an dieser Haltung ist möglicherweise eine gewisse Über-
aktivität. Der Mitarbeiter prescht voran und hält sich weder an
Regeln noch an Vereinbarungen. Er könnte sich „zu selbständig"
machen und Dinge in Bewegung setzen, die gar nicht bewegt werden sollten, oder Fakten schaffen, die so nicht erwünscht sind.
Ein solcher Mitarbeiter muß gut kontrolliert werden, damit er
nicht Arbeiten verrichtet, Absprachen trifft oder Festlegungen
zementiert, die sich nur schwer wieder rückgängig machen lassen.
Durch seine aktive Art kann eine Verwirrung bei den passiveren
Kollegen entstehen.

b) passiv-annehmende Haltung
- wartet ab, was kommt und macht dann daraus das Beste
- hält sich zunächst zurück und läßt anderen den Vortritt bei der
  Problemlösung
- erwartet Anweisungen und Vorgaben vom Vorgesetzten
- ordnet sich den aktiveren Kollegen unter und „macht mit"

Diese Mitarbeiter gehen davon aus, daß die Führungskräfte anzu-
ordnen haben, was zu tun ist. Wenn der Vorgesetzte nicht weiß,
was anliegt, wer soll es dann wissen? Eine gewisse Untertanenhal-
tung liegt bei passiv-annehmenden Menschen vor. Sie tun, was
man ihnen aufträgt, und lassen sein, was niemand befohlen hat.
Positiv an dieser Haltung ist die leichte Führung dieser Mitarbeiter. Sie arbeiten nicht drauflos, sondern warten ab, was von ihnen
verlangt wird. Sie reden ihrer Führungskraft nicht hinein, hinter-
fragen Entscheidungen nicht und akzeptieren statt dessen, was
man entschieden hat.
Negativ an dieser Haltung ist eine gewisse Trägheit sowohl beim
Handeln als auch beim Mitdenken. Solange kein Befehl kommt,
liegen die Hände im Schoß. Ein passiv-annehmender Mitarbeiter
wird sich auch nicht bei seinem Vorgesetzten melden, wenn er
nicht weiß, was er tun soll. Warum sollte er „der Arbeit hinterherlaufen"? Ein solcher Mensch kann sogar Risiken und Gefahren kommentarlos zur Kenntnis nehmen. Er schweigt, weil er
entweder davon ausgeht, daß sich der Vorgesetzte sicherlich darum kümmern wird, oder weil er nicht sieht, wieso es seine Aufgabe sein könnte, andere zu warnen.
Für die Projektarbeit ist fast immer die aktiv-gestaltende Haltung
der passiv-annehmenden vorzuziehen. Im Projekt kommt es darauf an, daß alle Mitglieder des Teams engagiert und nicht nur ge-

wissenhaft-fleißig bei der Sache sind. Gerade im Projekt ist eine Befehlsempfängermentalität eher hinderlich als förderlich. Das gilt natürlich ganz besonders für den Projektleiter selbst.
Achtung: Zeigt ein ehemals aktiv-gestaltender Mitarbeiter plötzlich eher ein passiv-annehmendes Verhalten, dann kann das ein Hinweis auf innere Kündigung mit „Dienst nach Vorschrift" sein!

3. Einstellung zur Realität
Die beiden gegensätzlichen Pole sind:
a) Es ist, wie es ist.
– So sind die Fakten.
– An diese Bedingungen müssen wir uns im Projekt halten.
– Diese Einschränkungen müssen berücksichtigt werden.
– Mit diesem Verhalten der Benutzer sollten wir rechnen.

Die realitätsorientierten Mitarbeiter nehmen die Dinge wie sie sind und schaffen Lösungen für reale Probleme. Sie philosophieren nicht in akademischen Wolkenkuckucksheimen herum, sondern passen sich dem an, was sie in ihrer Umwelt vorfinden.
Positiv an dieser Haltung ist der Sinn für das Machbare. Pragmatisch geht man an die Dinge heran und schafft Lösungen, die sich einsetzen lassen, ohne daß erst ein ideales Umfeld geschaffen werden muß.
Negativ an dieser Haltung kann ein gewisses Phlegma sein. Man fragt sich gar nicht mehr, ob das, was die Realität vorgibt, überhaupt noch sinnvoll ist. Der Blick für langfristige Verbesserungen oder die Kreativität für neuartige Lösungen oder die Einsatzbereitschaft für aktive Verbesserungen können verlorengehen. Man findet sich zu leicht ab mit dem, was zur Zeit Tatsache ist.

b) hätte-sollte-täte-könnte-müßte
– Ohne die alten Rechner könnten wir...
– Wenn unsere Kunden nur etwas mehr Ahnung davon hätten...
– Man müßte doch mal grundsätzlich...
– Wenn der Vorstand damals nicht entschieden hätte...
– Die Benutzer müßten doch froh sein, daß wir...
– Wäre es nicht vernünftiger, wenn...

Diese Menschen haben eine Vorstellung davon, wie die Umstände und Zusammenhänge und Gegebenheiten im Idealfall sein sollten. Ständig vergleichen sie die Realität mit dem Idealzustand und sehen klar die Abweichungen.

Positiv an dieser Haltung ist die kritische Einstellung zum Arbeitsumfeld. Die Realität wird nicht einfach schicksalsergeben hingenommen, sondern kritisch betrachtet und mit einem Idealzustand verglichen. Dadurch werden Mängel und Verbesserungsansätze erkannt.

Negativ an dieser Haltung ist, daß sich leicht eine Elfenbeinturmmentalität entwickelt. Die Enttäuschung über die Unzulänglichkeiten der Umwelt führen zum inneren Rückzug in Theorien und akademische Gedankenmodelle. Innerhalb des Projektes sind „hätte-sollte-täte-könnte-müßte-Menschen" häufig Bremser. Mit ihren feinsinnigen und beharrlichen Diskussionen um Dinge, die ganz einfach nicht so sind, wie sie sein sollten, nerven sie das Team. Sie ziehen jedes Meeting künstlich in die Länge und finden immer wieder neue Worte dafür, warum dieses oder jenes doch eigentlich nicht so sein dürfte, wie es ist, und auch nicht so wäre, wie es ist, wenn...

Für die Projektarbeit ist die realitätsorientierte Haltung die richtige. Ein Mensch, der sich ständig daran reibt, daß es nicht so ist, wie es laut Logik oder Idealbild sein sollte, kommt eher für die Forschung oder für konzeptionelle Aufgaben in Frage. Er könnte vielleicht – falls Geld keine Rolle spielt – in einem „Grüne-Wiesen-Projekt" arbeiten. Aber: Wo gibt es das?

4. Einstellung zu möglichen Fehlern und Irrtümern
Die beiden gegensätzlichen Pole sind:
a) auf keinen Fall einen Fehler machen oder eine falsche Entscheidung treffen
- Wir sollten die Sache nicht übers Knie brechen.
- Da muß erst noch eine Ist-Analyse (oder: Markt-, Bedarfs-, Machbarkeits-, Kosten-Nutzen-, Dies-oder-Das-Analyse) gemacht werden.
- Wir sollten da nicht voreilig handeln.
- Da können wir uns noch nicht festlegen.
- Da stehen noch weitere Untersuchungen aus.

Die Haltung dieser Menschen ist von dem inneren Motto geprägt: „Bevor ich einen Fehler mache, tue ich lieber nichts." Wenn diese Menschen nicht genau wissen, was das richtige ist, können sie keine Entscheidung treffen, keine Aussagen machen, keinen Arbeitsschritt erledigen. Die Sorge, daß ihnen oder dem Team ein Fehler unterlaufen könnte, verhindert die Weiterarbeit. Vor jedem Handschlag muß alles bis ins Detail durchleuchtet, geklärt, abgesprochen und in seiner Richtigkeit nachgewiesen sein.

Das Positive an dieser Haltung ist die Qualitätsorientierung bis ins Detail. Dinge und Zusammenhänge werden gründlich durchdacht. Was schließlich entsteht, ist richtig und stimmt. Entscheidungen werden zwar nur sehr mühselig aus dem Herzen gerungen, aber die Entscheidung, die dann getroffen wird, erweist sich fast immer im Nachhinein als klug. Nur: Es dauert!

Das Negative an dieser Haltung ist die große Zeitver(sch)wendung. Es wird nicht mehr bedacht, welche Detailtreue überhaupt noch wirtschaftlich vertretbar ist. Außerdem werden vor lauter Detailbetrachtung oft die großen Ziele des Projektes und die Prioritäten aus den Augen verloren. Der Volksmund sagt auch: „Man sieht den Wald vor Bäumen nicht." Innerhalb des Projektteams werden Menschen mit dieser Detailorientierung gelegentlich mit treffenden Spitznamen versehen: „Nippelvergolder", „Reichsbedenkenträger", „Erbsensezierer", „Bremser". Diese Perfektionisten sind für bestimmte Berufe hervorragend geeignet. Man braucht sie überall da, wo es mehr auf Genauigkeit als auf Strategien ankommt. Zum Beispiel in der Revision oder Steuerfahndung oder Pathologie kann man solche Menschen einsetzen. Sie verlieren nicht die Geduld und pfuschen nicht. Besonders wohl fühlen sie sich, wenn man sie nicht unter Zeitdruck setzt. Und genau hier fängt das Problem im Projekt an. Die meisten Projekte stehen unter Zeitdruck. Sollte der Projektleiter selbst ein „Nippelvergolder" sein und seine Zeit damit verbringen, mit liebevoller Sorgfalt unwesentliche Details zu verschönern (z.B. übertriebener Aufwand an Protokollen oder Demo-Folien), so wird das Projekt auf jeden Fall scheitern. Diese Menschen können weder führen, noch Ziele konsequent anstreben.

Die Tragik vieler Projekte: Der beste Spezialist (das sind oft solche Erbsenzezierer) wird zum Projektleiter gemacht. Man hat bei der Auswahl mehr auf den fachlichen Sachverstand geachtet, als auf die Führungsqualitäten.

Innerhalb eines Projektes können diese Menschen jedoch gute Arbeit leisten. Sie programmieren perfekt, testen alles reichlich aus und vergewissern sich immer wieder, ob auch alles richtig ist. Im Umgang mit diesen Perfektionisten kann es sinnvoll sein, auf deren Argumentation zu achten, um die mögliche Ursache ihres Verhaltens zu ergründen. Man unterscheidet:

– fachlich-sachlich-orientierte Perfektionisten
– obrigkeits-orientierte Perfektionisten

Die fachlich-sachlich-orientierten Perfektionisten können es aus ihrer inneren Einstellung heraus nicht verkraften, auch einmal einen Fehler zu machen. Es widerstrebt ihrer Natur. Dies kann sich bis zu Zwangsneurosen steigern: Immer und immer wieder die gleichen Programme testen, die Bildschirme durchzählen, die Protokolle kontrollieren, die Aktivitätenliste konsultieren und abhaken. Die Argumentation geht häufig in die Richtung:
– Das ist noch nicht geprüft.
– Das muß noch verifiziert werden.
– Da stehen noch Analyseergebnisse aus.

Die obrigkeits-orientierten Perfektionisten scheuen vor Fehlern oder Entscheidungen zurück, weil sie keinen Ärger und keine Tadel oder Blamagen einstecken wollen. Diese Menschen können außerhalb der Arbeitszeit völlig anders sein und plötzlich sehr wohl souverän Entscheidungen treffen, auch mal neue Dinge ausprobieren. Sobald sie sich jedoch an ihrem Arbeitsplatz befinden, hüten sie sich vor allem, was auch nur entfernt die Gefahr birgt, einen Fehler zu verursachen. Dieses Verhalten kann eine Form der Klugheit oder Feigheit sein und wird in den Firmen gezüchtet, in denen Pannen und Irrtümer und Fehler persönliche Nachteile nach sich ziehen. Dieses Verhalten ist typisch für Mitarbeiter in sehr hierarchisch orientierten Unternehmen und für Untergebene von bestrafungsfreudigen Bossen. Es kann aber auch an der betreffenden Person selbst liegen, wenn sie aus ihrer Erziehung oder religiösen Prägung die Erfahrung mitbringt, daß Fehler verboten sind und bestraft werden müssen.

In der Argumentation verweisen obrigkeits-orientierte Perfektionisten häufig darauf, daß vor einer Entscheidung noch jemand hinzugezogen oder berücksichtigt werden sollte:
– Hat der Vorstand das so abgesegnet?
– Das muß noch mit dem Controlling besprochen werden.
– Wir sollten uns noch einmal mit dem Betriebsrat abstimmen.
– Wir sollten auf den Bericht des Steuerungsteams warten.

b) lieber einen Fehler machen, als auf der Stelle treten
– Laßt uns doch erst einmal anfangen.
– Wir sehen ja dann, wie es sich auswirkt.
– Das können wir dann immer noch regeln.

– Das läßt sich notfalls alles reparieren.
– Was geht mich mein Geschwätz von gestern an? Jeder hat das Recht, über Nacht klüger zu werden.
(Konrad Adenauer hat das so ähnlich gesagt!)

Die Haltung dieser Menschen ist von dem inneren Motto geprägt: „Bevor ich nichts tue, mache ich lieber einen Fehler."
Diesen Menschen geht es auf die Nerven, wenn sich das Projektteam mit langen theoretischen Erörterungen, ausgeweiteten Analysen, Betrachtungen möglicher zukünftiger Ereignisse und akademischen Diskussionen um des Kaisers Bart aufhält. Sie wollen die Sache auf der Stelle anpacken und möglichst schnell die ersten Resultate sehen. Zunächst sollte das große Ganze mit seinen grundlegenden Strukturen in Angriff genommen werden. An den Details kann man später immer noch polieren.
Positiv an dieser Haltung ist, daß das Projekt überhaupt in Bewegung kommt. Man riskiert Fehler, behebt sie souverän und lernt daraus. Entscheidungen werden mutig angegangen, getroffen und notfalls revidiert. Auf jeden Fall geht das Projekt weiter und dümpelt nicht ergebnislos vor sich hin.
Negativ ist hingegen, daß vor lauter strategischer Gesamtschau die Einzelheiten übersehen werden. Oft wird auch der Teufel unterschätzt, der sich später im Detail zeigt. Man prescht zu schnell vor und verursacht vielleicht Probleme und Verwirrungen bei den anderen Menschen, die so schnell nicht folgen können. Manchmal werden wichtige Details übersehen oder in ihrer Bedeutung unterschätzt. Das kann zu Lücken in der Qualität führen.

Im positiven Fall sind diese Menschen Motoren und Strategen im Projekt. Sie bringen die Sache voran. Sie zeichnen sich durch Kreativität aus und streben konsequent die vereinbarten Ziele an.
Im negativen Fall treten diese Menschen als Chaoten, Hektiker oder Pfuscher auf, die den Projekttatort längst verlassen haben, wenn das Ausmaß an Flurschäden unübersehbar wird. Solche Menschen als Projektleiter bringen das Vorhaben mit Pauken und Trompeten zum Scheitern. Sie verursachen ein Desaster, von dem man noch lange spricht.

Wer ist nun der beste Projektleiter?
Man sollte überhaupt nicht zu einem der oben beschriebenen Ex-

treme gehören. Ein guter Projektleiter kann im Einzelfall erkennen, welche Haltung die vernünftigste ist.

Nun sind wir jedoch alle nach einem bestimmten „Strickmuster" gestrickt und können auch nicht nach logischer Überlegung unsere Denk- und Verhaltensgewohnheiten mal eben umstellen.

Denken Sie über sich selbst nach:

– Zu welcher der obigen Haltungen neige ich in meinem aktuellen Projekt?
– Warum verhalte ich mich so?
– Ist dieses Verhalten allgemein typisch für mich, oder gilt es nur in diesem Projekt?
– Welcher meiner Mitarbeiter neigt vermutlich zu welcher der obigen Haltungen?

Der beste Projektleiter ist häufig der, der sich selbst mit seinen Vorzügen und auch mit seinen Schwächen erkannt hat; der es schafft, sich positiv auszutauschen mit den Menschen, die anders denken und handeln als er selbst, und der es gelernt hat, sich besonders mit denen zu beraten, die die Dinge anders betrachten als er selbst.

Beispiel: Wenn sich zwei Nippelvergolder zusammentun, wird etwas Wunderbares entstehen. Leider wird es niemals fertig.Wenn sich zwei Chaoten zusammentun, wird es schnell zu einem Ergebnis kommen: zu einem tollen Skandal.

3.5. Kompetenz, Energie, Sympathie

Vielleicht kennen Sie den Merksatz: „Wir haben sieben Sekunden Zeit, einen guten Eindruck zu machen." Damit ist gemeint, daß Menschen, die sich neu kennenlernen, bereits in den ersten sieben Sekunden einen Eindruck von der jeweils anderen Person gewinnen. Aus Erfahrung wissen wir, daß dieser erste Eindruck später zwar immer noch durch näheres Kennenlernen revidiert werden kann, daß er aber oft sehr stabil ist.

Worauf achten wir bei anderen Menschen? Natürlich achten wir auf Äußerlichkeiten wie zum Beispiel Kleidung und Haare. Wir beurteilen nach den in unseren Vorstellungen wichtigen Kriterien wie: gepflegt/ ungepflegt, modern/altmodisch etc.

Über das Äußere hinaus möchten wir auch gerne wissen, wie die andere Person „in ihrem Inneren" ist. Wir sehen die Körperhaltung, die Gestik und Mimik. Wir hören, was die Person sagt und

wie sie es sagt. Aus diesen Eindrücken leiten wir wieder eigene
Bewertungen ab: dumm/klug, nett/unsympathisch, dynamisch/
lahm, offen/verschlagen, selbstbewußt/verschüchtert, beschei-
den/arrogant und so weiter. Nur den wenigsten Menschen gelingt
es, andere Personen zunächst vorurteilslos wahrzunehmen. Die
meisten neigen zu sehr schnellen Bewertungen gleich beim ersten
Eindruck. Signale der Körpersprache werden wahrgenommen
und sofort interpretiert.
Beispiele:
– schlapper Händedruck: „Schlaffi"
– leise Stimme: „Schüchterling"
– gerade Körperhaltung: „Charaktermensch"

Diese Beurteilungen sind sicherlich oft falsch. Besonders wenn
wir erfahren, daß andere uns ebenfalls blitzschnell in ihre Bewer-
tungsschubladen einordnen, wird uns bewußt, wie falsch der erste
Eindruck sein kann. Und trotzdem tun wir es selbst im Hinblick
auf andere Menschen auch. Dann jedoch halten wir unsere Bewertungen für das Resultat von Menschenkenntnis und Lebenser-
fahrung!

Psychologen sagen, daß es im wesentlichen drei „Brillen" sind,
durch die wir andere Menschen betrachten:

1. Ist der andere dumm oder intelligent?
– Stimmt das Gesagte inhaltlich?
– Klingt es vernünftig?
– Weiß der andere, was er redet? Versteht er etwas davon?

2. Ist der andere lahm oder geht Kraft von ihm aus?
– Ist der andere dynamisch oder „hängt er in den Seilen".
– Hat der andere seine Angelegenheiten vermutlich im Griff?
– Kann der andere sich vermutlich durchsetzen?

3. Mag ich den anderen leiden, oder finde ich ihn unsympathisch?
– Ist er freundlich oder herablassend?
– Behandelt er mich nett oder unhöflich?
– Kann ich mich auf seine Ehrlichkeit verlassen, oder legt er mich
  herein?

Diese drei „Brillen" tragen wir nicht nur beim ersten Eindruck,
sondern auch generell im Umgang mit anderen Menschen. Gleichzeitig versuchen wir selbst auch, in den Augen der anderen –

durch alle drei Brillen betrachtet – gut auszusehen: intelligent, dynamisch und liebenswürdig.

Als Projektleiter wurden Sie in Ihrem Unternehmen vermutlich nicht wegen des ersten Eindrucks, den Sie gemacht haben, benannt. Man kennt Sie bereits und geht davon aus, daß Sie das Vorhaben zum Erfolg führen werden. Man hält Sie für fachlich und methodisch kompetent, traut Ihnen zu, daß Sie die Kraft haben, das Projekt voranzutreiben, und daß Sie über die notwendige soziale Kompetenz verfügen, die Mitarbeiter zu motivieren und die Betroffenen zu überzeugen.
Auch hier wurden Sie wieder mehr oder weniger bewußt nach den drei Kriterien – Kompetenz, Energie, Sympathie – eingeschätzt.
Der fachlich klügste und menschlich netteste Projektleiter taugt nicht für seine Aufgaben, wenn er zu lahm ist, sich auch gegen Widerstand im Interesse der Ziele durchzusetzen. Der intelligenteste Dynamiker ist ebenso untauglich, wenn er mit seiner fiesen Art die Mitarbeiter demotiviert und bei externen Partnern auf Ablehnung stößt. Ein nettes Energiebündel ohne Fachkompetenz kann eher einen Freizeitclub leiten als ein Projekt.
Ein Projektleiter braucht, wie jede Führungskraft, alle drei: Kompetenz, Dynamik, Fähigkeit zum Umgang mit Menschen. Natürlich hat jeder von uns diese drei Eigenschaften in sich. Aber: ihre Ausprägung kann von Person zu Person sehr verschieden sein. Es gibt Menschen, die eher kühl und ruhig wirken und sehr hohen Wert auf ihre Kompetenz legen. Andere sprühen förmlich vor Dynamik, und wieder andere gewinnen durch ihre freundliche Art im Umgang mit anderen.

Verschiedene Psychologen haben sich mit den „Persönlichkeitstypen" auseinandergesetzt. Sie haben untersucht und beobachtet und getestet und experimentiert.
An dieser Stelle möchte ich kurz die Eigenschaften zusammenfassen, die man als „typisch" für die jeweiligen Komponenten ansieht, und ich möchte dann besonders die Chancen und auch die möglichen Tücken darstellen, die einem Projektleiter auf Grund seiner Persönlichkeitsstruktur helfen oder Probleme bereiten können.

Typische Merkmale und Eigenschaften sehr kompetenzorientierter Menschen:

- hohes Interesse an logischen Zusammenhängen und sachlichen Strukturen
- Freude an Detailwissen
- introvertiertes Verhalten und soziale Distanz
- Fähigkeit zu sehr konzentriertem Arbeiten
- Neigung zu Kontrolle und absichernden Maßnahmen
- wenig gefühlsorientiert, reiner Verstandesmensch
- Probleme werden analysiert und in ihren Ursachen untersucht
- kühles Verhalten auch im Umgang mit Angehörigen
- emotionale Probleme (eigene und die anderer) werden logisch wegdiskutiert
- Neigung zu Genauigkeit bis zur Pedanterie
- sehr ernste Einstellung zum Leben und zur Arbeit
- Zynismus statt Humor
- zögerlich in Entscheidungen und Festlegungen
- Einzelgänger ohne Interesse für Tratsch und informelle Informationswege

Typische Merkmale und Eigenschaften sehr energieorientierter Menschen:
- Impulsivität und plötzliche Geistesblitze, die spontan geäußert werden
- Schlagfertigkeit
- dominantes Verhalten, Macht- und Hierarchieorientierung
- Konkurrenzverhalten speziell im Umgang mit ranghöheren Personen
- Pragmatismus
- Probleme werden nicht gerne analysiert, sondern lieber gleich gelöst
- Ungeduld, will alles auf einmal und zwar sofort
- Prestigebewußtsein und Freude an Statussymbolen
- Durchsetzungsfähigkeit bis zu unklugen Rücksichtslosigkeiten
- schnelles Ergreifen der Initiative
- hohe Risikobereitschaft
- Schnelligkeit bis zur Hektik
- Wettbewerbsorientierung
- Offenheit für Neues und Ungewohntes

Typische Merkmale und Eigenschaften sehr sympathieorientierter Menschen:

- Harmoniebedürfnis und Neigung zum Schlichten von Streitereien
- Orientierung an Erfahrungen und Traditionen
- hilfsbereit bis zur Aufopferung, findet auch Hilfe bei anderen
- Freude am netten Zusammensein mit anderen Menschen
- Intuition und feine Antennen für kaum wahrnehmbare Vorzeichen
- persönliches Interesse an anderen Menschen
- entspanntes Verhalten in Gruppen, keine Dominanzbestrebungen
- Warmherzigkeit und Tröstermentalität
- Fähigkeit, behutsam mit anderen umzugehen
- Geduld
- Vermittler in Krisensituationen
- einfühlend bei Problemen anderer
- innerlich stabil
- friedlich und auch bei Angriffen nicht zu Aggressionen neigend

Kompetenzorientierung – hier können Ihre Schwachstellen sein:
- Erbsenzählerei
- Nervensäge in Meetings wegen endloser Detaildiskussionen
- kalter Fisch, der nicht ahnt, wie sehr er abgelehnt wird
- kein Interesse an den Belangen oder Gefühlen anderer Menschen
- „Streber" bei der Arbeit, Besserwisser, „Hobby-Studienrat"
- fachlich respektiert und menschlich verabscheut
- Bürokrat und Paragraphenreiter
- Entscheidungsbremser
- Analysenfetischist
- verletzender Kritiker mit zynisch geäußerter Verachtung für andere
- Rechthaberei und Sturheit
- Einzelgänger, der sich ändernde Stimmungen nicht rechtzeitig bemerkt
- vernachlässigt Führungsaufgaben, betätigt sich statt dessen als „Edelsachbearbeiter"
- bespricht Probleme nicht, sondern ignoriert sie oder analysiert sie allein oder reagiert unerwartet und tückisch
- läßt niemanden in seine Sachen hineinschauen
- „Autist"

- sitzt bis tief in die Nacht am Schreibtisch und knispelt an Details
- kontrolliert jeden Zettel, der im Projekt beschrieben wurde
- überarbeitet persönlich jedes Protokoll und ändert alles, was Mitarbeiter formuliert haben

Ein solcher Projektleiter wird von den Mitarbeitern wegen seiner fachlichen Kompetenz zwar geschätzt, als Führungskraft jedoch oft nicht anerkannt. Man sieht in ihm eher einen gefühlskalten Denkapparat und fühlt sich von ihm selbst auch nicht als Mensch, sondern als „Projektressource" oder als „verfügbare Freikapazität" oder „atmende Funktionseinheit" wahrgenommen. Wenn die Mitarbeiter selbst kein eigenes technisches Interesse an der Projektarbeit haben, werden sie im Notfall auch keinen Finger krumm machen und keine Überstunde leisten, wenn das Projekt in Zeitnot gerät. Im Projekt eines stark kompetenzorientierten Projektleiters tut man seine bezahlte Pflicht und keinen Handschlag mehr.

Energieorientierung – hier können Ihre Schwachstellen sein:
- Ehrgeizling
- Prahler und Blender
- Machtmensch mit Neigung zur Unterdrückung schwächerer Menschen
- interessiert sich ständig für mögliche Machtverschiebungen im Unternehmen und mischt fleißig dabei mit
- Hausrebell in ständiger Fehde mit der Unternehmensleitung
- kompromißloser Durchsetzer mit wachsender Schar rachlustiger Feinde
- „harter Brocken", mehr gefürchtet als geliebt
- Angreifer
- wittert Feinde, wo keine sind
- schafft sich unnütz Feinde durch Neigung zu vorauseilenden Racheangriffen
- Chaotisch in der Arbeit
- Hektisch in Entscheidungen
- verwirrt durch unberechenbare Meinungsänderungen
- gefühllos im Umgang mit anderen, „Killer"
- hochsensibel, wo die eigene Ehre verletzt sein könnte
- ignoriert die Menschen, die ihm weder schaden noch nutzen können

- „powert herum", vernachlässigt das Projekt im Interesse von persönlichen Machtspielchen an anderer Stelle
- schlägt brutal dazwischen, wenn die Mitarbeiter nicht spuren
- bemerkt Fehler und Pfusch nicht, weil Details nicht interessieren
- unterschätzt Aufwände für Arbeiten und setzt das Team durch unabgesprochene Terminzusagen künstlich unter Druck

Ein solcher Projektleiter kann am Anfang mitreißend und begeisternd wirken, sich jedoch bald zu einem Tyrannen entwickeln, dem man am liebsten ausweichen möchte. Man versucht, möglichst so zu arbeiten, daß das zornige Auge des Chefs nicht auf einen fällt. Es wird mehr Engagement in die Vermeidung von Fehlern und die mögliche Absicherung vor Strafen investiert als in die Arbeit am Projektprodukt. Als Ausgleich für den Terror, den ein solcher Vorgesetzter in seiner Anwesenheit verbreitet, kann es bei seiner Abwesenheit dazu kommen, daß „die Mäuse auf dem Tisch tanzen". Auf der anderen Seite hat ein solcher Projektleiter für die Mitarbeiter einen gewissen Unterhaltungswert. Mit großem Interesse wird beobachtet, wie er sich ständig in Machtkämpfen mit anderen Führungskräften („Gigantenringen") aufreibt. Wenn er bei diesen Kämpfen gewinnt, ist das Team sogar stolz auf ihn. Wenn er verliert, gehen alle in Deckung, weil er sicher an irgendeinem seine Wut auslassen wird. Im Projekt eines stark energieorientierten Projektleiters verbringen die Mitarbeiter einen großen Teil der Arbeitszeit mit persönlichen Überlebensschutzmaßnahmen. Wer kann, versucht sich in anderen Unternehmensbereichen andere Aufgaben zu beschaffen. Es kommt zu schnellstmöglicher interner Fluktuation.

Sympathieorientierung – hier können Ihre Schwachstellen sein:
- „Softie", „Weichei", „Seelchen", „Projektpapa"
- kein Rückgrat, gibt bei Widerstand sofort nach
- naiv im Umgang mit Gerissenen
- entscheidungsscheu aus Angst, sich unbeliebt zu machen
- unkluge Neigung zu Kumpanei
- bedächtig bis zur „Lahmarschigkeit"
- manipulierbar durch Androhung von möglichem „Liebesentzug"
- klammert sich an Vorgesetzte, will deren ständige persönliche Zuwendung

- autoritätsgläubig
- Plaudertasche, interessiert sich sehr für die Belange anderer, mischt sich auch in Privatgeschichten anderer ein
- hält sich und andere durch Geplauder von der Arbeit ab
- möchte auch nach Feierabend noch mit Kollegen und Mitarbeitern zusammensein
- will keinem wehtun und unterläßt jede Kritik oder kritisiert so zart, daß der Mitarbeiter sich gelobt fühlt
- überrücksichtsvoll im Hinblick auf Schwächen und Leiden seiner Mitarbeiter, hält sich ein Panoptikum von Leistungsverweigerern
- kann nicht Nein sagen und läßt sich von allen und jedem Zusatzarbeiten aufhalsen
- jammert und leidet bei Problemen, kann jedoch nicht um sein Recht und um die Ressourcen für das Projekt kämpfen

Ein solcher Projektleiter wirkt auf das Team leicht wie ein Schwächling. Man freut sich zwar über seine nette Art und seinen Verzicht auf Leistungsforderung, schämt sich jedoch gleichzeitig dafür, einer solchen „Flasche" untergeordnet zu sein. Das Team genießt es durchaus, beim Kaffee mit dem Chef über mögliche Liebesgeschichten der Vorstände von Anno dazumal zu plaudern, ärgert sich jedoch gleichzeitig über die elende Zeitverschwendung und sinnlos vergeudeten Arbeitstage. Man geht zwar abends müde aus der Firma, hat aber doch keinen Grund, auf irgendeine Leistung stolz zu sein. Im Projekt eines stark sympathieorientierten Projektleiters sind die Mitarbeiter immer wieder zwischen ihren Gefühlen hin- und hergerissen. Der Chef ist so nett, also kann man ihm nichts verübeln. Aber er ist es auch, der einen von der Arbeit abhält und am Ende das ganze Projekt in den Sand fährt, schließlich hängen alle in der Schande mit drin. Clevere Mitarbeiter genießen die streßfreie und verplauderte Zeit der Frühphasen des Projektes und sehen zu, daß sie gegen Projektende, wenn das Scheitern offenbar wird, nichts mehr damit zu tun haben. Es kommt zu rechtzeitiger interner Fluktuation.

Kompetenzorientierung – hier können Ihre speziellen Stärken liegen:
- Sie haben ein klares Konzept für das Vorgehen und sauber durchdachte Pläne.

- Sie verfügen über hohen Sachverstand und lassen sich weder durch Manipulationen noch durch Druck beeinflussen.
- Sie können Qualität beurteilen und im Projekt erreichen.
- Sie arbeiten mit hoher Konzentration und lassen auch Ihren Mitarbeitern die notwendige Ruhe zu konzentrierter Arbeit.
- Sie bleiben auch bei Widerständen und Pannen beharrlich bei der Sache.

Der schnelle Erfolg als Senkrechtstarter ist nicht Ihre Sache. Ihre Erfolge beruhen auf langfristig angelegten Strategien. Leider vergessen Sie bei Ihren klug ausgetüftelten Strategien gelegentlich, daß weder die anderen Menschen noch ganz allgemein das Leben auf Logik basieren. Ständig werden unvernünftige Dinge getan und passieren die unglaublichsten Zwischenfälle. Wenn Menschen wie Sie scheitern, dann liegt es fast nie an eigener Dummheit, sondern an der Dummheit oder dem Fehlverhalten anderer. Menschen wie Sie denken und funktionieren logisch und handeln nach reiflicher Überlegung. Ihr Fehler ist, daß Sie sich nicht auf die Unvernunft der anderen einstellen können.

Energieorientierung – hier können Ihre speziellen Stärken liegen:
- Sie haben die Kraft, „das Ding gewuppt zu kriegen".
- Sie tüfteln nicht lange an Theorien herum, sondern gehen zügig daran, pragmatische und brauchbare Lösungen zu entwickeln.
- Auch bei starkem Gegenwind steuern Sie den sicheren Hafen des Projekterfolgs an. Ihr Team weiß, daß Sie sich durchsetzen können und Angriffe von außen jederzeit abwehren.
- Sie verzetteln sich nicht in unwesentlichen Details, sondern behalten stets die große Linie im Blick.
- Sie reden Ihren Mitarbeitern nicht in die Arbeit hinein, sondern konzentrieren sich auf Ihre Führungsaufgaben. Bei den Mitarbeitern fördern Sie selbständiges Expertentum.

Ihr „Erfolgsrezept" kann Ihre Durchsetzungsfähigkeit sein und Ihre Standfestigkeit auch gegen massive Widerstände. Diese regen vermutlich Ihre Lust am „Karrierekampf" eher noch an. Außerdem können Sie viel schneller als andere Menschen auf plötzliche Ereignisse und Krisen reagieren. Wenn andere noch das Problem analysieren, ist Ihnen bereits mindestens eine Lösungsidee eingefallen. Vielleicht haben andere Menschen manchmal ein wenig Angst vor Ihrer Dynamik. Aber in Krisensituationen schaut man auf Sie und folgt instinktiv Ihren Anweisungen. Leider muß man oft feststellen, daß viele der Krisen nur deshalb entstehen konnten, weil Sie in Ihrer forschen Art nicht immer rechtzeitig bedenken, welche Folgen Ihr Reden und Ihr Handeln haben können!

Sympathieorientierung – hier können Ihre speziellen Stärken liegen:
- Sie schaffen in Ihrem Team ein Klima der menschlichen Wärme und des gegenseitigen Vertrauens.
- In Ihrem Projekt geht kaum Zeit durch Konflikte oder Streitereien verloren. Die Mitarbeiter fühlen sich in der Gruppe geborgen und arbeiten hochmotiviert.
- Sie fördern entspanntes Arbeiten nach sozial integrierenden Spielregeln. Der Informationsstil ist offen. Es gibt weder „Mauern" noch die Ausrede: „Das hat mir keiner gesagt."
- Für sich selbst, für Ihr Team und für Ihr Projektergebnis schaffen Sie Akzeptanz bei allen Betroffenen.
- Das gute Image Ihres Projektes fördert die Arbeitslust Ihrer Mitarbeiter.

Ihr „Erfolgsrezept" kann Ihre ungewöhnlich ausgeprägte Fähigkeit im Umgang mit anderen Menschen sein. Man mag sie, man engagiert sich für Ihre Angelegenheiten und unterstützt Sie, wo immer Sie Hilfe brauchen. So, wie Sie im Privatleben in jeder neuen Kneipe schon am ersten Abend mit dem Wirt per Du sind und mindestens ein Bier kostenlos trinken dürfen, so finden Sie auch in ihrem Projekt Mitarbeiter, die bei notwendigen Überstunden nicht auf die Uhr schauen und noch Arbeit mit nach Hause nehmen. Man klaut Ihnen die Ressourcen nicht und verlangt auch keine unmöglichen Wunder. Von der Unternehmensleitung bringt man Ihnen immer Verständnis für Überziehungen von Zeitrahmen und Budget entgegen. Und das alles nur, weil niemand einen Menschen wie Sie im Stich lassen könnte. Da Sie ohnehin mit einem Großteil der Belegschaft persönlich befreundet sind, gerät Ihr Projekt gar nicht in größere Krisen. Die Stimmung im Team ist gut, das Projekt ist hoch angesehen, und Hilfe kommt von allen Seiten, weil es um Sie herum nur so wimmelt von Leuten, die noch einen Grund haben, sich bei Ihnen erkenntlich zu zeigen. Leider kann es gelegentlich vorkommen, daß Sie so beliebt sind und eine solch gute Stimmung im Team haben, daß vor lauter Vergnügen am Zusammensein völlig vergessen wird, daß noch Arbeit zu tun wäre.

So holzschnittartig, wie ich es hier dargestellt habe, sind die wenigsten Menschen. Wir alle haben, wie ich oben bereits anführte, alle drei Eigenschaften in uns. Bei den meisten Menschen ist es so, daß eine der drei besonders stark ausgebildet ist. Eine zweite ist ebenfalls recht stark ausgebildet und wirkt korrigierend mit der stärksten Eigenschaft zusammen. Die dritte ist wenig ausgebildet. Dort haben wir weder besondere Stärken noch besondere Schwächen. Unsere größten Stärken und auch unsere größten Schwächen haben wir im Bereich der Haupteigenschaft. Egal, wie wir „gestrickt" sind, wir alle können scheitern oder erfolgreich sein mit unseren Projekten. Es unterscheidet sich lediglich die Art, wie und warum wir scheitern oder erfolgreich sind.

Bedenken Sie bitte, daß diese Verhaltensprägung durch die drei Eigenschaften nicht nur für Sie selbst gilt. Sie gilt auch für Ihre Mitarbeiter, für Ihre Führungskräfte und für die Benutzer Ihres Projektproduktes.
Die Kunst ist es, sich selbst mit seinen Stärken und Schwächen und mit seiner möglichen Wirkung auf andere zu kennen. Die nächste Kunst ist es, den Mitmenschen zu erkennen, wie er ist und ihn so zu akzeptieren. Ändern können Sie die anderen nicht. Sie können nur lernen, mit ihnen richtig umzugehen.

3.6. *Überlastet sind wir alle.*

Als Projektleiter hat man viel zu viel zu tun und wird auch immer von anderen dabei gehindert, die eigene Zeit vernünftig zu planen. Man weiß selbstverständlich, daß man nur die dringenden und wichtigen Dinge selbst erledigen und den Rest delegieren soll. Aber: Wer hat schon ausreichend Mitarbeiter, denen man die Arbeit auf den Tisch delegieren kann? Die Leute sind doch oft selbst durch Projektarbeit und gleichzeitige Aufgaben im Tagesgeschäft überlastet.

Der gestreßten Führungskraft werden vielleicht Zeitplansysteme empfohlen. Diese haben jedoch den Haken, daß man sich erst einmal in sie einarbeiten muß. Dazu ist auch keine Zeit vorhanden. Darin liegt schon ein Grundproblem vieler Manager. Wenn sie keinen Zeitdruck haben, sehen sie nicht ein, wozu sie ein Zeitplansystem brauchen, und wenn die Arbeit ihnen über den Kopf

wächst, haben sie keine Zeit, Zeitplanung zu lernen und zu üben. Wer sich überhaupt noch nicht mit dem Thema befaßt hat, lehnt es oft vorbeugend ab. Man hält es für eine alberne Zurschaustellung statusträchtiger Lederbücher und möchte nicht als dynamischer Jungprotzer angesehen werden. Die meisten Projektleiter, die ich gesprochen habe, glauben nicht einmal an den Erfolg solcher Systeme. Sie sagen: „Egal, wie ich plane, der Tag hat nur eine bestimmte Zahl von Stunden, und die Arbeit wird dadurch auch nicht weniger. Außerdem habe ich einen Kalender."
Ich behaupte: Wenn Sie innerlich nicht wirklich bereit sind, ein Zeitplansystem zu lernen und konsequent anzuwenden, dann geht es Ihnen noch lange nicht schlecht genug. Befassen Sie sich am besten gar nicht damit. Lassen Sie sich von niemandem zwingen oder überreden. Aber hören Sie bitte auch auf, andere Menschen mit Gejammer über Ihre Überlastung zu nerven.
Zum Training für die Anwendung eines Zeitplansystems gehört immer ein Verhaltenstraining. Das ist überhaupt der wichtigste Aspekt an der Geschichte. Das Eintragen von Terminen und Planen von Aufgaben ist keine Kunst. Dafür braucht man tatsächlich nicht mehr als einen Kalender.
Wenn Sie keine Zeit mehr haben, sich mit Zeitplanung zu befassen, dann ist der richtige Zeitpunkt zum Zeitplanungstraining gekommen. Nun dürfen Sie sich jedoch nicht dazu verleiten lassen, aus lauter Zeitdruck nur eben schnell den Zeitmanagementteil zu lernen und anzuwenden. Das wäre tatsächlich Zeitverschwendung.

Suchen Sie sich ein System aus, zu dem ein handlicher, kleiner Kalender gehört. Es ist nämlich tatsächlich keine Freude, ständig einen ledergebundenen Backstein mit sich herumzutragen. Dann lassen Sie sich die Trainingsunterlagen des Herausgebers schikken. Am besten melden Sie sich zu einem betreuten Fernlehrgang an. Das tägliche Training nimmt nur etwa zwanzig Minuten in Anspruch. Schon nach drei bis sechs Wochen – und das ist bei allen der angebotenen Systeme gleich – spüren Sie deutliche Erfolge. Sie werden tatsächlich besser mit Ihrer Zeit und mit Ihrer Kraft auskommen.
Ganz wichtig: Gehen Sie mit Ihren Erfolgen nicht hausieren und nicht missionieren! Sie treffen ganz bestimmt auf mindestens einen Miesepeter, der sich noch nie damit befaßt hat und trotzdem

wortreich erklären kann, daß das alles sinnloser Mist ist. Schon allein solche Gespräche sind Zeitvergeudung. Denn das ist ja immer wieder das Wunder: Die Leute, die angeblich gar keine Zeit haben, haben immer noch ausreichend Zeit, über ihr Problem und die Sinnlosigkeit von Problemlösungen zu klagen.
An dieser Stelle möchte ich einige der ganz typischen Zeitfallen in Projekten nennen. Vielleicht kennen Sie einige davon aus Ihrer Praxis.

– Unklare Ziele und ungenaue Aufgabenabgrenzungen:
Es gibt innerhalb des Projektes und bei den Betroffenen unterschiedliche Auffassungen darüber, was zu den Aufgaben des Projektes gehört und wie das Ergebnis sein soll. Wenn die unterschiedlichen Auffassungen nicht einmal bemerkt werden, weil der Projektleiter zum Beispiel nie kontrolliert, wer was wie und womit tut, dann kommt es zu Doppelarbeiten, zur Erledigung von Aufgaben, die nie in Auftrag gegeben wurden und technischen Spielereien besonders bei experimentierfreudigen Mitarbeitern. Wenn die unterschiedlichen Auffassungen jedoch erkannt, aber nicht ein für allemal ausgeräumt werden, dann kommt es in regelmäßigen Abständen zu aufwendigen Diskussionen, in denen jeder auf der Richtigkeit der eigenen Ansicht besteht. Nach den Diskussionen sind die Beteiligten vielleicht überzeugt, die jeweils anderen „auf die richtige Schiene gesetzt" zu haben. Man arbeitet weiter und stellt nach einiger Zeit wieder fest, daß nicht alle das gleiche unter dem Projektauftrag verstanden haben. Und wieder wird diskutiert. Das Bestehen auf der eigenen Meinung wird immer wichtiger. Niemand will sich vom anderen überzeugen lassen und womöglich zugeben müssen, „für den Eimer gearbeitet" zu haben. Merke: Der Projektleiter muß sich am Anfang vergewissern, daß er selbst den Auftrag vollständig richtig verstanden hat. „Richtig" verstehen heißt nicht, daß er sich überlegt, was er für richtig hält. Richtig verstehen heißt: Genau so verstehen, wie es der Auftraggeber oder die Unternehmensleitung oder der Steuerungsausschuß verstanden haben will. Es muß bei jedem der Verhandlungspartner im Kopf das gleiche Bild über Ziele und Aufgabenumfang entstanden sein.
Danach muß der Projektleiter dafür sorgen – und sich im Verlaufe der Arbeit immer wieder vergewissern –, daß jedes Teammitglied den Projektauftrag richtig verstanden hat. Auch hier gilt

wieder, daß es auf das gleiche Verständnis ankommt und nicht
darauf, was die einzelne Person für ihre „richtige" Meinung hält,
was man tun sollte.

Der Projektleiter soll sich natürlich bemühen, die Mitarbeiter zu
überzeugen, daß die von ihnen verlangte Arbeit sinnvoll und
„richtig" ist. Wenn die Mitarbeiter jedoch darauf beharren, daß
der Projektauftrag anders sein sollte, daß sie – wären sie selbst in
der Geschäftsleitung („Wenn ich hier was zu sagen hätte"-Phä-
nomen) – das Projekt anders definiert hätten, dann heißt es notfalls: „Love it, or leave it." Die Mitarbeiter müssen den Projektauftrag so annehmen, wie er gestellt wurde und nicht, wie er ihrer
Ansicht nach gestellt sein sollte.

Es gehen viele Projekte daran zugrunde, daß die Profis im Projekt
zu der Erkenntnis kommen, daß das, was „die da oben" beschlossen haben, Unsinn ist, und daß man deshalb lieber etwas anderes
– das „Richtige" – tun sollte. Das ist eine ganz besonders typische
Problematik in sehr technisch orientierten Projekten!

Die Unternehmensleitung oder der Steuerungsausschuß tut auch
gut daran, besonders in frühen Projektphasen von sich aus regelmäßig in das Projekt hinein zu kontrollieren, ob der Projektleiter
auch wirklich den Auftrag richtig weitergibt und die Einhaltung
im Griff hat. Das gilt besonders bei sehr kompetenzorientierten
Projektleitern mit sehr hoher Fachqualifikation.

– Fehlende Informationen und fehlende Kontrolle
Hierbei geht es speziell um die Informationen, die für die Mitarbeiter im Team wichtig sind. Besonders Projektleiter, die persönlich sehr kompetenzorientiert sind, neigen zu einer Kommunika-
tionsfreude, die der einer Auster nicht unähnlich ist. Sie verkriechen sich hinter ihre Schreibtische oder Bildschirme, rücken keine
Information freiwillig heraus und verhalten sich nach dem Motto:
„Wer was will, kann mich ja fragen." Wenn solche maulfaulen
(oft fachlich ganz besonders hochqualifizierte) Projektleiter nun
auch noch mit kompetenzorientierten Mitarbeitern arbeiten, dann
wird es ganz still im Projekt. Diese Menschen geben nämlich
nicht nur keine Informationen weiter, sie bringen auch nicht die
Kiefer in Bewegung, um sich selbstinitiiert nach möglichen feh-
lenden Informationen zu erkundigen. Gerade jetzt, während ich
dieses Buch schreibe, beobachte ich ein DV-Projekt, in dem fast
ausschließlich kompetenzorientierte Top-Profis ein Workflow-

Projekt in den Graben fahren. Der Projektleiter schließt sich jeden Tag viele Stunden in sein Büro ein. Niemand weiß, was er dort treibt. Da er ein gewissenhafter Mensch ist, arbeitet er vermutlich. Aber was? Die Mitarbeiter sitzen in ihren Büros und bröseln auch nach Gutdünken herum. Was der Projektleiter nicht weiß: Da die Mitarbeiter weder genau wissen, was sie tun sollen, noch auf die Idee kommen, sich zu erkundigen, was der Projektleiter glaubt, das sie tun, knibbeln sie vereinzelt hier und dort an der Technik oder an Formulierungen in ihren Gutachten und Philosophieniederlegungen herum. Da es sich um Berater handelt, die dieses Projekt bei einem Kundenunternehmen durchführen, fliegt die Sache frühestens auf, wenn der Termin kommt, an dem konkrete Ergebnisse vorgeführt werden sollen. Und dann wird man wieder einmal fassungslos vor der Tatsache stehen, daß hochqualifizierte Profis mit endlosen Referenzlisten, beeindruckenden akademischen Titeln und jahrelangen Erfahrungen und nachweislicher Intelligenz nichts produziert haben.

Deshalb auch speziell eine Warnung an alle, die mit externen Beratern arbeiten: Schauen Sie diesen Leuten genau auf die Finger. Was arbeiten die? Wie arbeiten die? Wie wird dokumentiert? Fast kann man sagen: Je qualifizierter die Berater sind, desto größer die Gefahr, daß sie zeitaufwendige Fehlarbeiten – oft sogar auf qualitativ hohem Niveau – leisten.

Lassen Sie Ihr Projekt komplett durch eine externe Beratergruppe durchführen, sollten Sie knallhart und meßbar die erwarteten Ergebnisse mit allen Qualitätsausprägungen schriftlich festlegen. Und Sie sollten grundsätzlich Festpreisprojekte in Auftrag geben mit harten Regelungen für den Fall von Terminüberziehungen. In großen Unternehmen ist das längst üblich. In kleineren Unternehmen herrscht oft noch eine rührende Blauäugigkeit den klugen Unternehmensberatern gegenüber vor. Denken Sie stets daran: Zu den Verkaufs- und Vertragsverhandlungen schickt man Ihnen die freundlichen und netten Menschen mit den ehrlichen Gesichtszügen. Wenn das Projekt dann losgeht, kommen die blutjungen Kompetenzorientierten („Knipser", „Technokraten", „Bitfummler"), die sich mit Liebe zum Detail und ohne jedes Zeitgefühl der Sache widmen. Wenn der Vertrag so gestaltet ist, daß der Unternehmensberatung nur geringer Ärger oder nur geringe Kosten bei Terminüberziehungen drohen, schickt man Ihnen die einzelnen Berater sogar weitgehend ohne Führungsperson ins Haus.

Wenn das Beraterteam einen eigenen Projektleiter hat, sollten Sie unbedingt dessen Arbeitsleistung kontrollieren. Folgende Spielregeln sind bei Unternehmensberatungen eher üblich als unüblich: Das externe Team wird von einer externen Führungskraft geleitet. Diese erhält ein eigenes Büro mit Telefon beim Kunden. Alle Telefonkosten werden der Unternehmensberatung in Rechnung gestellt. Daher hat dieser externe Mensch überhaupt kein schlechtes Gewissen, wenn er den ganzen Tag am Telefon sitzt und Vertrieb für die eigene Firma betreibt, Fernbetreuung anderer Projekte durchführt und an Telefonkonferenzen teilnimmt. Ok, die Telefoneinheiten zahlt die Unternehmensberatung. Aber Sie zahlen zwei- oder drei- oder viertausend Mark Tageshonorar! In den mir bekannten Unternehmensberatungen wird immer wieder versucht, eigene Führungskräfte zu hohen Honorarsätzen beim Kunden unterzubringen und dort hinter geschlossenen Türen für die eigene Sache arbeiten zu lassen.

Regeln Sie auch im Vertrag, daß Sie nur die Zeiten unter Honorar nehmen, die der jeweilige Berater in Ihrem Hause verbringt. Die berühmten Freitage, an denen der Berater angeblich für Ihr Projekt im eigenen Büro arbeitet, sind wertlos. Am Freitag sammeln sich nämlich die Berater in den eigenen Büros und tun alles mögliche. Auf keinen Fall tun sie das, wofür der Kunde sie bezahlt.

Zum Zeitmanagement im Projekt gehört deshalb auch, daß Sie kontrollieren, was externe Personen in der von Ihnen bezahlten Zeit eigentlich treiben.

Sie als Projektleiter müssen dafür sorgen, daß Informationen frei fließen. Sie müssen sich vergewissern, daß jeder über die notwendigen Informationen verfügt und sie richtig versteht. Sie müssen sich selbst immer wieder informieren, was eigentlich an welcher Stelle Ihres Projektes passiert, ob alles noch nach Plan läuft. Sie müssen kontrollieren. Sie dürfen sich nicht durch Empfindlichkeiten („Ich will die Leute doch nicht durch Kontrolle demotivieren") zurückhalten lassen. Ein Mitarbeiter oder gar ein externer Berater, der zu sensibel ist, sich auf die Finger schauen zu lassen, der sollte auch zu sensibel sein, Geld für seine Arbeitstage anzunehmen. Eine Führungskraft, die sich auf den faulen Standpunkt zurückzieht: „Wir sind doch hier alle erwachsene Menschen. Ich kann doch den Leuten nicht hinterherlaufen", vernachlässigt ihre Pflicht. In der normalen Linienorganisation weiß jeder, was er zu

wissen und zu tun und notfalls zu erfragen hat. Das ist Teil der Routine. Im Projekt müssen Sie „hinter den Leuten her sein". Sie müssen informieren und kontrollieren.
Und noch eine Empfehlung: Lassen Sie niemals Diskussionen zu, ob Information Hol- oder Bringschuld sei. Wenn diese Frage überhaupt diskutiert wird, ist das bereits ein böses Zeichen für Ihr Projekt.
Merke: Informationen, die man hat, sind Bringschuld. Informationen, die man braucht, sind Holschuld.

– Unklare Kompetenzen
Wenn nicht klar festgelegt ist, wer eigentlich was entscheiden darf und was nicht, wer welche Anweisungen geben darf und wer von wem Anweisungen entgegenzunehmen hat, dann ist schon mal ein großer Schritt in Richtung Chaos getan. Es kommt zu Doppelanweisungen und Doppelarbeiten und Lücken in der Arbeit. Es wird immer wieder zu Uneinigkeiten kommen, wessen Wort letztlich gilt und an was oder wen man sich zu halten hat.

– Arbeiten auf den „letzten Drücker"
Etwa achtzig Prozent der Menschen leiden (besser: lassen andere leiden) an der Aufschieberitis. Alles hat noch Zeit, man kann die Dinge noch liegenlassen, man soll sich doch nicht überschlagen, man will ja nicht hektisch sein, man kann unter Druck sowieso am besten arbeiten...
Wie oft geht dann zum Schluß doch noch etwas daneben. Plötzlich fällt der Rechner genau in der Nacht aus, in der man die Arbeit erledigen wollte. Plötzlich überkommt das Team eine Erkältungswelle in der Zeit, da man den Meilenstein schließlich bauen wollte. Ist doch klar, daß die Gesundheit vorgehen muß und man im Bett das „Fieber" auskuriert. Plötzlich kommen zur Projektarbeit ungeplante Zusatzaufgaben hinzu, die ganz dringend sind und vorgezogen werden müssen...
Wenn Sie selbst unter Aufschieberitis leiden, sollten Sie den entsprechenden Teil im Zeitmanagementtraining gründlich durcharbeiten oder gar nicht Projektleiter sein. Wenn Ihre Mitarbeiter darunter leiden, müssen Sie „Vor-Termine" setzen. Das bedeutet, daß Sie Arbeitsergebnisse nicht zu dem Termin in Auftrag geben, zu dem Sie sie brauchen, sondern zu einem früheren Termin. Außerdem müssen Sie mindestens jede Woche (bei besonders schweren Fällen sogar öfter) den Fortschritt der Arbeit kontrol-

lieren. Sie müssen das Verfehlen von Terminen sanktionieren. Das gilt besonders in den Anfangsphasen des Projektes. Denn am Anfang werden Spielregeln eingeschliffen, die sich später nur schwer wieder revidieren lassen. Wenn die Mitarbeiter erst einmal gemerkt haben, daß Sie statt der Arbeitsergebnisse auch wortreiche Entschuldigungen akzeptieren, brauchen Sie sich über ständige Terminverschiebungen nicht mehr zu wundern.

Weitere typische Zeitfresser im Projekt sind:
- falsche Einschätzung des Zeitverhaltens und der Disziplin anderer
- endlose Meetings mit Problemvertagungen
- unklare Absprachen und poröse Gedächtnisse
- fehlende Kontrolle und zu spätes Entdecken von Fehlern
- übertriebene Kontrolle und Frust bei den Mitarbeitern
- fehlende Strukturen in der Projektorganisation
- übertriebene Strukturen und Bürokratismus

Der größte Zeitfresser ist immer der menschliche Konflikt. Wer sich ärgert, kann gar nicht arbeiten. Ärger beschäftigt das Gehirn viel stärker als jedes noch so interessante fachliche Problem. Wenn Sie Knatsch im Team haben oder Mitarbeiter, die nicht miteinander auskommen, dann müssen Sie zuerst den Konflikt lösen. Auch hier dürfen Sie sich nicht hinter dem Spruch verstecken: „Wir sind doch alle erwachsen. Rauft euch zusammen."
Wenn Sie mit menschlichen Problemen nichts zu tun haben wollen, sollten Sie nicht Projektleiter sein. Suchen Sie sich eine Aufgabe, in der Sie nur mit Technik zu tun haben, oder beschränken Sie sich auf Einpersonen-Projekte.
Auf der anderen Seite dürfen Sie sich auch nicht zum Therapeuten Ihrer Mitarbeiter machen lassen. Ein Projekt hat keine Ähnlichkeit mit einer Beschäftigungstherapie in der Kurklinik.
In diesem Zusammenhang sind besonders sympathieorientierte Projektleiter gefährdet. Sie möchten, daß alle sich wohlfühlen, daß niemand leidet, daß alle sich liebhaben. Es ist nicht Ihre Aufgabe, jeden glücklich zu machen. Mitarbeiter müssen bereit sein, im Interesse des Projektes auch solche Kollegen zu akzeptieren, die sie sich als persönliche Freunde nicht ausgesucht hätten. Wer das nicht kann, sollte sich mit einem eigenen Laden selbständig machen und nicht in einer Firma mit anderen Menschen arbeiten. Das müssen Sie notfalls Ihren Mitarbeitern klar machen.

Wo es Zeitfallen gibt, sollte man sie beseitigen. Gleichzeitig sollte man versuchen, Zeitsparer im Projekt wirksam werden zu lassen. Sowohl bei den Zeitfallen als auch bei den Zeitsparern handelt es sich letztlich um Verhaltensweisen. Deshalb ist Zeitmanagementtraining nicht etwa die Erklärung eines Kalendersystems, sondern ein echtes Verhaltenstraining. Als Projektleiter kann man natürlich nur für sich selbst ein Zeitmanagementsystem lernen und trainieren. Auf das mehr oder weniger vernünftige Zeitverhalten von Mitarbeitern, eigenen Vorgesetzten und sonstigen Projektbeteiligten hat man natürlich nur wenig Einfluß. Auf keinen Fall sollte man anderen Menschen – z.B. dem Team – ein Zeitplansystem aufzwingen oder aufschwatzen. Das führt nur zu Widerstand, vorsätzlichem Nicht-Begreifen des Systems und letztlich Sabotage aller Bemühungen, im Projekt die Termine zu halten. Bedenken Sie, daß Menschen, die gegen ihren Willen etwas lernen oder anwenden sollen, innerlich förmlich gezwungen sind, die Sache scheitern zu lassen. Sie müßten sich ja sonst die Blöße geben, sich geirrt zu haben!
Das einzige, was Sie tun können, ist, auf die Einhaltung von zeitsparenden Verhaltensweisen zu achten. Typische Zeitsparer in einem Projekt sind:
- klare Priorisierung der Aufgaben
- Klarheit über Ziele, Aufgaben und Pläne
- Klarheit über das Vorgehen, über den aktuellen Stand, über das, was die Kollegen oder andere Teilprojektgruppen tun
- „saubere" Informationswege und Entscheidungsprozesse
- ergebnisorientiertes Arbeiten mit schriftlich festgelegten Terminen statt Arbeiten nach Zeitverbrauch
- regelmäßige Kontrollen und Synchronisierungen von Parallelarbeiten in Teilprojekten

Durch unsere Persönlichkeitsstruktur und durch Gewohnheiten haben wir alle auch noch unsere ganz individuellen Zeitfallen. Im vorigen Kapitel haben Sie über die drei Persönlichkeitskomponenten gelesen. Wahrscheinlich haben Sie auch darüber nachgedacht, ob Sie selbst eher kompetenz- oder energie- oder sympathieorientiert sind; beziehungsweise welche Kombination von zwei der Komponenten auf Sie zutrifft. In Tests haben Psychologen und auch ich innerhalb von Führungstrainings immer wieder festgestellt, daß die meisten Menschen sich selbst sehr gut einschätzen können nach den obigen Beschreibungen der typischen Merkmale. Deshalb liegen Sie mit Ihrer „Selbstdiagnose" mit hoher Wahrscheinlichkeit bereits richtig. Aber schauen Sie sich auch noch die folgende Auflistung an. Sie beinhaltet typische Zeitfallen, die oft mit den jeweiligen Komponenten einhergehen.

Wenn Sie ein sehr kompetenzorientierter Menschen sind, könnten Ihre Zeitfallen sein:
– übertriebener und unwirtschaftlicher Perfektionismus in Details
– übertriebene Kontrollen der Arbeitsergebnisse anderer
– Lesezwang: Prospekte, Fachartikel, Rundschreiben werden gelesen oder häufen sich als „Muß-ich-noch-lesen"-Stapel auf dem Schreibtisch
– innerer Drang, möglichst alles selbst zu tun: „Dann weiß ich, daß es richtig ist."
– sich in Sacharbeit verkriechen, weil dabei sichtbarere Ergebnisse entstehen als bei Führungsarbeit
– zwanghaftes Planen mit kosmetischem Ehrgeiz unter Nutzung aller Funktionen des Projektmanagement-Tools auf dem PC
– im Kopf planen und am chaotischen Schreibtisch (Müllkippen-Design) den Überblick verlieren
– sich mit anderen kompetenzorientierten Menschen in Detaildiskussionen verbeißen
– mangelnde Kommunikation mit Mitarbeitern

Wenn Sie ein sehr energieorientierter Mensch sind, könnten Ihre Zeitfallen sein:
– tausend Dinge gleichzeitig tun
– keine Dokumentationen beachten und notgedrungen täglich das Rad neu erfinden
– verzetteln in Machtspielchen außerhalb des Projektes
– sich in Streitereien mit anderen energieorientierten Menschen aufreiben
– sich nicht richtig informieren und Schnellschüsse produzieren
– Verwirrung stiften durch Doppeldelegationen, weil Sie selbst nicht mehr wissen, wem Sie welche Anweisungen gegeben haben
– Ungeduld mit anderen und dadurch Frust produzieren
– sich als „guter Kämpfer" von anderen „vor den Karren spannen" lassen
– chaotische, gar keine oder täglich geänderte Pläne

Wenn Sie ein sehr sympathieorientierter Menschen sind, könnten Ihre Zeitfallen sein:
- das Projekt zu lahm anfangen lassen und dadurch das Team zu Trägheit erziehen
- sich verplaudern und andere durch Plaudereien von der Arbeit abhalten
- gemütliche Endlosmeetings durch lahme Moderation bei Projektanfang einführen und dann nie wieder in den Griff bekommen
- nicht Nein sagen können und sich die Arbeit anderer aufhalsen lassen
- sich in die privaten Angelegenheiten der Mitarbeiter und Kollegen einmischen oder hineinziehen lassen
- nicht weh tun können und dadurch kritiklos schlechte Arbeit dulden
- sich mit anderen sympathieorientierten Menschen bei Ratsch und Tratsch die Zeit vertreiben

Zur Selbstanalyse Ihres Zeitverhaltens sollten Sie sich auch einmal die folgende Auflistung anschauen und persönliche Schwachpunkte feststellen.

Ich käme mit meiner Zeit besser aus, wenn ich ...
- ... meine Arbeit besser einteilen würde.
- ... erst nach reiflicher Überlegung handeln würde.
- ... schneller vom Grübeln zum Handeln käme.
- ... mir am Anfang mehr Zeit zum Planen ließe.
- ... mir mehr aufschreiben würde.
- ... bessere Ordnung in meiner „Zettelwirtschaft" hätte.
- ... nur die Dinge zusagen würde, die ich auch wirklich bewältigen kann.
- ... nicht so viele unangemeldete Besucher akzeptieren würde.
- ... es schaffen könnte, lästige Gesprächspartner schneller „hinauszukomplimentieren".
- ... mehr Ordnung in meinen Unterlagen hätte.
- ... mehr delegieren würde.
- ... Besprechungen und Meetings straffer führen könnte.
- ... mir angewöhnen würde, die wichtigen und dringenden Aufgaben vor dem Kleinkram zu erledigen.
- ... morgens nicht immer auf die letzte Minute käme.
- ... mich in der Kantine, am Kaffeeautomaten, beim Kopierer,

am Toilettenwaschbecken, in der Raucherecke, bei unterhaltsamen Kollegen nicht so oft verplaudern würde.
- ... mich mit anderen besser absprechen würde.
- ... nicht immer die wichtigen Dinge in den müden Abendstunden erledigen würde.
- ... unangenehme Aufgaben nicht so lange vor mir herschieben würde.
- ... nicht immer eilfertig loslegen würde, wenn ein anderer etwas von mir erledigt haben möchte.
- ... mich leichter überwinden könnte, andere um Hilfe zu bitten.
- ... mich auf eine Sache zur Zeit beschränken würde.
- ... meine Urlaubsplanungen, Steuererklärungen etc. nicht während der Arbeitszeit erledigen würde.
- ... mich nicht so oft aus Neugierde von anderen ablenken ließe.
- ... es schaffen könnte, Hektikfehler durch ruhigeres Arbeiten zu vermeiden.
- ... mir einen zügigeren Arbeitsstil angewöhnen würde.
- ... meine Mitarbeiter täten, was ich ihnen aufgetragen habe.
- ... meinen Mitarbeitern klarer und verbindlicher sagen könnte, was ich von ihnen erwarte.
- ... schneller und häufiger kontrollieren würde, ob meine Anweisungen auch befolgt werden.
- ... besser darauf bestehen könnte, daß andere ihre Zusagen und Termine halten.
- ... anderen nicht immer gestatten würde, ihre Probleme bei mir abzuladen.
- ... ungestörte Zeiten am Tag für mich durchsetzen könnte.
- ... mich mit Personen außerhalb des Projektes besser absprechen würde.
- ... nicht so viele Nebenaufgaben hätte.
- ... nicht ständig in Meetings herumsitzen würde.
- ... nicht immer die Arbeiten anderer miterledigen müßte.
- ... leichter Nein sagen könnte.
- ... die technischen Hilfsmittel besser handhaben könnte.
- ... mich schneller zu Entscheidungen durchringen könnte.
- ... nicht so oft vorschnelle Entscheidungen revidieren müßte.

Wenn Sie in dieser Liste mehrere Schwachstellen in Ihrem Zeitverhalten entdeckt haben, sollten Sie trotzdem nicht gleich alle sofort ändern. Suchen Sie sich eine Schwachstelle Ihres Verhaltens heraus. Ändern Sie an dieser Stelle Ihr Verhalten. Bedenken Sie dabei, daß eine Verhaltensänderung bei täglichem Training mindestens sechs Wochen braucht, bis sie sichtbar wird. Dann braucht man noch mindestens acht Monate, bis das neue Verhalten sich verfestigt hat und das alte Verhalten – für das Sie vielleicht ein jahrzehntelanges Gewohnheitstraining hinter sich haben – ersetzt.

Für Sie als Projektleiter gelten – wie für jede andere Führungskraft auch – folgende Regeln:

1. Ich muß nicht alles selber wissen und nicht alles selber tun.
2. Ich muß wissen, wer es weiß und wer es tut.
3. Ich muß wissen, ob das Wissen richtig zur Anwendung kommt und ob wirklich das getan wird, was zu tun ist.
4. Ich muß wissen, wie ich die Leute bei Laune halte, deren Wissen und Tun das Projekt braucht.
5. Ich muß dafür sorgen, daß ich bei Laune bleibe und den Spaß an der Arbeit nicht verliere.

Ein Merksatz zum Abschluß: „Wer selber arbeitet, verliert den Überblick." (kroatisch)

3.7. Einige Ideen zum besseren Umgang mit der Zeit

Wenn Sie bereits Projekte geplant und dann auch mit Hilfe der Pläne geleitet haben, dann wissen Sie, daß die Pläne fast nie so eingehalten werden können wie man sich das gedacht hat. Natürlich kommt es immer ganz anders. Das liegt jedoch sehr häufig daran, daß viele Projektleiter rein technokratisch an ihre Planungen herangehen und den „human factor" völlig ignorieren. Es ist ihnen oft nicht bewußt, daß das „Menschenmaterial" oder die „Freikapazitäten" oder die „atmenden Funktionseinheiten" Personen sind, die sich nicht so verplanen lassen wie zum Beispiel Maschinenzeiten.

Denken Sie zurück an die Projekte, die Sie bereits geleitet haben oder bei denen Sie mitgearbeitet haben. Woran lag es immer wieder, wenn die Zeitpläne nicht eingehalten, die Liefertermine überschritten und das Abgabedatum verschoben wurde?
Die Zeitplanung von Projekten gerät häufig aus folgenden Gründen durcheinander:

- Von Anfang an war die Aufwandschätzung nicht realistisch, sondern politisch und wurde im Verlaufe von Verhandlungen nach orientalischer Basarmanier kräftig heruntergehandelt.
- Das Projekt fing erst an, als ohnehin schon der Zeitdruck sehr hoch war.
- Zunächst zugeordnete Mitarbeiter für das Team werden im Verlauf des Projektes wieder abgezogen oder nebenher ständig mit Aufgaben des Tagesgeschäftes belastet.
- Am Anfang des Projektes wurde – was man erst später erkannte – viel zu viel Zeit in Diskussionen um Zielformulierungen, Absprachen und Vorgehenskonzepte investiert. Dabei sollte es jedem und allen recht gemacht werden. Statt dessen entwickelte sich eine lähmende Konferenz- und Meetingkultur.
- Die Mitarbeiter im Projekt, von denen man glaubte, es handele sich um verantwortungsvolle Menschen, die man selbständig arbeiten lassen könne, stellen sich – viel zu spät – als „Künstler", „Forscher" und „Spieler" heraus. Sie haben nicht konsequent die Projektziele verfolgt, sondern eigene Triebe (Tüfteltrieb, Neugierde, Experimentiersucht, Spieltrieb) an der Technik befriedigt.
- Zusagen wurden nicht gehalten wie vereinbart. Dabei kann es sich um Zusagen von Lieferanten, von der Geschäftsleitung oder von eigenen Mitarbeitern im Projekt handeln.
- Das Team hat doch nicht wie eine Gruppe vernünftiger und erwachsener Menschen miteinander gearbeitet, sondern sich immer wieder in Wortgefechten gefetzt, sich persönlich gestritten oder gemauert oder sich gegenseitig „in die Messer laufen" lassen.

Der größte Zeitfresser in fast jedem Projekt ist der Konflikt. Das gilt auch in solchen Unternehmen, in denen das gelegentliche Vorkommen von Konflikten rundweg abgestritten wird, weil man angeblich ein wunderbares Arbeitsklima hat und nur gelegentlich „Klärungsbedarf auf rein sachlicher Ebene" sieht.

Ansonsten sollte sich jeder Projektleiter zu Herzen nehmen: Es reicht nicht, eine eigene gute Zeitplanung zu haben und ein eigenes gutes Zeitmanagement zu betreiben, man muß auch das Zeitverhalten der anderen berücksichtigen. Berücksichtigen heißt: Man muß sich darauf einstellen und mit dem Verhalten der anderen rechnen. Ändern kann man es gar nicht oder nur sehr mühselig in ganz begrenzten Bereichen.

Als Projektleiter liegt jedoch die Zeitplanung des Projektes in Ihrer Hand. Wenn Ihr Projekt in Verzug gerät, ist es Ihre schlechte Planung oder Ihre schlechte Führung. Als Projektleiter haben Sie die Spielregeln im Umgang mit der Zeit, im Umgang mit Zusagen und Vereinbarungen festzulegen und in der Einhaltung zu kontrollieren. Auch hier gilt: Die Karten werden am Anfang gemischt. Führen Sie nicht in den ersten Projektwochen einen trödeligen Stil ein.

Die Zeitplanung in einem Projekt funktioniert folgendermaßen:

1. Klare Ziele definieren
Hierbei sind nicht immer die großen Projektziele gemeint. Damit ist auch gemeint, daß festzulegen ist, was bis wann von wem zu erledigen ist. Setzen Sie Zwischenziele, deren Erreichung Sie kontrollieren.

2. Prioritäten setzen
Nicht alle Aufgaben sind gleich wichtig oder gleich dringend. Leider kann man sich als Projektleiter nicht darauf verlassen, daß die Mitarbeiter zu jeder Zeit einen Blick dafür haben, was vorrangig erledigt werden muß und wieviel Zeit für welche Tätigkeiten zur Verfügung steht. Besonders für Menschen mit hoher Detailorientierung muß der Projektleiter die Prioritäten vorgeben und ständig kontrollieren, ob man sich auch daran hält (Siehe oben: „Nippelvergolder"!).

3. Schriftlich planen
Sobald mehr als zwei Personen an einem Projekt beteiligt sind, müssen Pläne oder Termin- oder Zielvereinbarungen schriftlich erstellt werden. Man hüte sich vor Menschen, die angeblich Bürokratismus verhindern wollen und tatsächlich nur Hintertürchen offen lassen für spätere Uminterpretierungen der mündlich getroffenen Abmachungen.

4. Arbeitszeiten reservieren
Bei aller Freude an direkter Kommunikation und unkomplizierter Zusammenarbeit muß jeder Projektleiter und jedes Mitglied des Teams ungestörte Arbeitszeiten haben. Diese Zeiten müssen vorab festgelegt werden. Es reicht nicht, wenn man abends feststellt, daß man während des Tages mehrere Stunden ungestört war. Man hat sich trotzdem nicht wirklich konzentrieren können,

wenn man ständig mit möglichen Störungen rechnen mußte. Je anspruchsvoller das Projekt ist, desto mehr ungestörte Arbeitszeiten müssen eingeplant werden.

5. Konsequent bleiben

Termintreue hat oft auch mit einem gewissen „Machtkampf" zu tun. Besonders am Anfang eines Projektes testen die Mitarbeiter mehr oder weniger bewußt aus, wie „schlimm" es ist, Termine zu überziehen oder Arbeitsergebnisse nicht vollständig abzuliefern. Wenn der Projektleiter sich mit Entschuldigungen zufriedengibt oder es nicht einmal bemerkt, daß die Mitarbeiter nicht wie vereinbart arbeiten, dann darf er sich über zunehmende Nachlässigkeiten nicht wundern.

6. Fortschritte und Pünktlichkeit kontrollieren

Je früher Terminverzögerungen oder Zeitfallen erkannt werden, desto leichter lassen sich Verbesserungen einführen. Desto schneller wird den Mitarbeitern auch klar, daß sie tatsächlich das zu erledigen haben, was mit ihnen vereinbart wurde. Die Kontrolle der termingerechten Fortschritte muß sofort zu Beginn des Projektes einsetzen. Zur sinnvollen Kontrolle gehört das Sanktionieren. Pünktliches oder unpünktliches Abliefern von Arbeitsergebnissen muß positive oder negative Konsequenzen haben.

7. Pufferzeiten einplanen

Da immer mit Pannen und Problemen zu rechnen ist, müssen Zeitpuffer eingeplant werden. Dabei ist es oft besser, die berücksichtigten Pufferzeiten nicht schriftlich zu fixieren. Man sollte sie möglichst nicht einmal erwähnen. Sie werden sonst als „Verhandlungsspielraum" betrachtet oder gleich als Zeit zum Trödeln verbraucht.

8. Das Verhalten der anderen Personen berücksichtigen

Ein guter Projektleiter achtet von Anfang an darauf, wie seine Mitarbeiter und seine Ansprechpartner außerhalb des Projektes mit der Zeit umgehen. Er erkennt Tendenzen zur Aufschieberitis, zur Detailverliebtheit, zu Machtspielchen, zu Vergeßlichkeit und Schlamperei. Er berücksichtigt bei seiner Planung das voraussichtlich tatsächlich zu erwartende Verhalten der anderen und nicht das, was ihm selbst als vernünftiges Verhalten erscheint.

9. Delegieren

Ganz egal wie hoch die eigene technische Qualifizierung ist, ein Projektleiter muß sich selbst so weit im Griff haben, daß er darauf verzichtet, möglichst viel selbst zu tun. Es ist eventuell auch die Aufgabe des Managements, einen Projektleiter von seiner Führungsaufgabe zu entbinden, wenn er die Arbeit auf seinem eigenen Schreibtisch aufhäufelt und in der daraus folgenden Überlastung versinkt.

Zeitmanagement im Projekt kann man auch wie folgt zusammenfassen:

1. Man muß erkennen, daß Zeitprobleme selbstgemachte Probleme sind.
2. Man muß bereit sein, das eigene Verhalten zu ändern (es ist das einzige Verhalten, das wir ändern können).
3. Man muß auf die eigene innere Uhr achten und wichtige Dinge in den „besten" Zeiten erledigen.
4. Man muß Langfrist-Ziele setzen und den Weg dahin durch Kurzfrist-Ziele abstecken.
5. Man muß seine Aufgaben und seinen Arbeitsstil kritisch betrachten:
   - Was mache ich aus Gewohnheit?
   - Was muß ich wirklich selber tun?
   - Wann muß ich was tun oder fertig haben?
   - Welche Zeitfallen oder Zeitfresser haben sich bei mir eingeschlichen?
6. Man muß das Arbeiten mit anderen trainieren:
   - von der Intelligenz der anderen ausgehen
   - delegieren und dann auch wirklich die Finger davon lassen
   - Termine verbindlich vereinbaren
   - pünktlich sein und Pünktlichkeit verlangen
7. Man muß sich und anderen Zeit für Konzentration zugestehen:
   - ungestörte Zeiten planen
   - nur eines zur Zeit tun
   - beim Thema bleiben
8. Man muß diszipliniert vorgehen:
   - Zeitplaner benutzen
   - Aufschieberitis abgewöhnen
   - Plauderitis abgewöhnen
   - Vertageritis abgewöhnen
   - visuelle Gedächtnisstützen (z.B. Terminübersicht an der Wand) einsetzen
   - „Ausnahmen" ablehnen

Allen armen Projektleitern, die vor Überlastung nicht mehr wissen, wo ihnen der Kopf steht, sei an dieser Stelle der Spruch von Theodore Roosevelt zitiert:
„Wer seiner Führungsrolle gerecht werden will, muß genug Vernunft besitzen, um die Aufgaben den richtigen Leuten zu übertragen – und genug Selbstdisziplin, um ihnen nicht ins Handwerk zu pfuschen."

Der größte Zeitfresser in vielen Projekten ist meiner Erfahrung nach immer wieder der Projektleiter, der es nicht schafft, sich persönlich aus den Details zu lösen. Ist das auch Ihr Problem?

3.8. Man schaut auf Sie.

Mitarbeiter schauen sich ihren „Chef" besonders am Anfang des Projektes genau an. Sie beurteilen zum Teil sehr hart, ob sie ihn fachlich akzeptieren können und als Menschen sympathisch finden. Dabei sollte der Projektleiter sich nicht der Illusion hingeben, daß er als „netter" Vorgesetzter mehr Chancen hat, beliebt zu sein und die Motivation der Mitarbeiter zu steigern. Leider kann man auch heute, in unserer demokratisch und antiautoritär geprägten Zeit, immer wieder feststellen, daß „nett" gleichgesetzt wird mit „schwach".

Adorno soll gesagt haben: „ In den Kulturstaaten der westlichen Welt sind mindestens siebzig Prozent der Menschen autoritätsverliebt. Das heißt: Sie sehnen sich nach einem starken Führer, der die Entscheidungen für sie trifft, die Verantwortung dafür übernimmt und ihnen sagt, was sie zu tun und zu lassen haben."
Natürlich würden Mitarbeiter auf eine diesbezügliche Frage nicht sagen, daß sie gerne einer Autoritätsperson folgen. Sie würden immer darauf bestehen, daß sie lieber selbständig arbeiten und gerne Verantwortung übernehmen. Wahrscheinlich sind sie auch fest davon überzeugt, daß es so ist. Trotzdem können wir immer wieder in Projekten und auch in Linienabteilungen beobachten, daß „nette" Chefs nicht nur die Ziele nicht erreichen, sondern auch noch unzufriedene Mitarbeiter haben. Es ärgert die Mitarbeiter nämlich, wenn sie in einem Bereich arbeiten, der nicht erfolgreich ist. Dieser Ärger veranlaßt sie jedoch nicht, die eigene Trägheit zu überwinden und die Führungsschwäche des „netten" Chefs mit besonderem Engagement auszugleichen.

Mitarbeiter beobachten nicht nur das Verhalten ihrer Führungskraft in Bezug auf sie selbst. Sie haben ebenfalls einen sehr kriti-
schen Blick dafür, wie der Projektleiter im Unternehmen angesehen wird, wie er sich im Vergleich zu anderen Führungskräften
durchsetzen kann. Für jeden intelligenten Menschen ist es peinlich, einer Person untergeordnet zu sein, die innerhalb der Firma
als Schwächling gilt. Wenn Sie zum Beispiel „um des lieben Friedens willen" immer wieder bei Verhandlungen um Budget und
Ressourcen nachgeben, müssen Sie sich nicht wundern, wenn die
Mitarbeiter eine Neigung zur Fluktuation in andere Projekte entwickeln. Niemand will auf Dauer zum Verlierer gehören und diesem auch noch unterstellt sein.

Ihre Mitarbeiter betrachten und beurteilen Sie nach folgenden
Kriterien:
– Wie ist unser Projektleiter menschlich?
– Wie ist er fachlich?
– Was qualifiziert ihn über uns hinaus?
– Wie steht er im Vergleich zu anderen Projektleitern da?
– Wie ist er bei der Geschäftsleitung angesehen?
– War er bisher erfolgreich?

Sorgen Sie besonders am Anfang des Projektes dafür, daß Sie sich
wenigstens bei einigen der „Machtkämpfe" um Ressourcen durchsetzen. Sorgen Sie besonders am Anfang des Projektes dafür, daß
Sie innerhalb des Teams Ihren Führungsanspruch durchsetzen.
Die Arenen dieser leider notwendigen Spielchen um das persönliche Ansehen und um die Anerkennung als Führungskraft sind
meistens die ersten beiden Projektmeetings. Wenn Sie dabei nicht
in der Lage sind, zügig der Tagesordnung zu folgen und statt dessen jeden Vielredner gewähren lassen, dann sind Sie bei einigen
Ihrer Mitarbeiter innerlich bereits „durchgefallen". Besonders,
wenn Sie als Mann körperlich nicht sehr groß oder wenn Sie eine
Frau sind, müssen Sie früh deutlich machen, daß Sie nicht mit sich
schlittenfahren lassen. Leider ist es so, daß die meisten Menschen
eine Schwäche dafür haben, nicht unbedingt der intelligentesten
Person zu folgen, sondern derjenigen, die am eindrucksvollsten
Machtsignale aussenden kann. Und das sind häufig Männer mit
stattlichem Körperbau und kräftigen Stimmen. Die können sogar
absolute Schwächlinge sein und finden allein durch ihr Äußeres
zunächst Anerkennung als Autoritätspersonen. Wir stammen nun

einmal von den Tieren ab und dabei vermutlich am meisten von den Herdentieren mit Platzhirschdominanz oder von den Raubtieren mit konsequenter Revierverteidigung und Beutetrieb.

Mitarbeiter beobachten ihre Führungskraft unter fachlichem und unter menschlichem Blickwinkel. Sie fragen sich, ob der Projektleiter in der Lage ist, das Vorhaben zum Ziel zu führen, und ob es angenehm ist, mit ihm zu arbeiten. Der fachliche Blickwinkel umfaßt:
- Ziel- und Leistungsorientierung
- Fachwissen und Bereitschaft zur Weiterqualifizierung
- Arbeits- und Planungsstil
- Effizienz und Effektivität
- Kompetenz und Sachlichkeit
- Entscheidungsbereitschaft

Der personenorientierte Blickwinkel umfaßt:
- Umgangsformen und Respekt vor den Mitmenschen
- Kommunikationsbereitschaft
- Rücksichtnahme
- Anerkennung der Leistung anderer
- menschliche Wärme
- Bereitschaft zu gegenseitigem Vertrauen
- Humor
- Freude an Zusammenarbeit – offene Informationspolitik

Die Anforderungen an einen Projektleiter lassen sich gliedern in: Kenntnisse, Fähigkeiten, Erfahrungen und Persönlichkeitsmerkmale. Diese Anforderungen werden nicht nur von den Vorgesetzten des jeweiligen Projektleiters gestellt und bei der Auswahl berücksichtigt. Auch die Mitglieder des Teams beurteilen ihren Projektleiter danach, wie weit er die Anforderungen erfüllt und wie er mit eigenen Schwächen in bestimmten Bereichen umgeht: Versucht der Projektleiter, sich weiterzuentwickeln? Versucht der Projektleiter, seine Schwächen zu vertuschen oder gar anderen in die Schuhe zu schieben?

Folgende Kenntnisse werden vom Projektleiter verlangt:
- Fachwissen
- Planungstechniken
- Kontrolltechniken
- Wirtschaftlichkeitsanalysen

- Problemlösungstechniken
- Kommunikationstechniken
- Psychologisches Grundwissen

Folgende Fähigkeiten werden vom Projektleiter verlangt:
- Vorgeben sinnvoller Ziele
- Delegieren
- Motivieren
- Überzeugen
- Kommunizieren
- Präsentieren und „Verkaufen" des Projektes
- Moderieren
- Probleme und mögliche Risiken vor-erkennen
- Erfahrungen nutzbar machen

Folgende Erfahrungen werden vom Projektleiter verlangt:
- Entwickeln „sauberer" Strategien
- Erstellen und Pflegen von Plänen
- Beurteilen realer Gegebenheiten und ihrer Konsequenzen
- Beurteilen von möglichen zukünftigen Gegebenheiten
- Erfahrung im Umgang mit schwierigen Menschen und mit Gruppen
- Erfahrung im Umgang mit Benutzern, Lieferanten, Externen, Vorgesetzten etc.
- Bewältigen von Krisen und Problemen

Folgende Persönlichkeitsmerkmale werden vom Projektleiter verlangt:
- Teamfähigkeit
- Standfestigkeit
- natürliche Autorität
- Entscheidungsfreudigkeit
- Vertrauenswürdigkeit
- Vertrauensbereitschaft
- Eigendynamik und Selbstantrieb
- Selbstvertrauen und Selbstsicherheit
- innere Ruhe und Gelassenheit
- Dynamik und Tatkraft
- Humor
- Konfliktbereitschaft und Konfliktfähigkeit
- Risikobereitschaft ohne Waghalsigkeit
- Sympathische Ausstrahlung

Die Kenntnisse kann man intellektuell erwerben. Dazu muß der Projektleiter die Bereitschaft zu Weiterbildung – z.B. Teilnahme bei Seminaren oder Lektüre von Fachbüchern – mitbringen. Die Einstellung: „Schulungen habe ich nicht mehr nötig", ist ein erster aber konsequenter Schritt in Richtung Dummheit.

Die Erfahrungen muß man sammeln und bewußt reflektieren. Man muß sich immer wieder selbst unter die Lupe nehmen und den Erfolg des eigenen Verhaltens und Vorgehens kontrollieren. Merke: „Es reicht nicht, daß man Erfahrungen im Leben macht, man muß auch etwas daraus lernen."

Die Persönlichkeitsmerkmale sind bei einem Erwachsenen relativ fest verankert. Sie sind zum Teil angeboren, zum Teil durch Erziehung, Vorbilder, Lebensumstände etc. entwickelt. Jeder Mensch hat speziell in diesem Bereich Schwächen, die er trotz aller Mühen nie ganz ausgleichen kann. Wichtig ist, daß man die eigenen Schwächen kennt, und daß man grundsätzlich eine positive Einstellung zu den Mitmenschen hat. Dann sind diese auch bereit, mit den „Macken" des Projektleiters zu leben. Dazu gehört natürlich auch, daß der Projektleiter die „Macken" der Mitarbeiter mit Nachsicht behandelt.

Merke: „Man sollte Perfektion bei anderen immer erst nach Erreichen der eigenen Perfektion verlangen."

Fähigkeiten sind eine Kombination von Persönlichkeit, Wissen und Erfahrung.

Sie werden von den Mitarbeitern und von anderen Betroffenen und Beteiligten des Projektes betrachtet, wenn sie auf den Projektleiter schauen und sich fragen: „Wie gut ist diese Person eigentlich in dieser Position?"

3.9. Der Projektleiter als „Chef-Typ"

Wie bereits dargestellt, werden an den Projektleiter sowohl fachliche als auch menschliche Anforderungen gestellt. Er soll über die notwendige Fachkompetenz und gleichzeitig über eine sympathische Ausstrahlung verfügen. Darüber hinaus muß er es schaffen, seinen Führungsanspruch zu behaupten.

Wie oben beschrieben, gelingt es einigen Menschen eher, durch Sympathie zu gewinnen, andere überzeugen mehr durch Kompetenz, und wieder andere verfügen besonders gut über die notwendige Energie und Dynamik, um Dinge in Bewegung zu bringen.

Manchen der Projektleiter, die zum ersten Mal diese Verantwortung übertragen bekommen haben, ist zunächst nicht bewußt, daß Führung eine echte Aufgabe ist. Sie schieben das Thema unter der Bezeichnung „Psycho-Kram" vom Tisch und sind oft nicht einmal bereit, sich mit Themen wie Motivation, Gruppendynamik, Konfliktbewältigung etc. zu befassen. Für sie zählt allein das Fachwissen.

Erst, wenn ein Projektleiter selbst die Erfahrung gemacht hat, daß es gar nicht so leicht ist, eine Gruppe von Individualisten zu gemeinsamen Zielen zu führen, daß es auch nicht so leicht ist, das eigene Projekt und sein Ergebnis im Unternehmen gut darzustellen, dann kommt die Erkenntnis, daß es nicht reicht, Fachwissen zu besitzen und an den guten Willen der Mitarbeiter zu appellieren. Trainer von Führungsseminaren wissen, daß es fast immer sinnlos ist, wenn ein Unternehmen einen Nachwuchsprojektleiter ins Seminar schickt, damit er dort Grundlagen der Führung und der Psychologie kennenlernt. Diese Menschen legen solchen „Laberwissenschaften" gegenüber fast immer eine gewisse Arroganz an den Tag und verbringen die Seminarzeit im wesentlichen damit, ständig nachweisen zu wollen, welch heller Unsinn oder billiges Aufkochen von Allgemeinwissen das alles ist. Wenn Sie vor Ihrem ersten Auftrag als Projektleiter stehen, kann es sinnvoll sein, erst einmal „aus dem Gefühl heraus" diese Führungsaufgabe wahrzunehmen. So ganz unbedarft im Umgang mit Menschen sind Sie ja nicht. Aber nach dem ersten oder zweiten Projektleiterauftrag sollten Sie an einem Führungstraining teilnehmen. Dann können Sie an realen Erfahrungen ihr bisheriges Verhalten reflektieren und Ihre Führungskompetenz durch neues theoretisches Wissen und durch Austausch mit anderen Projektleitern erweitern.

Führungsfehler kann man nie ganz vermeiden. An dieser Stelle möchte ich jedoch einige sehr übertriebene Negativ-Beispiele für „Chef-Typen" darstellen. Lesen Sie sie durch und überlegen Sie, ob Sie vielleicht bei sich selbst gewisse Neigungen in die eine oder andere Richtung bemerken. Das könnte Anlaß sein, über Verhaltenskorrekturen nachzudenken.

Die Literatur unterscheidet drei „Chef-Typen", die jeweils eine der oben beschriebenen Komponenten – Sympathie, Energie,

Kompetenz – ins Negative übertreiben. Diese „Chef-Typen" sind:
- Der „nette Chef" bei Übertreibung der Sympathiekomponente.
- Das „Alpha-Tier" bei Übertreibung der Energiekomponente.
- Der „Beste von allen" bei Übertreibung der Kompetenzkomponente.

Jeder dieser drei „Chef-Typen" wird untergliedert in zwei Varianten. Diese sollen hier kurz beschrieben werden.

Der „nette Chef" kann als „Therapeut" oder als „Vermeider" auftreten.

Der „Therapeut"
konzentriert sich mit Vorliebe auf die Mühseligen und Beladenen. Er zieht wie magisch die personellen Problem- und Sozialfälle an. Bei ihm sammeln sich die psychisch Belasteten, die ewigen Krankfeierer, die Trinker und diejenigen, die gerade aus anderen Gründen (Scheidung, Hausbau, Todesfall, Nikotinentwöhnung etc.) beruflich auf keinen Fall überfordert werden sollten. Um alle diese armen Menschen kümmert sich mit Liebe der „Therapeut". Immer wieder fordert er die Mitarbeiter auf, mit ihren Problemen zu ihm zu kommen. Er ist nicht etwa neugierig. Nein, er will helfen, damit die Menschen mit ihrem Leben wieder zurechtkommen. Er bespricht Problemlösungen mit ihnen, schlägt Strategien vor, gibt freie Zeit für private Aktivitäten und hält Arbeit von ihnen fern. Der „Therapeut" will helfen und heilen. Sollte er einen Mitarbeiter im Team haben, den wirklich kein körperliches oder seelisches Leiden plagt, dann diagnostiziert der „Therapeut" die Symptome der Verdrängung. Rabenschwarz malt er dem Glücklichen an die Wand, wie gefährlich das Verdrängen von Problemen ist. Er wird nicht lockerlassen, bis dem Opfer seiner Fürsorge die Nerven durchgehen. Und schon wird allen anderen klar: Unser Projektleiter hatte recht, tief im Inneren ging es auch dem Kollegen schon immer schlecht.
Der „Therapeut" macht aus seinem Projekt eine Kurklinik mit leichter und unbelastender Beschäftigungstherapie. Im Unternehmen heißt es über ihn: Schade, daß sein Projekt gescheitert ist. Dabei kann er so gut mit Menschen umgehen!

Der „Vermeider"
hört und sieht von Problemen nichts. Er läßt die Dinge sich entwickeln und kleine Unstimmigkeiten sich auswachsen. Konflikte

werden sofort unter den Teppich gekehrt. Es kann gar nicht sein, daß es in seinem Team voller netter Menschen zu Streit kommt. Man ist kollegial, hat sich gern und läßt unangenehme Dinge am besten auf sich beruhen. Der „Vermeider" möchte bei seinen Mitarbeitern und bei seinen Vorgesetzten beliebt sein. Unerwünschtes Verhalten der Mitarbeiter wird nicht kritisiert. Man sollte schließlich nicht die Gefühle der Menschen verletzten. Außerdem merkt die betreffende Person sicherlich bald von selbst, was von ihr erwartet wird. Entscheidungen werden von Meeting zu Meeting vertagt. Man sollte sich schließlich nicht überhastet zu irgendetwas hinreißen lassen und die Sache lieber noch einmal besprechen.

Im Unternehmen heißt es über den „Vermeider": Schade, daß sein Projekt gescheitert ist. Dabei hat sein Team so harmonisch zusammengearbeitet!

Das „Alpha-Tier" kann als „Schikanierer" oder als „Einpeitscher" auftreten.

Der „Schikanierer"
hat Angst, als Schwächling zu gelten. Er kämpft ständig gegen die eigenen Mitarbeiter und hat auch immer wieder neue Bosheiten auf Lager, um den Leuten das Leben schwer zu machen. Er läßt endlose Berichte schreiben, die mehrfach an den betreffenden Mitarbeiter zur Überarbeitung zurückgehen. Er beruft um elf Uhr ein unerwartetes Meeting ein und läßt bis zum späten Abend niemanden zum Essen gehen. Am Freitag teilt er einem Mitarbeiter mit, daß er ja wohl einiges verbockt habe und daß man am Montag die Sache schonungslos durchgehen müsse. Nein, jetzt habe er keine Zeit, mehr dazu zu sagen. Im Unternehmen heißt es über den „Schikanierer": Schade, daß sein Projekt gescheitert ist. Dabei hatte er seine Leute immer so gut im Griff!

Was nie jemandem klar wird ist, daß im Team des „Schikanierers" die Mitarbeiter sich dadurch rächen, daß sie hier und dort und ganz diskret ihr eigenes Projekt, wo es nur geht, sabotieren.

Der „Einpeitscher"
geht von der Faulheit seiner Meute aus. Er weiß, daß niemand freiwillig zu Leistung bereit ist. Man muß die Leute prügeln, dann spuren sie auch. Der „Einpeitscher" fördert im Team das Konkurrenzdenken der Mitarbeiter untereinander. Jeder weiß, daß „Hit-Listen" geführt werden, wer die besten Ergebnisse bringt

und wer nachhinkt. Selbst wenn sich ein Versagen finanziell gar nicht auswirkt, ist die Schande einer unteren Position in der Liste bedrohlich. Der „Einpeitscher" setzt die Ziele zu hoch und die Termine zu eng. Die Mitarbeiter sitzen bis in die Nacht an ihren Arbeitsplätzen, kommen am Wochenende ins Büro und hängen trotzdem immer mit den Ergebnissen hinter den Vorgaben zurück. Das Team hat im Vergleich zu anderen Bereichen und Projekten den höchsten Kaffee- und Zigarettenverbrauch pro Kopf. Der „Einpeitscher" holt immer das letzte aus den Leuten heraus. Im Unternehmen heißt es über den „Einpeitscher": Wunderbar, wie der sein Projekt durchgezogen hat. Schade, daß sich heutzutage schon bei den jungen Leuten die Burn-Out-Symptome zeigen.

Würde man geeignete Statistiken führen, könnte man leicht feststellen, daß um den „Einpeitscher" herum nach Projektende die Krankenstände steigen.

Der „Beste von allen" kann als „Wissensmonopolist" oder als „Erfinder" auftreten.

Der „Wissensmonopolist"
ist ein stiller Mensch, der sich damit abgefunden hat, von Dummköpfen oder Betriebsspionen umgeben zu sein. Den einen etwas zu erklären, lohnt die Mühe nicht, und den anderen sollte man aus Sicherheitsgründen nicht die Zusammenhänge erläutern. Der „Wissensmonopolist" hat alle Fäden in der Hand und verfügt als einziger über einen Gesamtüberblick. Er zieht sich mit Vorliebe in sein Büro zurück, dringt in die Tiefen der technischen Wissenschaften vor und ruft sich von Zeit zu Zeit den einen oder anderen Lieblingsmitarbeiter einzeln ins Büro, um ausgewählte Teile des Ganzen mit ihm zu besprechen. Der „Wissensmonopolist" ist ständig überarbeitet. Er delegiert nur die allerniedrigsten Aufgaben und kontrolliert auch dann noch akribisch die Resultate persönlich nach. Die Mitarbeiter sitzen entweder ratlos an ihren Arbeitsplätzen, weil sie keine Aufgaben zugeteilt bekommen haben, oder sie schlampen nachlässig herum, weil sie ja wissen, daß der Projektleiter sowieso alles noch einmal überarbeiten wird. Diese Schlamperei bestätigt dem „Wissensmonopolisten", daß er von Dummköpfen umgeben ist, also kniet er sich noch sorgfältiger persönlich in die Details hinein, also verlassen die Mitarbeiter sich noch mehr darauf, daß er am Ende alles in Ordnung bringen wird.

Im Unternehmen heißt es über den „Wissensmonopolisten": Schade, daß sein Projekt nicht zum Ende kommt. Dabei ist er unser bester Spezialist.

Der „Erfinder"
tüftelt ständig die verblüffendsten Dinge aus. Was der herausfindet, wäre ohne ihn der Welt verborgen geblieben. In uralten Programmpaketen findet er an abgelegendsten Stellen Fehler, die noch nie vorher zum Vorschein kamen. Wo andere sich längst mit den Realitäten abgefunden haben, forscht der Erfinder weiter. Er experimentiert, probiert und entwickelt Testfälle, die die Welt noch nicht gesehen hat. Er sprüht vor Ideen und fängt immer wieder Neues an. Die Strategie von heute wird noch am Abend in Frage gestellt und gleich morgen früh durch eine bessere ersetzt. Er versorgt die Mitarbeiter ständig mit neuen Arbeitsaufträgen und vergißt selbst als erster, wen er mit was beauftragt hat. Unerfahrene Mitarbeiter verzweifeln an ihrer Verwirrung, sie wissen nicht, was sie tun sollen, was zuerst zu erledigen ist und was nicht mehr zu tun ist und was als nächstes auf sie zukommen könnte. Erfahrene Mitarbeiter stellen die Ohren auf Durchzug, wenn der Projektleiter mit neuen Ideen und Aufträgen kommt. Sie wissen, daß sich das meiste sowieso von selbst erledigt.
Im Unternehmen heißt es über den „Erfinder": Schade, daß sein Projekt gescheitert ist. Er hatte aber auch schrecklich chaotische Leute um sich.

Diese Darstellungen der „Chef-Typen" sind natürlich gröbste Pauschalierungen. Ganz so schlimm ist wohl kein Projektleiter. Trotzdem muß ich sagen, daß ich besonders bei Leitern von sehr technisch orientierten Projekten immer wieder Tendenzen in die eine oder andere Richtung beobachtet habe. Meines Erachtens liegt es oft daran, daß speziell Techniker ihr Führungsverhalten wenig reflektieren.

4. Die Entwicklung des Projektteams

4.1. Team – auch nur eine Arbeitsgruppe?

Der Begriff „Team" gehört zu den Modewörtern heutiger Personalführung. Vorgesetzte nennen ihre Mitarbeiter „mein Team" und verlangen von ihnen „Teamfähigkeit". Das gilt auch dann, wenn es sich um eine ganz normale Einheit in der Linienorganisation mit längst festgelegten Arbeitsvorschriften handelt, die traditionell patriarchalisch geführt wird.

Es gibt in der Literatur verschiedene mehr oder weniger dogmatische Definitionen, wann man überhaupt von einem „Team" sprechen darf. Demnach ist nicht jede Personengruppe automatisch ein Team. Von Teams im beruflichen Umfeld spricht man im allgemeinen dann, wenn folgende Merkmale erfüllt sind:

– bereichsübergreifende Zusammensetzung
Nicht nur die Mitarbeiter einer Abteilung oder eines Bereiches arbeiten zusammen. Statt dessen werden die Teammitglieder aus verschiedenen Bereichen für eine gemeinsame Aufgabe zu einer Gruppe zusammengeführt.

– verschiedene Profis
Spezialisten unterschiedlicher Fachrichtungen sind im Team gleichwertig gemeinsam tätig.

– verschiedene Hierarchiestufen
Innerhalb des Teams sind alle Mitglieder – mit Ausnahme des offiziellen Teamleiters – als gleichrangige Personen zu betrachten. Das gilt auch dann, wenn die Mitglieder außerhalb des Teams im Unternehmen aus unterschiedlichen Hierarchieebenen kommen.

– verschiedene Erfahrungen
Anfänger, Einsteiger und erfahrene Profis sind zusammen an der Aufgabe beteiligt. Theoretiker und Praktiker, interne und externe Mitarbeiter bringen jeweils ihren fachlichen Hintergrund, ihr Wissen und ihre Erfahrungen mit.

Von den Mitgliedern des Teams werden bestimmte Eigenschaften oder Persönlichkeitsmerkmale verlangt:

- Flexibilität
- Kooperatives Verhalten
- Engagement
- Teamfähigkeit

Selbstverständlich sind diese Eigenschaften sehr wichtig. Die Frage ist jedoch: Was wird eigentlich von dem Projektleiter darunter verstanden? Wann erinnert er die Mitarbeiter daran, doch bitte das entsprechende Verhalten zu zeigen?

In verschiedenen Seminaren und Konfliktsitzungen mit Projektteams habe ich immer wieder erfahren, daß bei den Mitarbeitern dann Frust entsteht, wenn ihr Projektleiter die eigentlich positiven Werte in seinem Sinne interpretiert.

- Flexibilität
Die Mitarbeiter sollen sich wie Schachfiguren hin- und herschieben lassen. Sie sollen bereit sein, sich mit häufig wechselnden Plänen und mit immer wieder geänderten Anforderungen abzufinden.

- Kooperatives Verhalten
Die Mitarbeiter sollen widerspruchslos alle Anweisungen annehmen und untereinander selbst dafür sorgen, daß die Fleißigen die Arbeit der Faulpelze oder Tüftelköpfe miterledigen. Sie sollen nicht mit ihren Konflikten oder unterschiedlichen Meinungen die Arbeit aufhalten und den Projektleiter belästigen.

- Engagement
Die Mitarbeiter sollen ihr Privatleben vergessen, klaglos die mit dem Projekt verbundenen Mehrarbeiten erledigen und dafür auch keine Vergünstigungen oder Überbezahlungen verlangen. Vor allem sollen sie zum Ende des Projektes dafür sorgen, daß die früher einmal am grünen Tisch entstandenen Schätzungen und Planungen in die Realität umgesetzt werden können. Notfalls müssen Wochenenden und Nachtruhe aufgegeben werden.

- Teamfähigkeit
Die Mitarbeiter sollen sich problemlos in die Gruppe einordnen und ihre Individualität nicht innerhalb der Projektarbeit pflegen. Auf die Anerkennung persönlicher Erfolge ist zu verzichten. Trotzdem muß akzeptiert werden, daß spätere Gehalts- und Beförderungsgespräche dann wieder mit Einzelpersonen geführt werden.

Insbesondere muß hingenommen werden, daß der Erfolg des Projektes die Leistung des Projektleiters und das Scheitern der Pfusch des Teams ist.

„Teamgeist" artet gelegentlich in Gruppenterror aus und dient der Befriedigung des „Herdentriebs" der Führungskraft. Es gibt Projektleiter, die am liebsten ihre Mitarbeiter ständig in Sichtweite haben. Unter dem Vorwand der besseren Kommunikation sollen sie möglichst alle bei offenen Türen in einem Großraumbüro oder in Nachbarzimmern sitzen. Möglichst niemand soll abends nach Hause gehen. Viel besser ist es, abends gemeinsam beim Bier in der Kneipe den lockeren Teamgeist zu fördern. Hinter diesem Wunsch, ständig die Gruppe komplett um sich haben zu wollen, kann ein Gluckeninstinkt stecken. So, wie es Eltern gibt, die stets und ständig dagegen kämpfen, daß die Kinder eigene Wege gehen, so gibt es auch Chefs, die wie die Hirten ihre Herde zusammenhalten wollen. Ein anderes Verhalten ist in der heutigen Single-Gesellschaft auch immer häufiger anzutreffen: Der Projektleiter ist einsam. Beim Aufbau seiner Karriere hat er sich beruflich so engagiert, daß die Familie zu kurz kam. Der Partner hat sich inzwischen scheiden lassen, die Kinder kommen auch ohne ihn aus. Nun sollen die Mitarbeiter ihm helfen, der Einsamkeit nach Feierabend zu entkommen.

Auch das sollten wir uns vor Augen halten:
Zunehmend wird uns die japanische Gesellschaft mit ihrem wundervollen Teamgeist und hohen Qualitätsniveau als Vorbild hingestellt. An dieser Stelle will ich gar nicht darauf eingehen, daß in Japan die Selbstmordrate ungewöhnlich hoch ist und sicherlich auch damit zu tun hat, daß der Gruppenterror als immer unerträglicher empfunden wird. Wir sollten uns bewußt machen, daß aus Japan nur selten Neues kommt. Wann bekommt einmal ein Japaner einen Nobelpreis? Für Japan ist es eher typisch, Neues aus anderen Kulturen zu übernehmen und dann hochwertige Massenanfertigung daraus zu produzieren. Spitzenleistungen entstehen nur selten dort, wo Gruppen arbeiten. Sie entstehen dort, wo man Spitzendenkern die notwendige Ruhe und das Umfeld gibt, in dem sie sich konzentrieren können. Einstein hat seine Theorien nicht im Team entwickelt.
Wenn Sie nun an Ihr Projekt denken, dann sollten Sie sich fragen, ob Spitzenleistungen erforderlich oder eher gute Durchschnitts-

ergebnisse gefragt sind. Je höher der Anteil an Erfindung, Entwicklung und Neuerung ist, desto mehr müssen Sie zulassen, daß sich Einzelpersonen in konzentrierte Ruhe zurückziehen können.

Auf jeden Fall muß so viel „Teamgeist" vorhanden sein, daß alle Beteiligten die gleiche Sicht auf das Projekt haben und das gleiche unter der Aufgabe verstehen.

Im Team muß es übereinstimmende Vorstellungen geben zu:
– Was ist eigentlich die Aufgabe?
– Was gehört noch mit zum Auftrag und was nicht?
– Was sind die Ziele des Projektes?
– Welche Prioritäten gelten?
– Welcher Qualitätsstandard wird gefordert?
– Welcher Aufwand lohnt sich wofür?
– Wie gehen wir vor?
– Wie gehen wir mit Problemen um?
– Wie stellen wir unser Projekt nach außen dar?
– Wer macht hier was?
– Wer entscheidet hier was?
– Welche Spielregeln gelten für unsere Zusammenarbeit?

Gehen Sie als Projektleiter nicht davon aus, daß Ihre Mitarbeiter sich selbst denken können, „was Sache ist" und welche Regeln gelten. Sorgen Sie von Anfang an dafür, daß auch das unkommunikativste Mitglied Ihres Teams das begreift, was für alle gelten soll.

In jedem Projekt gibt es ein gewisses Spannungsfeld der Interessen.

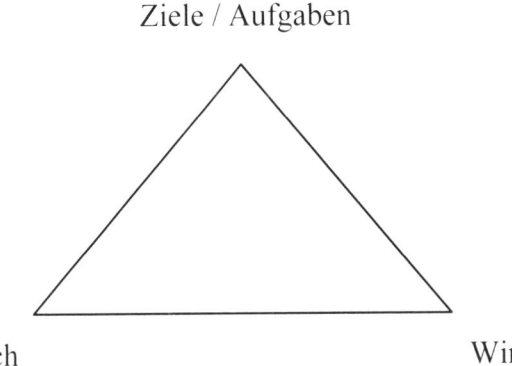

Abb. 4.1 Das Spannungsfeld der Interessen

– Aufgaben und Ziele
Das sind die sachlichen Inhalte des Projektes. Die zu erfüllenden
Aufgaben und Ziele waren der Anlaß des Projektes. Für sie wurde
das Budget freigegeben und für sie wurde der Aufwand getrieben,
überhaupt ein Projekt auf den Weg zu bringen. An den Aufgaben
und Zielen wird am Ende der Erfolg des Projektes gemessen.

– Ich
Mehr oder weniger offen verbindet jede Einzelperson mit ihrem
Einsatz im Projekt ganz individuelle Wünsche. Der eine möchte
vielleicht die eigene Karriere durch die Herausstellung der persönlichen Leistung fördern. Der andere hat vielleicht gar keine Lust
auf dieses Projekt und versucht, möglichst viel Arbeit abzuschie-
ben. Der nächste hat wenig Interesse an der Sache, ist jedoch gerne
mit den Kollegen im Team zusammen. Wieder ein anderer glaubt,
daß im Projekt ein falscher Weg zum Ziel gegangen wird. Nun will
er den nach eigener Anschauung richtigen Weg durchsetzen...

– Wir
Eine Personengruppe entwickelt durch ihr Zusammensein, durch
ihr gemeinsames Ziel und durch die Zusammenstellung der ver-
schiedenen Persönlichkeiten mit der Zeit einen ganz besonderen
„Gruppengeist". Wer schon mehrfach Gruppen geleitet hat, weiß,
daß es nie zwei gleiche Gruppen gibt. Innerhalb der jeweiligen
Gruppe entwickeln sich bestimmte Rollen und Strukturen und
Verhaltensregeln. Die Gruppe erkennt auch recht genau, welches
Individuum nicht dazu paßt, welches Individuum die Außensei-
terrolle bekommt oder gar Sündenbock wird.

Sie müssen als Projektleiter dieses Spannungsfeld berücksichtigen
und für einen Ausgleich im Hinblick auf die Erfüllung der Anforderungen sorgen. Sie verantworten vor Ihrem Auftraggeber, daß
im Projekt die vereinbarten Aufgaben erledigt und die Ziele erreicht werden. Sie müssen dafür sorgen, daß Ihr Team von Soli-
sten zu einem stimmigen Orchester zusammenwächst. Sie dürfen
trotzdem nicht in falsch verstandener Gerechtigkeit alle über einen Kamm scheren. Die Menschen sind verschieden und haben
das Recht, unterschiedlich geführt und gefördert zu werden. Ein
unzufriedener Mitarbeiter ist häufig in der Lage, daß Team zu
stören oder gar zu sprengen. Ein gestörtes Team kann meistens
nicht die vorgesehenen Ziele erreichen.

Lesen Sie die Spielregeln des folgenden Kapitels. Meines Erachtens fördert es sowohl den Teamgeist als auch die Befriedigung der individuellen Wünsche, wenn man frühzeitig im Projekt gemeinsame Regeln für die Zusammenarbeit festlegt.

4.2. *Vom Ich zum Wir zum Ziel*

Wie gesagt muß die Gruppe der Individualisten mit jeweils persönlichen Vorstellungen und Wünschen möglichst schnell zu einem Team mit gemeinsamer Zielrichtung zusammenwachsen. Dieses Zusammenwachsen ist um so schwieriger, je inhomogener die Gruppe zusammengesetzt ist. Erfahrene Fachleute, die oft auch das Bedürfnis haben, ihr überlegenes Wissen zu demonstrieren, treffen zum Beispiel auf unerfahrene Personen, die überall Arroganz wittern und schon vorbeugend ein wenig beleidigt sind. DV-Fachleute beispielsweise empfinden die Teilnahme von Kollegen aus den Fachabteilungen als lästig oder als eine Zumutung, weil die doch überhaupt keine Ahnung davon haben. Externe Mitarbeiter haben das Bedürfnis, möglichst schnell beim Kunden vor Ort zu beweisen, daß sie die richtigen Berater sind. Ihr Eifer wirkt auf die internen Mitarbeiter ärgerlich, weil sie befürchten, daß die interessanten Aufgaben doch wieder an die Externen vergeben werden. Und mindestens einen Mitarbeiter gibt es in jedem Projekt, der gleich von Anfang an weiß, daß der Projektleiter seiner Aufgabe nicht gewachsen ist und es besser gewesen wäre, er selbst wäre zum Projektleiter benannt worden. Mit dieser Überzeugung bleibt der betreffende Mitarbeiter fast nie allein. Er sorgt nämlich dafür, daß anderen sein Standpunkt einleuchtet.

Erschwerend für die Teambildung in Projekten sind auch folgende Probleme:
- Die Mitarbeiter können sich nur mit einem Teil ihrer Arbeitszeit dem Projekt widmen. Nebenher oder gar vorrangig sind die Aufgaben des Tagesgeschäftes zu erledigen.
- Die Mitarbeiter werden nicht alle vom Anfang des Projektes bis zu seinem Ende dabeisein. Manche sind nur in den ersten Phasen beteiligt, andere kommen später hinzu. Diese haben dann häufig den Eindruck, man habe ihnen, wenn nicht Pfusch, so doch recht nachlässig zurechtgeschusterte Ergebnisse zur Weiterarbeit hinterlassen.

– Die Mitarbeiter sind an verstreuten Arbeitsplätzen tätig. Vieles kann nicht im Projektbüro erledigt werden, sondern findet vor Ort bei den späteren Benutzern statt. Manches muß auch deshalb an verstreut liegenden Arbeitsplätzen getan werden, weil es gar kein Projektbüro gibt. Dann trifft man sich nur von Zeit zu Zeit bei Meetings und muß sich dabei schnell koordinieren.

Um dennoch möglichst bald zu einem Team zu kommen, das gut zusammenarbeitet, empfiehlt sich die Durchführung einer Kick Off-Veranstaltung. Dazu wird das gesamte Team eingeladen. Ziel dieses Kick Off ist es, daß alle sich untereinander kennenlernen und „beschnuppern" können. Jeder muß die Ziele und die geplante Vorgehensweise des Projektes verstehen. Jeder muß die eigene Rolle und die der anderen im Projekt kennen.
Man sagt auch: „Das Team wird eingenordet."

Im Rahmen dieses Kick Off empfiehlt es sich, gleich von Anfang an Spielregeln für das Verhalten und für den Arbeitsstil festzulegen. Das ist besser, als sich auf den Standpunkt zu stellen, man sollte erst einmal abwarten, wie sich die Zusammenarbeit entwickelt und dann bei Bedarf über Regeln sprechen. Mit dieser Haltung provoziert man, daß es irgendwann im Projekt zu Verhaltensweisen kommt, die sich nicht bewähren. Wenn man dann versucht, diese Dinge „abzustellen", dann hat man damit gleich „erwischte Sünder" identifiziert. Besser ist es, von Anfang an die Regeln verständlich zu machen und damit jedem die Chance zu geben, sich entsprechend zu verhalten.

Solche Spielregeln können sein:

1. Informationen, die ich habe, sind Bringschuld. Informationen, die ich brauche, sind Holschuld.
2. Wünsche, die erfüllt werden sollen, müssen ausgesprochen werden.
3. Jeder hat das Recht, mit jedem Projektbeteiligten über alles zu sprechen, was zur Klärung der Aufgabe beiträgt.
4. Vorschläge und Ideen werden nach ihrem sachlichen Inhalt und nach ihrer Brauchbarkeit bewertet und nicht nach der hierarchischen Position des Urhebers.
5. Niemand spricht Außenstehenden gegenüber abfällig über das Projekt oder über die Beteiligten oder über die Betroffenen.

6. Niemand spricht innerhalb des Projektes abfällig über außenstehende Beteiligte oder Betroffene.
7. Jeder hat das Recht, Fehler zu machen. Jeder hat die Pflicht, erkannte Fehler zu korrigieren und den Wiederholungsfall zu vermeiden.
8. Jeder arbeitet so, daß eigene Ergebnisse und die der anderen pünktlich abgeliefert werden können.
9. Jeder hat das Recht, Meinungen und Bedenken klar zum Ausdruck zu bringen. Niemand hat das Recht, nachträglich Ergebnisse und Entscheidungen zu torpedieren. Das gilt auch für Personen, die erst nachträglich ins Team gekommen sind.
10. Wer sich nicht mit dem Projekt oder mit seinen Zielen oder mit den betroffenen oder beteiligten Personen identifizieren oder abfinden kann, verzichtet auf die Mitarbeit.

Diese Regeln sind nur ein Vorschlag. Man sollte als Projektleiter für das Kick Off einige Regeln vorbereitet haben und dann mit allen Anwesenden gemeinsam besprechen und festlegen, welche Regeln für dieses spezielle Projekt gelten sollen. Die vorbereiteten Beispiele des Projektleiters dienen dann lediglich der Ideengebung, wie solche Regeln aussehen könnten.
Auf keinen Fall wäre es angebracht, einerseits von der schönen und kreativen Teamarbeit zu reden und dann in alter Befehlsgebermanier Regeln zu verordnen.

4.3. Die müssen sich zusammenraufen.

Der Volksmund sagt ganz treffend, daß sich Menschen, die sich neu zusammenfinden oder am Anfang einer neuen Aufgabe stehen, erst einmal zusammenraufen müssen, bevor sie sich als Gruppe formiert haben und von da an gemeinsam vorgehen können. Dieser Prozeß des Zusammenraufens findet mehr oder weniger deutlich auch in Reisegruppen statt. Reiseleiter wissen das und richten sich darauf ein. Sie kennen die ersten Unsicherheiten am Anfang, wenn man sich gegenseitig vorstellt und höflich vorsichtige Konversation betreibt. Schon jetzt erkennt man deutlich die persönlichen Unterschiede im Verhalten. Es gibt Gruppenmitglieder, die gleich am Anfang mit allen gute Freundschaft schließen möchten, und es gibt andere, die eher zurückhaltend sind und erst einmal abwarten. Manche der Teilnehmer bersten vor Freude über den Reisestart, andere sind skeptisch, ob denn wohl auch alles so klappt wie im Prospekt beschrieben. Es gibt Teilnehmer, die sich sofort an den Reiseleiter (das „Alpha-Tier") hängen und ständig mit ihm etwas zu besprechen haben. Und es gibt die Teilnehmer, die gleich kritisch überprüfen, ob der Reiseleiter auch wirklich Ahnung von dem bereisten Land hat, ob das, was er sagt, übereinstimmt mit dem, was man im Buch gelesen hat.

Nach zwei bis drei Tagen kommt es zum Knatsch. Die Mitglieder der Gruppe haben untereinander Antipathien entdeckt und tragen Meinungsverschiedenheiten und Interessenkonflikte aus. Der Reiseleiter wird als unfähig entlarvt. Der Service ist dem Preis nicht angemessen, die Bevölkerung des bereisten Landes erweist sich als Plage, der Bus ist unbequem, das Essen schmeckt nicht, das Wetter entspricht nicht den Tabellenwerten des Buches... Die Stimmung ist mies, und etliche der Touristen beschließen: Nie wieder!

Da man nun einmal unterwegs ist, findet man sich notgedrungen mit den Gegebenheiten ab. Man versucht, trotzdem noch das eine oder andere zu genießen. Man gewöhnt sich an die Marotten der anderen, lernt in der Gruppe dann doch noch ein paar verträgliche Leute kennen, entdeckt im bereisten Land doch ein paar interessante Dinge...

Nach drei Wochen erreicht man die Heimat wieder. Mit Tränen in den Augen liegen sich die Mitglieder der Gruppe in den Armen. Man nimmt tief betrübt von einander Abschied, macht dem Reiseleiter ein Geschenk und verspricht sich: Nächstes Jahr wieder!

Vielleicht halten Sie diese Beschreibung für übertrieben, oder Sie fragen sich, was das denn mit Projekten zu tun haben soll. Sie werden jedoch erleben, daß es auch in Projektteams zu typischen Phasen des Zusammenwachsens kommt. Das gilt auch dann, wenn die beteiligten Personen sich vorher bereits kannten. Dann verlaufen die Phasen vielleicht nicht mehr ganz so heftig, aber bemerkbar sind sie doch. Sobald man ein Team für eine bestimmte Aufgabe zusammenstellt, kommt es unweigerlich zu solchen Phasen. In der Literatur findet man in ähnlicher Darstellung immer den gleichen Teamfindungsverlauf beschrieben.

Ein Modell nennt folgende Phasen:

1. Chaotische Phase
- Man kennt die anderen Personen und deren Absichten noch nicht.
- Man kennt die Aufgabe noch nicht und weiß nicht, was man persönlich beitragen soll.
- Man kennt den erwünschten Verhaltenskodex noch nicht und fragt sich, wie man sich richtig in die Gruppe einbringen kann.

Diese erste Phase ist von Ängsten, Irrtümern und Hoffungen geprägt. Es werden Versuche gemacht, die Aufgabe zu lösen. Gleichzeitig beobachtet man sich gegenseitig:
- Wer kennt sich aus?
- Wer hat hier welchen Einfluß?
- Wer ist nett und wer nicht?

2. Formierungsphase
- Rollen im Team bilden sich. Man hat die ersten Wortführer, die Stillen, die Clowns, die Fleißigen, die Bürokraten...
- Normen des Verhaltens und Regeln des Vorgehens bilden sich aus. Man weiß, wie Wortmeldungen im Meeting anzumelden sind. Man kennt die persönlichen Kommunikationsformen. Man kennt die Vorgangsschritte des Projektes.
- Verschiedene Überzeugungen zum Vorgehen und zu den Zielen werden diskutiert. Es kann zu Streit um das einzig richtige Vorgehen kommen.
- Nicht jeder ist mit der Rolle einverstanden, die er im Team bekommen hat. Es kommt zu mehr oder weniger sachlich ausgetragenen Machtkämpfen.

In dieser Phase formiert sich die Gruppe. Die Mitglieder kennen sich untereinander und haben die Aufgabe und ihren persönlichen Anteil am Projekt verstanden. Man ist mit den sachlichen Zusammenhängen und den anderen Menschen nun vertraut. Aber man ist nicht mit allem zufrieden und versucht noch, auch gegen die Gruppe eigene Interessen durchzusetzen.

3. Festigungsphase
- Das Wir-Gefühl bildet sich aus. Man fühlt sich der Gruppe gegenüber solidarisch und grenzt sich von den Personen ab, die nicht zum Team gehören.

– Erste Erfolge bei der Arbeit werden sichtbar. Der eingeschlagene Weg erweist sich als richtig oder man sieht genauer, an welcher Stelle noch modifiziert werden müßte.
– Man kann nach außen die ersten Ergebnisse als Gruppenleistung präsentieren.

In dieser Phase ist das Team menschlich und fachlich „im Sattel". Wenn jetzt neue Mitglieder nachträglich hinzukommen, werden sie leicht in die Gruppe integriert. Wer jedoch bis jetzt noch Außenseiter ist, hat kaum noch Chancen, von den anderen akzeptiert zu werden.
Wenn der Projektleiter es bis jetzt nicht geschafft hat, als Führungskraft anerkannt zu werden, dann stehen auch für ihn die Chancen schlecht. Das wird spätestens bei der ersten Krise deutlich.

4. Arbeitsphase
Jetzt arbeitet die Gruppe weitgehend routiniert auf das gesteckte Ziel hin.

Andere Modelle nennen folgende Entwicklungsschritte im Teamfindungsprozeß:

1. Schnupper-Phase
2. Nahkampf- Phase
3. Organisierungs-Phase
4. Arbeits-Phase

Oder auch:
1. Kindliche Neugierde
2. Gruppen-Pubertät
3. Erwachsene Gruppe

Im Grunde steht immer das gleiche dahinter. Unter den Bezeichnungen: Orientierung, Frust, Akzeptanz und Routine möchte ich in den folgenden Kapiteln genauer auf die einzelnen Phasen eingehen. Viele Projektleiter fragen sich, wie sie den Frust oder die „Nahkampfphase" verhindern können. In unserer harmonieorientierten Welt möchte eine Führungskraft möglichst alles vermeiden, was zu Knatsch im Team, zu Demotivierung oder zu schlechter Stimmung führen könnte.
Zunächst sollte man sich ganz einfach klar machen, daß es kein Versagen der Führungskraft ist, wenn sich die Gruppe „zusam-

menraufen" muß. Das ist ein normaler Prozeß. Man kann es abmildern. Oft hilft es schon, wenn man im Kick Off dem Team diese Phasen der Teambildung vorstellt. Dann können sich alle innerlich darauf einstellen, daß eine Frustphase zu erwarten ist. Oft wird dann das tatsächliche Erreichen des Frustes sogar mit einem gewissen Humor genommen. Man weiß, daß es nicht am persönlichen Versagen oder an den Fehlern der anderen liegt, sondern daß es so normal ist, daß Psychologen sogar schon Bücher darüber geschrieben haben.

Die Entwicklungsphasen der Teambildung sind nicht immer klar abgegrenzt. Die Übergänge können fließend sein. Es kann auch vorkommen, daß Teile des Teams noch gefrustet sind, während andere bereits mit ihren Aufgaben im Routineprozeß stehen.

Grundsätzlich gilt, daß jede personelle Veränderung und jede größere Änderung an der Aufgabe oder an den Randbedingungen des Projektes das Team zunächst wieder in eine gewisse Schnupper- oder Chaos- oder Orientierungsphase zurückwirft. Bei jeder personellen Änderung kann zum Beispiel die Rollenverteilung neu erfolgen. Man spricht von einer neuen „Hackordnung". Das gilt auch dann, wenn der harmonisch denkende Projektleiter beschlossen hat: „Bei uns wird nicht gehackt. Wir sind alle gleich."

Für den möglichst ruhigen und erfolgreichen Projektverlauf sollte angestrebt werden, daß das Team so weit es geht in seiner Zusammensetzung stabil bleibt. Wenn das nicht möglich ist, sollte mindestens ein stabiles Kernteam geschaffen werden. Man sagt ja auch: „Never change a winning team."

4.4. Die Schnupperphase

In der ersten Zeit des Zusammenseins müssen die Mitglieder des Teams sich untereinander, den Projektleiter und die Aufgabe kennenlernen. Es ist ein fachliches und menschliches Orientieren. Man versucht, sich gegenseitig einzuschätzen. Es werden die ersten fast unauffälligen Versuche unternommen, die Standfestigkeit des Projektleiters zu testen. Das kann zum Beispiel durch Widerworte bei Arbeitsvorschlägen oder durch Rechthaberei in unwichtigen Details geschehen. Die einzelnen Mitarbeiter suchen

ihre persönliche Rolle in der „Hackordnung". Bereits nach kürzester Zeit haben sich Wortführer bemerkbar gemacht, haben die
Clowns ihre ersten Lacher geholt, fordern die Tüftler klare Begriffsdefinitionen („Was verstehen Sie eigentlich unter Qualität?"
Oder: „Was meinen Sie mit Statusbericht?") und legen die Hausrebellen ihre Einsprüche ein.

Das Verhalten der Gruppenmitglieder ist geprägt durch:

– Zurückhaltung
Erst muß man mal abwarten, was da kommt. Der Projektleiter
soll sagen, wie er sich die Sache denkt. Jemand muß uns erst einmal die Aufgabe erklären. Es wird sowieso alles nicht so heiß gegessen, wie es gekocht wird.

– Neugierde
Wer soll hier was machen? Was kommt auf uns zu? Welche Aufgaben und Kompetenzen bekommen wir?

– Euphorie
Zum Glück sind wir mit im Projekt. Jetzt endlich werden die
längst notwendigen Dinge erledigt.

– Ablehnung
Das wird vermutlich wieder so ein vergeblicher Versuch, etwas
Neues zu machen. Das bringt doch sowieso alles nichts. Schon
wieder hat man die falschen Leute mit den Aufgaben betraut.

– Ängste
Hoffentlich verstehe ich die fachlichen Dinge. Hoffentlich werden die anderen mich akzeptieren. Ich will nicht Außenseiter sein
und mich auch nicht durch Unfähigkeit blamieren .

Diese Gefühle und Gedanken werden zum Teil offen ausgesprochen, zum Teil jedoch auch versteckt angedeutet. Das Verhalten
ist, von ersten kleinen Machtkampfversuchen abgesehen, eher
höflich und zurückhaltend. Man beobachtet, zieht sich selbst auf
den eigenen sozialen oder hierarchischen und fachlichen Status
zurück und legt Wert darauf, von den anderen auch „richtig"(möglichst positiv) gesehen zu werden. Man zeigt „Maske". Gleichzeitig wird sehr kritisch darauf geachtet, wer jetzt schon anfängt,
sich in den Vordergrund zu spielen.

Als Projektleiter stehen Sie in dieser Schnupperphase ganz besonders unter Beobachtung. Das Team weiß, daß es Sie als Führungsperson anerkennen soll, und prüft nun, ob es Sie in dieser Rolle wirklich ernst nehmen kann. Lassen Sie sich nicht auf intellektuelle Wettkämpfe ein. Sie sollen die Gruppe leiten. Sie sollen nicht der beste Sachbearbeiter oder Knipser oder Installateur von Hard- oder Software oder bester Handwerker sein.

Ihre erste Aufgabe ist die Durchsetzung Ihres Führungsanspruchs. Die beste Arena sind meistens die ersten Meetings. Setzen Sie sich hier klar durch. Lassen Sie sich nicht auf Wortklaubereien ein, zum Beispiel nach der Masche: Was ist ein Anwender im Unterschied zum Endbenutzer? Oder: Ist eine deutsche Menügestaltung ein Qualitätsmerkmal, oder gehört es zur Funktionalität? Oder: Was ist ein Meilenstein, und was ist ein Zwischenstand? Oder: Was verstehen Sie eigentlich unter ...? Besonders diese zähen Diskussionen um Begriffe sind geeignet, Zeitplanungen von Meetings durcheinanderzubringen und den Anwesenden vorzuführen, daß der Projektleiter die Tagesordnung nicht im Griff hat. Und schon fragen die ersten sich: Bekommt unser „Chef" jemals das Projekt in den Griff? Am Anfang des Projektes sollten Ihre Anweisungen besonders klar sein, und Sie müssen besonders streng darauf achten, daß sie auch befolgt werden. Zum Teil steckt reiner Machtkampf oder das Austesten Ihrer Stärke dahinter, wenn Mitarbeiter bei Anweisungen etwas nachlässig reagieren oder sogar versuchen, sofort zu argumentieren, daß man eigentlich erst etwas anderes tun sollte. Man probiert aus, wie ernst man Sie eigentlich nehmen muß. Treten Sie am Anfang des Projektes ruhig autoritärer auf als Sie es normalerweise gewohnt sind. Wenn Sie sich am Anfang als zu „nett" erweisen, kommt leicht der Verdacht auf, daß Sie womöglich „schwach" sind. Das nimmt die Gruppe Ihnen instinktiv übel. Ganz grob gesagt: Machen Sie sich wie bei den Wölfen zum Rudelführer.

Ihre andere Aufgabe ist, daß Sie der Gruppe helfen sollten, möglichst bald ein gemeinsames Gruppengefühl zu entwickeln. Hierbei sind oft Symbole förderlich. Sie brauchen nicht wie ein Fußballclub einen Teamwimpel einzuführen. Aber ein Logo oder ein griffiger Projektname können als gemeinsames Symbol wirken. Das ist die „Flagge", unter der das Team ab sofort „segelt".

Eine andere fördernde Maßnahme kann es sein, wenn Sie dafür sorgen, daß die Gruppe möglichst schnell erste sichtbare Ergebnisse produziert. Möglichst schnell sollte ein klares Vorgehenskonzept stehen. Möglichst schnell sollte etwas Vorzeigbares vorhanden sein. Je länger das Team über die Frage nachgrübelt, wie man die Aufgabe am besten lösen könnte und welche Vor- oder Nachteile dieses oder jenes Verfahren haben könnte, desto länger ziehen sich die Rollenfindungsprozesse hin, desto deutlicher wird den einzelnen Mitarbeitern, daß das Projekt weder dringend noch wichtig ist, desto mehr verlieren alle die Lust an der Sache, desto größer wird das Bedürfnis zu nörgeln und den Projektleiter in Frage zu stellen. Obwohl Sie in dieser Schnupperphase besonders straff und konsequent führen müssen, um nicht jetzt schon den Schlendrian einzuführen, müssen Sie bei Ihren inneren Zeitschätzungen (nicht darüber sprechen!) fast bis zu sechzig Prozent der Zeit für Organisatorisches, Soziales und fachliche Klärungen verplanen.

Die erste Phase der Teamfindung (nicht zu verwechseln mit der ersten Projektphase) ist zwar sachlich oft nicht sehr ergiebig, legt jedoch den Grundstein für den Erfolg der weiteren Arbeit.

4.5. Die Frustphase

Wenn sich die Mitglieder des Teams in ihrer neuen Zusammenstellung ein wenig miteinander vertraut gemacht haben, erkennen sie zunehmend, wer in diesem Projekt welche Rolle anstrebt. Sie erkennen die Wortführer. Sie sehen, wer sich beim Projektleiter mit Vorschlägen leichter durchsetzen kann als andere. Sie sehen, daß einige sich als „Profilneurotiker" in den Vordergrund zu schieben versuchen. Sie bemerken, daß der Projektleiter vielleicht für Manipulationen oder Schmeicheleien oder sonstige Beeinflussungen offen ist...
Gleichzeitig werden die Mitglieder des Teams auch mit der Aufgabe vertrauter, oder sie stellen fest, daß es doch nicht so einfach wird, wie es am Anfang aussah. Sie vermissen dringend benötigte Ressourcen, halten die Aufgabenbeschreibungen für unverständlich oder falsch, erkennen, daß die Ziele unklar sind...

Es kommt menschlich und fachlich zu Enttäuschungen. Häufig macht sich der Beginn der Frustphase durch Formulierungen bemerkbar wie: „Man sollte doch lieber...“, „So kann das doch nie...“, „Es wäre doch viel besser...“. Das bedeutet, daß die Mitarbeiter eine Diskrepanz feststellen zwischen dem, was sie für richtig halten und dem, was sie in der Realität erleben. Es kann bis zu Stammtischargumenten kommen nach dem Stil: „Wenn ich hier was zu sagen hätte, dann...“ Mehr oder weniger deutlich wirft man „denen da oben“ (Geschäftsleitung, Projektleiter oder anderen Führungskräften) vor, wieder einmal alles ganz falsch angefangen zu haben.

Die Stimmung im Team wird gereizter. Man nimmt es dem „Profilneurotiker“ übel, daß er sich so in den Vordergrund spielt. Man bemerkt mehr oder weniger deutlich, daß sich besonders starke Persönlichkeiten um bestimmte Positionen in der "Hackordnung" bemühen. Man geht sich gegenseitig auf die Nerven. Die Tüftler befürchten, daß sie wieder von den Hektikern plattgeredet werden, daß man sie wieder einmal zwingen wird, unter Zeitdruck Pfusch zu produzieren. Die Dynamiker erkennen, daß schon wieder die Hausintellektuellen die großen Ziele aus den Augen verloren haben, sich als Bremser betätigen und das Fortschreiten des Projektes behindern. Die Harmonieorientierten leiden unter der mehr oder weniger deutlichen Mißstimmung und appellieren an Werte wie Teamgeist, Kameradschaft, Fairneß, Kollegialität.

In der Frustphase macht sich Enttäuschung über die Aufgabe des Projektes und über die Menschen, mit denen man nun arbeiten soll, breit.

Das Verhalten der Gruppenmitglieder ist geprägt durch:
– Heftiges Diskutieren bis zum Streit
Man streitet um Begriffe, Formulierungen und Vereinbarungen, um Definitionen und um die einzig richtige Vorgehensweise.

– Persönliche Angriffe
Kollegen, die als Konkurrenten empfunden werden, und der Projektleiter werden zu Zielscheiben für mehr oder weniger deutliche Angriffe.

– Machtkämpfe
Hierbei kann es um banale Dinge gehen wie Raucherzimmer oder rauchfreie Zonen, Formate der Protokolle, Tagesordnungen und das Vorgehen bei Besprechungen. Meistens geht es weniger um

die Sache selbst, als um das Durchsetzen der persönlichen Meinung.

– Nostalgie
Frühere Projekte waren viel besser organisiert. Ehemalige Projektleiter hatten die Sache viel besser im Griff. Damals war einfach alles viel schöner.

– Fluktuation
Die ersten Mitarbeiter des Teams erkennen, daß in diesem Projekt die falschen Leute am Werk sind, daß Erfolg nicht zu erwarten ist, daß man sich am besten so schnell wie möglich aus der Sache zurückziehen sollte.

– Cliquenbildung
Mindestens ein Mitglied des Teams findet die richtigen Worte, den anderen nachzuweisen, daß der Projektleiter unfähig ist. Er wird eine Gruppe um sich sammeln, die in vielen ihrer Arbeitsstunden dieses Problem bespricht. Schnell spaltet sich das Team in Anhänger des „Rebellen" und in solche des Projektleiters.

Bürokratismus und Formalismus
Man will ganz genau gesagt bekommen, was wie zu erledigen ist. Man beharrt auf früheren Regeln und auf offiziellen Mitteilungen. Es kommt auch zu Bemerkungen wie: „Von dem muß ich mir gar nichts sagen lassen." In Besprechungen werden immer wieder „Anträge zur Geschäftsordnung" gestellt.

– Sabotage
Absichtlich oder versehentlich passieren Pannen. Besonders beliebt sind Pannen, die dann passieren, wenn sich jemand auf die genaue Befolgung einer Anweisung des Projektleiters berufen kann. Zu den Sabotagen gehören auch die Phänomene der Vergeßlichkeit, des Nichts-davon-gewußt-habens und der Begriffsstutzigkeit.

Fast immer versuchen die Mitarbeiter durch scheinbar logische und sachlich geführte Diskussionen ihren Frust loszuwerden und ihre Machtspielchen durchzusetzen. Der Projektleiter versteht oft gar nicht, wie es zu dieser eigenartig kribbelnden Stimmung von Angriffen, Zynismen, Schweigsamkeit und Wortgefechten kommen konnte. Er weiß oft gar nicht, was sich wirklich abspielt zwischen den Mitarbeitern und zwischen ihm selbst und den Mitarbeitern. Nur eines ist klar: Es macht keinen Spaß mehr, und die Arbeit gerät ins Stocken.

Als Projektleiter stehen Sie in dieser Frustphase ganz besonders unter Druck. Nicht selten richtet sich der Zorn oder der Ärger unmittelbar gegen Sie. Es liegt in der Natur der Menschen, daß sie in Krisensituationen erwarten, daß der „Häuptling" gefälligst dafür sorgt, daß alles wieder ins Lot kommt.

Während der Frustphase sind Sie besonders stark in Ihrer Führungsrolle beansprucht. Es kann sein, daß ein bestimmter Mitarbeiter im Zentrum der schlechten Stimmung zu stehen scheint. Dann sieht es so aus, als müsse man nur diese eine Person entfernen, und alles werde wieder in Ordnung kommen. Wenn man dann diese Person entfernt, stellt man oft recht bald fest, daß immer noch oder schon wieder die Stimmung schlecht ist. Mancher Projektleiter macht sich während der Frustphase Vorwürfe. Er weiß, daß er als Führungskraft die Mitarbeiter zu motivieren hat, daß er für eine gute Arbeitsatmosphäre zu sorgen hat... Und nun fragt er sich: „Was mache ich falsch?" Andere Projektleiter fragen umgekehrt: „Warum hat man ausgerechnet mir diese Neurotiker ins Projekt gesetzt?"

Verzichten Sie auf beide Fragen. Machen Sie sich – und möglichst auch vorab Ihrem Team – bewußt, daß die Frustphase ganz natürlich zum Prozeß der Teamfindung gehört. Das ist normal, und das vergeht auch wieder.

Für die Frustphase sollte man sich als Projektleiter merken:
- Das Team sollte jetzt möglichst stabil bleiben und nicht noch weiter durch personelle Veränderungen gestört werden.
- Der Projektleiter sollte sich nicht selbst zum Therapeuten oder Hauspsychologen machen, den problembeladenen Mitarbeitern nachlaufen und ihre Sorgen immer wieder mit ihnen besprechen wollen.
- Man sollte möglichst bald für weitere sichtbare Erfolge des Teams sorgen.
- Es sollte möglichst wenig von den internen Reibereien außerhalb des Teams bekannt werden.
- Der Projektleiter sollte sich selbst nicht in die Rangeleien und Machtkämpfe der Mitarbeiter um ihre Positionen in der Hackordnung mischen.

Innerhalb der Frustphase kann bis zu achtzig Prozent der Arbeitszeit für soziale Aktivitäten verlorengehen. Das Streiten, das Tratschen und Sticheln nimmt viel an Zeit und geistiger Kraft in Anspruch. Verhindern kann man die Frustphase nicht. Man kann sie nur abmildern. Auf keinen Fall sollte man jetzt als Projektleiter mit einzelnen Mitarbeitern paktieren und dadurch die Fronten noch mehr verhärten.

Der Frust läßt sich oft abmildern, wenn das Team bereits von Anfang an damit gerechnet hat. Wie oben gesagt, empfiehlt es sich, im Kick Off die Phasen der Teamentwicklung einmal vorgestellt zu haben. Wenn man das im Kick Off nicht getan hat, weil man vielleicht gehofft hat, im eigenen Projekt werde es nicht zu solchen Unstimmigkeiten kommen, dann sollte man jetzt mitten im Frust auf keinen Fall mehr darauf zu sprechen kommen. Viele haben in den meisten Fällen nur Verachtung für solche „Spinnereien" wie Psychologie übrig. Wenn man dann einem heftig um das alleinseligmachende Vorgehensmodell streitenden Team erklärt, sie befänden sich in einem normalen und psychologisch bereits erkannten Prozeß, dann ist wirklich „der Teufel los".
Wann tritt die Frustphase ein? Einen genau bestimmbaren Zeitpunkt gibt es nicht. Bei sehr lang angelegten Projekten kann es nach dem zweiten oder dritten Monat anfangen, daß die ersten Reibereien und Unzufriedenheiten sich bemerkbar machen. Wenn das Projekt etwa sechs Wochen dauern soll, beginnt der Frust noch innerhalb der ersten Woche.

4.6. Die Organisierphase

Nach einiger Zeit glätten sich wieder die Wogen der Frustphase. Die Mitarbeiter sind zwar nicht euphorisch oder begeistert, aber auch nicht mehr ablehnend oder enttäuscht. Man findet sich mit der Realität der Projektaufgabe und des Umfeldes mehr oder weniger zufrieden ab. Es ist, wie es ist, und Beklagen bringt nichts. Gleichzeitig haben sich die Personen aneinander gewöhnt. Jeder weiß nun, wie der andere reagiert, welche Meinungen von wem vertreten werden, wer mit wem „gut kann" und wer sich eher nicht so gut versteht. Es tritt auch eine gewisse Streitmüdigkeit auf. Man möchte jetzt endlich mit der Arbeit weiterkommen und nicht immer nur in heftigen Debatten Standpunkte vertreten, die letztlich doch nicht weiterbringen. Die allgemeine Stimmung im Team ist noch nicht ausgesprochen gut, aber doch friedfertiger als vorher. Man sagt: „Das Team hat sich zusammengerauft."

Das Verhalten der Gruppenmitglieder ist geprägt durch:

– Abfinden mit den realen Gegebenheiten.
Man verzichtet weitgehend auf Erörterungen darüber, wie es sein sollte, sondern konzentriert sich zunehmend auf die Frage: Wie können wir in diesem Umfeld mit den uns zur Verfügung stehenden Ressourcen die Projektaufgabe in den Griff bekommen?

– Die Personen werden miteinander vertrauter.
Die Rollenbildung im Team ist weitgehend abgeschlossen. Man kennt den „Wortführer", den „Clown", den „Bürokraten" etc. (siehe nächstes Kapitel). Man weiß, wie man sich gegenseitig zu nehmen und wie man gelegentliche Bemerkungen der Kollegen zu verstehen hat. Ironie oder Zynismus werden als solche verstanden und führen nicht mehr, wie noch in der Frustphase, zu persönlichen Verletztheiten. Jeder kennt die eigene Position im Team und die der anderen. Man sagt auch: „Die Hackordnung ist geklärt."

– Die Führung steht fest.
Auch die Rolle des Projektleiters ist klar. Man weiß jetzt, wie „hart" oder „weich" er innerhalb des Teams oder nach außen auftritt. Man kann nun einschätzen, wie genau man seinen Anweisungen folgen muß und wo seine „Schmerzgrenze" ist. Es hat sich jetzt auch entschieden, ob der Leiter des Projektes fachlich und menschlich „für voll genommen" wird. Es kann sein, daß sich aus dem Team heraus eine Person zum „inoffiziellen Führer" entwickelt hat, die als stärker und wichtiger wahrgenommen wird als der offizielle Projektleiter. Innerlich hat jedes Mitglied des Teams auch für sich entschieden: Will ich mit diesem Projektleiter arbeiten oder nicht? Wer nicht mit ihm arbeiten will, aber nicht die Möglichkeit hat, das Team zu verlassen, fängt jetzt vielleicht stille Störmanöver an. Es kann nun auch zu unguten Cliquen kommen, die einem internen „Rebellen" folgen.

– Das Wir-Gefühl bildet sich.
Die Gruppe empfindet sich inzwischen als eigenen Organismus innerhalb des Unternehmens. Man grenzt sich deutlich ab: Wir

vom Projekt und die anderen, die nicht zu uns gehören. Zum Teil werden jetzt innerhalb des Teams Spitznamen vergeben, die gelegentlich mit der Rolle einer Person zu tun haben. Beispiel: „Herr Doktor" für den Kollegen, der in Meetings stets auf besonders klugen Standpunkten steht. In einigen Projekten kann man sogar erkennen, daß sich in dieser Zeit gleiche Verhaltensmuster herausbilden. Gemeinsame Spielregeln entwickeln sich, und sogar der Kleidungsstil wird bei langfristigen Projekten ähnlich.

– Das Team kann zunehmend allein arbeiten.
Die Bedeutung des Projektleiters als Orientierungspunkt nimmt ab. Das Team weiß selbst, was zu tun ist und wie vorgegangen werden muß.

Der Projektleiter sollte während der Organisierphase auf nachträgliche Analyse und psychologische Bearbeitung der Reibereien der Frustphase verzichten. Jede gruppendynamische Nabelschau könnte die alten Ärgerlichkeiten wieder ans Licht holen. Das Team will jetzt sachlich an der Projektaufgabe arbeiten und dabei auch endlich sichtbare Erfolge erreichen. Der ganze „Psychokram" der Frustphase sollte möglichst beiseite gelassen werden.
Man sollte als Projektleiter jedoch besonders in dieser Phase darauf achten, daß das wachsende Wir-Gefühl nicht zu einer Bunkermentalität degeneriert: Wir guten Menschen vom Projekt gegen den feindlichen Rest der Welt.
Statt dessen sollte man jetzt Außenkontakte fördern. Das kann sein: Besprechungen mit den zukünftigen Nutznießern des Projektes, mit der Geschäftsleitung etc. Das kann auch sein: Präsentationen der ersten Ergebnisse.

Für den Projektleiter, der jetzt erkennt, daß er noch immer gegen das Team arbeitet, stellt sich die Frage: Habe ich überhaupt noch eine Chance, hier als Leiter der Gruppe anerkannt zu werden? Wenn das Team eine geschlossene Einheit ist, die den Projektleiter als Außenseiter draußen stehen läßt, dann stehen die Chancen für den Projektleiter schlecht. Leider bemerken besonders in sehr technisch orientierten Projekten etliche der Projektleiter dieses Problem zunächst gar nicht. Sie haben sich längst zu intensiver Sacharbeit zurückgezogen und führen dort ein „Autistenleben". Wie lange das gutgeht, ist die Frage.

4.7. *Jetzt geht es los.*

Wenn sich die Gruppe zu einem Team mit akzeptierten Vorgehens- und Verhaltensregeln organisiert hat, kann die eigentliche Arbeit an der fachlichen Aufgabe reibungslos vonstatten gehen. Man spricht jetzt von der Routine-, Produktions- oder Arbeitsphase. Diese Phase ist natürlich die längste. Sie schließt sich fast unmerklich an die Organisier- oder Akzeptanzphase an.

Das Verhalten der Gruppenmitglieder ist geprägt durch:

– Selbständigkeit
Jetzt ist das Vorgehen zweifelsfrei klar. Jedes Mitglied der Gruppe kennt die eigenen Aufgaben und die der anderen. Der Einzelne im Team weiß, wo er Hilfe bekommen kann und wer von den anderen Hilfe braucht. Der Projektleiter ist in seiner Rolle als Führungskraft weniger wichtig. Die Gruppe führt sich jetzt weitgehend selbst.

– Kollegialität
Die Mitarbeiter haben trotz aller Gegensätze füreinander Sympathie entwickelt. Man kennt sich und ist bereit, die Schwächen und „Macken" im Charakter der anderen zu ertragen. Im Team hat sich das Gefühl der Solidarität entwickelt. Man läßt sich gegenseitig nicht im Stich bei fachlichen Problemen und berät sich zum Teil auch in privaten Angelegenheiten.

– Selbstbewußtsein als Team
Nach außen hat die Gruppe einen gewissen Stolz auf die eigene Leistung entwickelt. Die ersten Arbeitsergebnisse sind entstanden und auch im Unternehmen und bei den zukünftigen Benutzern vorgeführt worden. Das Team verlangt nun gewisse Rechte für sich. Es möchte zum Beispiel von den offiziellen Arbeitszeitregelungen ausgenommen werden oder ein Budget für Teamabende oder ein Forum für die bessere Außendarstellung... Es kann sich um recht verschiedene Dinge handeln, die das Team für sich verlangt. Auf jeden Fall will man als Gruppe eine „Gegenleistung" von der Unternehmensleitung für die bisherigen Erfolge sehen. Vom Projektleiter wird erwartet, daß er seinem Team die zustehende „Belohnung" beschafft.

– Erfolgserwartung
Tatsächlich ist das Team inzwischen davon fest überzeugt, daß

das Projekt erfolgreich sein wird. Auch wenn bereits klar ist, daß die Termine nicht gehalten werden können oder daß einige der Ziele nicht erreicht werden, geht man davon aus, daß eine gute und nützliche Leistung entsteht. Man solidarisiert sich nicht mehr nur mit den anderen Mitgliedern des Teams, sondern identifiziert sich auch auch mit dem gemeinsam geschaffenen Ergebnis.

Der Projektleiter ist jetzt von den Führungsaufgaben stark entlastet. Er kann sich wieder mehr an den fachlichen Aufgaben beteiligen. Auf keinen Fall sollte er sich ganz in die Sacharbeit zurückziehen. Er hat noch immer das Projekt zu führen, den Fortschritt der Arbeit und die Qualität zu kontrollieren, bei Engpässen und Problemen einzugreifen und die Akzeptanz des Projektproduktes zu sichern. Im Unternehmen muß er die Interessen des Teams vertreten und für die Anerkennung der Leistungen sorgen. Mitarbeiter reagieren sehr empfindlich darauf, wenn sie den Eindruck bekommen, man bemerke ihr Engagement nicht. Besonders fatal für zukünftige Projekte wäre es, wenn der Projektleiter versuchen sollte, sich selbst mit den Leistungen des Teams zu brüsten.

Eventuell müssen nachträglich neue Mitglieder in das Projekt aufgenommen werden. Dann hat der Projektleiter dafür zu sorgen, daß diese „Nachkömmlinge" möglichst schnell ihren Platz in der Gruppe finden. Grundsätzlich ist zu beachten, daß jede personelle Veränderung eines Teams wieder zu einer leichten Irritation führen kann. Es kommt zu einer gewissen Schnupperphase und eventuell zu einer leichten Frustphase. Das neue Mitglied muß seine Rolle und seine Position in der „Hackordnung" finden. Wenn zum Beispiel ein neuer Spezialist hinzugezogen wird, weil man sich von dieser Person etwas an Wissen oder Leistung erhofft, was die Gruppe bisher nicht geleistet hat, kann es zu mehr oder weniger deutlichen Ablehnungen und Ausgrenzungen führen. Die bisherigen Mitglieder des Teams sind vielleicht eifersüchtig auf das neue Mitglied. Wenn zum Beispiel wegen Terminschwierigkeiten das Team um weitere Kräfte vergrößert wird, sollte man auch nicht unbedingt damit rechnen, daß die Stammbesatzung des Projektes dankbar für die Hilfe ist. Die vielen Fragen der sich einarbeitenden Neuen nerven und stören die anderen, man paßt auf, daß von den Neuen keiner die attraktivsten Aufgaben wegschnappt...

Wenn es geht, sollte ein Team während des Projektverlaufs möglichst stabil bleiben. Wenn personelle Veränderungen notwendig sind, muß der Projektleiter daran denken, daß gruppendynamische Prozesse seine Aufmerksamkeit als Führungskraft erforderlich machen.

5. Die Struktur des Projektteams

5.1. Jeder hat eine eigene Rolle.

In einem Projekt müssen Aufgaben erledigt und Lösungen entwickelt werden. Die Mitglieder des Teams werden häufig nach zwei Kriterien ausgewählt: Wer ist fachlich für die Aufgaben geeignet? Und: Wer hat Zeit, im Projekt mitzuwirken? Weniger wird darüber nachgedacht: Wer paßt von seiner Persönlichkeit her ins Team?

Die Mitarbeiter hingegen interessieren sich sehr wohl dafür, mit wem sie zusammenarbeiten sollen und wer welche Aufgaben und welche Verantwortungen zugewiesen bekommt. Jede Person für sich möchte interessante Arbeiten erledigen, persönliche Erfolgsmöglichkeiten haben und im Team unter sympathischen Kollegen als gleichwertiges Mitglied anerkannt werden. Viele Teammitglieder tragen in sich zum Teil widerstrebende Bedürfnisse:
- Ich möchte, daß die anderen mich so nehmen, wie ich bin.
- Ich will nicht auffallen.
- Ich möchte etwas Besonderes leisten und aus der allgemeinen Gruppe herausragen.
- Ich verlange, daß der Projektleiter uns alle gleich und gerecht behandelt.
- Ich möchte, daß der Projektleiter mich speziell anerkennt.
- Ich will mit den anderen gemeinsam arbeiten.
- Ich lasse mir von niemandem in meine Arbeit hineinreden.
- Ich möchte, daß wir uns alle gut verstehen.
- Manche der Kollegen mag ich nicht.

Diese widerstrebenden Bedürfnisse werden zwar nicht immer offen ausgesprochen, lassen sich jedoch oft recht schnell aus den Äußerungen in Gesprächen heraushören. Worauf soll die Führungskraft reagieren? Wenn das eine Bedürfnis erfüllt wird, kann dadurch automatisch das andere verletzt werden.
Obwohl Führungskräfte immer wieder von dem Bestreben geprägt sind, „gerecht" zu sein und alle Mitarbeiter gleich behandeln zu wollen, wissen sie doch, daß das gar nicht geht. Abgesehen davon, daß einem nicht jeder andere Mensch gleich sympathisch ist, verhält sich auch nicht jeder Mitarbeiter gleich. Manche

können sehr selbständig arbeiten, andere nicht. Manche behalten die großen Ziele und die gesetzten Prioritäten im Auge, andere verlieren sich in Details und widmen sich den Dingen, die ihnen persönlich wichtig erscheinen. Manche sind verträglich und ordnen sich sozial gut in die Gruppe ein, andere neigen eher zu rivalisierendem Verhalten und fordern immer wieder Streit und Auseinandersetzungen heraus.

Die Individuen sind zu verschieden, als daß man sie alle über einen Kamm scheren könnte. Zunächst mögen die Mitarbeiter noch ein vergleichsweise ähnliches Verhalten zeigen. In der Schnupperphase hält sich noch jeder zurück und beobachtet die anderen. Aber schon bald zeigen sich die individuellen Unterschiede.

Zur Standardbesetzung im „Panoptikum" eines jeden Projektes und auch einer jeden anderen Organisationseinheit gehören:

– Der Chefnörgler
Er sieht sofort, wo wieder etwas falsch entschieden oder organisiert oder getan wurde. Er kann auch gleich sagen, wie es bei anderen Projekten viel besser geregelt wurde.

– Die Stimmungskanone
Er möchte unbedingt ein gutes Betriebsklima. Dazu fällt ihm immer eine Überraschung für die anderen ein. Schlechte Laune, Nachdenklichkeit oder ganz einfach ruhige Konzentration müssen schnell durch lustige Einfälle in Heiterkeit verwandelt werden. Am liebsten würde die Stimmungskanone jede Woche ein Fest mit der ganzen Gruppe feiern. Mindestens gibt es immer mal wieder einen Anlaß für eine Runde Bier oder Kuchen.

– Das Organisationstalent
Er kennt jeden und weiß immer, wo man was bekommen kann. Das Organisationstalent kann von einer Stunde zur anderen Räume reservieren, PCs beschaffen, die Chefin der Kantine zum Servieren von Extrakaffee veranlassen und dem Management ein Budget für Sonderausgaben abringen. Ohne das Organisationstalent säße das Team bei manchen Pannen und Engpässen ganz schön hilflos da.

– Der Bürokrat
Er ist meistens schon seit vielen Jahren in der Firma und „kennt den Laden". In seinem Leben hat er schon häufig die negative Er-

fahrungen gemacht, wie man von Managern hereingelegt wird,
wenn man nicht alles schriftlich hat und genau nachweisen kann.
Dem Projektleiter gegenüber verhält sich der Bürokrat zwar loy-
al, läßt aber immer wieder durchblicken, daß er sich für zukünftige Fälle abgesichert hat. Sollte der Projektleiter oder das Management jemals auf die Idee kommen, ihm irgendeinen Vorwurf zu
machen, so kann er die schriftliche Beweisführung auf der Stelle
in Angriff nehmen. Er arbeitet korrekt und kann das beweisen.
Da sich der Bürokratismus auch auf die Arbeit des gesamten
Teams beziehen kann, sorgt der Bürokrat im Projekt mit seiner
sauberen Ablage und den korrekten Dokumentationen auch im
Interesse der Gruppe. Er hat genau geregelt, wann welche Res-
source zugesagt wurde und wer für Probleme zur Verantwortung
zu ziehen ist. Ganz besonders bei Mißverständnissen zwischen
dem Team und der Unternehmensleitung greift man gerne auf die
Unterlagen des Bürokraten zurück.

– Der Clown
Ihm fällt stets zu jedem Satz, zu jeder Situation und zu jedem
Problem ein Spruch ein. Nichts kann ernsthaft besprochen werden. Zu allem läßt sich etwas sagen, was sofortiges Gelächter nach
sich zieht. Sollte jemand sich durch das ständige Unterbrechen
der Denkprozesse und der sachlichen Diskussionen genervt fühlen, dann kontert der Clown: „Man wird doch wohl noch mal einen Spaß machen dürfen. Oder ist das hier ein Begräbnis?"

– Der Seelenhirte
Mit therapeutischer Geduld nimmt sich der Hirte der anderen an.
Er kümmert sich um die Einsamen, tröstet die Getadelten und er-
muntert die, denen die Aufgabe unklar und der Zusammenhang
zu schwierig ist. Niemand bleibt mit seinem Kummer allein. Der
Seelenhirte steht den Problemfällen bei und führt diejenigen zusammen, die seiner Meinung nach einander ergänzen und helfen
können.

– Der Welterfahrene
Er kennt alles, weiß alles und war schon überall. Obwohl der
Welterfahrene nicht selten zu den eher jüngeren Mitgliedern des
Teams gehört und oft sogar erst zum ersten Mal bei einem Pro-
jekt dabei ist, kann er aus einem reichen Schatz an angeblich eige-
ner Erfahrung zu allem etwas sagen. Wenn man dem Welterfahre-

nen zuhört, möchte man meinen, daß er mindestens hundert-
zwanzig Jahre alt ist. Was er weiß, kann und schon einmal erlebt
hat, stellt alles in den Schatten, was die Kollegen in ihrem Leben
bisher erfahren haben.

– Der Intellektuelle
Er erkennt bei jedem Vorschlag und jeder Idee der anderen sofort
die Denkfehler und die noch nicht ausgereiften Annahmen. Mit
akribischer Genauigkeit legt er sogleich auseinander, warum das,
was andere sagen, so nicht stimmen kann oder zu pauschal betrachtet ist oder nicht den neuen wissenschaftlichen Erkenntnis-
sen entspricht. Der Intellektuelle läßt sich nicht von der Realität
oder von Sachzwängen beeindrucken. Er vertraut lieber auf
Theorien und Lehrmeinungen der Wissenschaft, auf Fachbücher
und die bekanntesten Professoren. Dem Intellektuellen gelingt es
zwar immer, aus einer kurzen Besprechung ein endloses Meeting
zu machen. Es gelingt ihm jedoch fast nie, den Kollegen verständlich zu machen, warum seine klugen Erörterungen wichtiger sind
als das pragmatische Erreichen von realistischer Ziele.

Wie gesagt sind diese Rollen in einer Arbeitsgruppe hier sehr
überzeichnet. Trotzdem lassen sich sehr wohl bestimmte Neigungen zu bestimmten Verhaltensweisen immer wieder in ähnlicher
Form feststellen. Wer bereits häufiger Projekte geleitet hat, kennt
das Phänomen. In einem gut eingespielten und weitgehend konfliktfreien Team akzeptieren die Mitglieder sich untereinander
mit ihren Rollen. Sie ergänzen sich gegenseitig und gleichen so individuelle Stärken und Schwächen aus.

Es kommt fast nie zu identischen Rollen innerhalb eines Teams.
Die Rollen bilden sich vielmehr automatisch entsprechend den
Funktionen und Verhaltensmustern, die der Gruppe noch fehlen.
So kann es zum Beispiel sein, daß eine bestimmte Person in einem
Projekt „den Bürokraten macht" und in einem anderen auf diese
Rolle verzichtet, weil es dort bereits einen solchen gibt. Auf der
anderen Seite kann man feststellen, daß die einzelnen Personen
nicht jede beliebige Rolle gleich gut ausfüllen können. Es gibt
Menschen, die können grundsätzlich niemals Bürokraten sein,
weil ihnen das entsprechende Verhalten einfach nicht liegt. Es gibt
aber auch Menschen, die stets als Welterfahrene auftreten, weil es
ihre Standardrolle ist. Sollten sie zum Beispiel in einer Gruppe auf

einen anderen Welterfahrenen treffen, verzichten sie nicht etwa
auf die bereits besetzte Rolle, sondern beginnen einen Wettstreit.

In einem gesunden Team ergänzen sich die Rollen. Wenn man jedoch ein Team hat mit Personen, die starr in ihrem persönlichen
Verhaltensmuster festgefahren sind, dann kann es zu Konflikten
oder zu Stillstand oder zu anderen Problemen kommen.

Beispiele: Die Betriebsnudeln verwandeln das Projekt in einen
gemütlichen Feierclub.

Die Intellektuellen verbeißen sich in absurde und akademische
Nutzlosdiskussionen auf geistig hohem Niveau und ohne jede
praktische Konsequenz.

Die Seelenhirten vertreiben sich die Zeit mit psychosozialen Pro-
blembesprechungen und Spekulationen über eigene und fremde
Gefühle, Empfindungen und Befindlichkeiten.

Die Clowns verwandeln das Projekt in einen Firmenzirkus und
denken sich ständig neue Streiche aus.

5.2. Aufgaben und Funktionen im Team

Die Prozesse der Rollenbildung, die wir in jedem Team beobachten, basieren nicht nur auf den „Persönlichkeitstypen" der Menschen, die sich zu einer Gruppe zusammenfinden. Sie entstehen
auch durch die Art der Aufgaben, die für das gemeinsame Ergebnis und für den Zusammenhalt der Gruppe zu bewältigen sind.

Die Funktionen, die eine Gruppe für ihren Zusammenhalt und
für das gemeinsame Ergebnis braucht, lassen sich in drei Bereiche
einteilen:

Aufgabenorientierte Funktionen
Arbeitsprozesse müssen in Gang gebracht werden. Informationen
sind zu beschaffen. Probleme sind zu klären. Konzepte für die
Vorgehensweise und für die Struktur des Ergebnisses sind zu entwickeln. Die Mitglieder der Gruppe richten ihr Augenmerk auf
die zu lösende Aufgabe, auf das fachliche Problem des Projektes.
Man versucht, möglichst qualifiziert zu einem guten Projektprodukt zu kommen.

Selbstorientierte Funktionen
Notfalls auf Kosten des Erfolgs der Kollegen sollen persönliche
Vorteile erreicht werden. Man will dominieren, die eigene Mei-

nung durchsetzen und sich selbst als Problemlöser oder besten Mitarbeiter herausstellen. Oder man will sogar Macht in der Gruppe erringen, man will eine inoffizielle Führungsrolle, die möglichst eines Tages sogar zu einer offiziellen werden soll. Das Interesse am eigenen Vorteil kann kollidieren mit der Notwendigkeit, die eigene Person im Interesse der Gemeinschaft zurückzustellen. Im Grunde versteht sich jedes Individuum auch als Konkurrent der anderen oder sieht die anderen als Konkurrenten. Bei allem Gerede von Teamorientierung weiß jeder einzelne dennoch, daß letztlich Beförderungen, Gehaltserhöhungen, Belobigungen etc. später nur einzelnen Personen zuteil werden. Dann möchte man nicht Zuschauer sein, wenn die anderen Vorteile erhalten. Also muß jede einzelne Person auch dafür sorgen, daß sie selbst „gut dasteht" und nicht „in der Masse untergeht". Somit ist Teamorientierung das, was wir zur Schau stellen und die Verfolgung eigener Interessen das, was wir klugerweise leben.

Interaktionsorientierte Funktionen
Es besteht Interesse an der Gemeinschaft. Man möchte zur Gruppe gehören und mit den anderen gut auskommen. Einzelgänger sollen mit einbezogen werden. Man möchte im Unternehmen als gutes und erfolgreiches Team angesehen sein. Die Gruppe gibt Geborgenheit und ermöglicht soziale Kontakte. Die Individuen sind aneinander interessiert. Sie helfen sich gegenseitig und gleichen verschiedene Meinungen und unterschiedliche Arbeitsweisen untereinander aus. Man hört aufeinander und läßt sich von den Ideen der Kollegen anregen.

Am leichtesten zu erkennen sind die aufgabenorientierten Funktionen. Sie beziehen sich auf die Erledigung der Arbeit. Die interaktionsorientierten Funktionen bezeichnen die Verhaltensweisen, die die Beziehungen der Gruppenmitglieder untereinander beeinflussen. Die Gruppe als solche muß möglichst schnell arbeitsfähig werden und während des gesamten Projektverlaufs mit möglichst wenig Reibungsverlusten auch arbeitsfähig und motiviert bleiben.

Zu den aufgabenorientierten Funktionen gehören:
- Informationen beschaffen und verfügbar machen. Vorschläge, Ideen, Erfahrungen werden innerhalb und außerhalb des Teams gesammelt.

– Meinungen erkunden
Hier geht es darum, die individuellen Wünsche, Ansichten und
Einstellungen zu den gesammelten Fakten zu erkunden.

– Beraten und vereinbaren
Man berät sich im Team untereinander, wie eine optimale Lösung
gefunden werden kann. Man bespricht mit den zukünftigen Nutznießern des Projektergebnisses und mit Experten die zur Verfügung stehenden Lösungsmöglichkeiten.

– Ausarbeiten und entwickeln
Das Problem wird bearbeitet. Das Projektprodukt wird herge-
stellt, getestet und dokumentiert. Es entsteht eine gemeinsame
Problemlösung.

– Koordinieren
Die verschiedenen Aktivitäten des Projektes und die verschiedenen Aufgabenbereiche werden auf das gemeinsame Ziel hin koordiniert. Man gleicht in den verschiedenen Teilprojekten unterschiedliche Entwicklungsstufen aus. Wie bei einem Mosaik sind
die einzelnen Komponenten so zusammenzufügen, daß eine stimmige Gesamtlösung entsteht.

– Präsentieren
Das Produkt und auch das Projekt müssen immer um ihre Akzeptanz im Unternehmen ringen. Die Benutzer müssen vorbereitet werden auf die spätere Anwendung. Vom Management sind
weitere Ressourcen freizugeben. Die Zusammenarbeit mit anderen Teams und Abteilungen muß, wo es Berührungspunkte gibt,
möglichst gut laufen. Das kann nur dann optimal geregelt werden,
wenn das Projekt und sein Ergebnis im Unternehmen einen „guten Ruf" haben.

Diese aufgabenorientierten Verhaltensweisen führen direkt auf
das Projektergebnis hin. Wer diese Aufgaben wahrnimmt, hat die
Befriedigung, greifbare Ergebnisse zu produzieren.
Aber diese Funktionen reichen nicht aus. Wer bereits Projekte geleitet hat weiß, daß die größten Schwierigkeiten darin liegen, daß
die betroffenen und beteiligten Personen miteinander Probleme
haben, daß einzelne Personen sich vielleicht zu individuell an
ihren eigenen Interessen orientieren, daß Reibereien zwischen
den Menschen den Fortgang der Arbeit behindern, daß unter-

schiedliche Auffassungen über die einzig richtige Lösungsmöglichkeit zu Endlosdiskussionen und zu Streit führen können. Es ist einfach so: „Projekte scheitern nicht an Technik, sondern an Menschen." (Tom DeMarco)

Besonders in sehr technikorientierten Projekten kann man oft feststellen, daß die Aufgabenbezogenheit über- und die Interaktionsbezogenheit unterbewertet wird. Man stellt ein Team von Personen zusammen, die alle fachlich orientiert sind, die viel wissen und mit den technischen Komponenten gut umgehen können. Nun hat gerade die Technik eine hohe Anziehungskraft für Menschen, die eher fachlich als sozial orientiert sind. Man tüftelt vor dem Bildschirm sitzend vor sich hin, optimiert hier und experimentiert dort, versucht herauszufinden, was man aus dem Rechner noch alles herausholen kann und tauscht sich in Gesprächen mit Kollegen – falls es überhaupt zu Gesprächen kommt – auch nur über die Programme, Systeme, Module, Maschinen etc. aus. Anerkennung bei den Kollegen findet derjenige, der möglichst viel über die technischen Zusammenhänge weiß, der fachlich mitreden kann. Ein Kollege, der motivierend wirkt, der bei Auseinandersetzungen harmonisierend wirkt, der das Team nach außen gut darstellen kann, der wird viel weniger anerkannt. Und dann wundert man sich, daß es speziell in technikorientierten Projekten so schwierig ist, aus der Zusammenstellung von hochqualifizierten Spezialisten ein gemeinsam funktionierendes Team zu bilden.

Zu den von Technokraten so oft unterschätzten interaktionsorientierten Verhaltensweisen gehören:

– Ermutigung der anderen
Freundlich sein, Hilfe leisten, sich gegenseitig loben, sich gegenseitig fördern, Konkurrenzdenken abbauen.

– Sich Raum geben
Nicht nur die eigenen Beiträge hervorheben, sondern auch den anderen Chancen zur persönlichen Darstellung ermöglichen.

– Regeln bilden
Spielregeln des Umgangs miteinander entwickeln, die von Kollegialität und nicht von Rivalität geprägt sind. Ebenso sind Spielregeln im positiven Umgang mit Außenstehenden zu entwickeln. Der gemeinsame Arbeitsstil muß sich ebenfalls aus dem Team heraus bilden.

– Vermitteln und Harmonisieren
Wo Individuen miteinander arbeiten, kommt es immer wieder zu
unterschiedlichen Meinungen und Sichtweisen. Auch Reibereien
und Fehlverhalten unter Streß und schlechter Laune lassen sich
nicht immer vermeiden. Fast nie ist es dann sinnvoll, „Schuldige"
festzustellen und zu bestrafen. Es ist vielmehr sinnvoller, in solchen Fällen vermittelnd und schlichtend zu wirken.

5.3. Aufgabenorientierte Teamtypen im Projekt

Zunächst sei noch einmal darauf hingewiesen, daß an dieser Stelle eine psychologische Studie über die verschiedenen Menschentypen nicht möglich ist. Außerdem gehört die Psychologie zu
den Wissenschaften, die man nicht so einfach mit klaren Beweisen und eindeutigen Analysen untermauern kann. Da gibt es immer einen weiten Spielraum für Deutungen, Interpretationen
und unterschiedliche Auffassungen. Für uns als Laien reicht ein
psychologisches Grundverständnis. Die meisten von uns haben
eine gewisse Menschenkenntnis und längst ausreichend Erfahrung damit gemacht, daß man sehr wohl immer wieder ganz bestimmte „Menschentypen" wiedertrifft, die sich untereinander
irgendwie ähnlich sind. Niemand entspricht natürlich voll einem
bestimmten „Menschentypen". Im Grunde sind wir alle „Misch-
typen". Aber man kann trotzdem Tendenzen des Verhaltens beobachten.

Im Hinblick auf die oben beschriebenen aufgabenorientierten
Funktionen lassen sich in den meisten Projekten acht verschiedene „Typen" feststellen. Bei kleineren Gruppen kommt es nicht
selten zu Personalunionen, bei denen eine Person mehrere „Typen" in sich trägt. Es kann auch sein, daß eine Funktion so gut besetzt ist im Team, daß eine andere Person, die normalerweise diese Funktion übernommen hätte, innerhalb dieses Teams eine andere übernimmt. Trotzdem läßt sich oft feststellen, daß eine Person immer wieder die gleichen Verhaltensweisen zeigt. Das heißt
zum Beispiel: Wer im Projekt als Ideenschleuder wirkt, der beherrscht diese Rolle auch innerhalb seines Kegelclubs.

Die acht aufgabenorientierten „Teamtypen" sind:

1. Der Sammler

Es gibt Menschen, die mit großer Findigkeit Informationen beschaffen, ordnen und brauchbar machen können. Dazu gehört der Sammler. Für das Projekt schafft er alles an Wissen, Unterlagen und Materialien heran, was nur irgend benötigt werden könnte. Leider ist er nicht immer aus sich heraus kreativ. Zum Beispiel bestehen die Diplom- oder Doktorarbeiten eines Sammlers in erster Linie aus Zitaten und Literaturverweisen. So ähnlich sehen auch seine Beiträge im Projekt aus. Wenn ein Gutachten oder ein Handbuch zu schreiben ist, besorgt der Sammler aus seinem reichen Schatz an Quellen ein Gutachten oder ein Handbuch, das bereits zu einem ähnlichen Thema von jemand anderem oder von ihm selbst in einem anderen Projekt geschrieben wurde. Dadurch kann der Sammler sehr viel Zeit sparen. Nie käme es ihm in den Sinn, ein bereits erfundenes Rad neu zu erfinden. Da der Sammler in seiner Seele oft auch ein Hamster ist, kann man sich fast immer darauf verlassen, daß er auch alle Ergebnisse des aktuellen Projektes in allen Zwischenstadien kopiert und irgendwo ablegt. Insofern wird der Sammler auch zum Archivar. Das Lebensmotto des Sammlers scheint zu sein: „Wegwerfen kann man es notfalls immer noch. Erst einmal sollten wir es aufbewahren."

Innerhalb des Projektes sollte man dem Sammler die Chance geben, sich um die Dokumentationen, die Versionen und Zwischenergebnisse von Modulen etc. zu kümmern. Am Anfang des Projektes kann er auch sehr gut die notwendigen Arbeiten für Ist-, Soll-, Markt-, Bedarfsanalysen erledigen. Eine Gefahr ist möglicherweise, daß der Sammler in seinen Bergen an Unterlagen und an seinem Datenarchiv erstickt. Das Zusammentragen und Horten macht ihm nämlich mehr Spaß als das Aussortieren und Verwerten.

2. Die Ideenschleuder

Die Ideenschleuder sprüht nur so vor kreativen Geistesblitzen. Dadurch kommt zwar stets frischer Wind ins Projekt, aber es kann auch zu Chaos kommen. Man weiß nie genau, ob die vielen Ideen jemals in die Tat umgesetzt werden. Es liegt der Ideenschleuder nämlich nicht, sich mit Sorgfalt in Details zu versenken. Das kann zu flatterhaftem Stil führen. Die Ideenschleuder ist nicht für Routinearbeit geeignet. Man sollte sie weder programmieren lassen, noch mit Analysen beschäftigen. Der Ideenschleuder würde nach kurzer Zeit die Lust daran vergehen. Unter Zwang käme es dann nur zu Pfusch oder zu innerer Kündigung und beleidigtem Zurückziehen. Im Projekt ist die Ideenschleuder besonders in den Anfangsphasen gut zu gebrauchen. Sie stellt die bisherigen Traditionen auf den Kopf und bringt dadurch völlig neue Ansätze ins Projekt. Das ist sehr gut. Sobald das Projekt jedoch in die Planungs- und Realisierungsphase kommt, sollte man sich überlegen, ob man die Ideenschleuder nicht vielleicht wieder aus dem Projekt in ein neues Aufgabengebiet entläßt. Auf jeden Fall ist zu kontrollieren, daß nicht bereits fertige Ergebnisse durch die plötzlichen Eingebungen dieser Kreativitätsquelle wieder zunichte gemacht werden.

3. Der Stratege

Der Stratege ist häufig schon durch seine eigene Ausstrahlung eine beeindruckende Persönlichkeit. Er behält über allem technischen und sonstigen Kleinkram den Gesamtüberblick. Mit klarem Auge werden Prioritäten richtig erkannt und Schwerpunkte gesetzt. Der Stratege weiß, wo man im Interesse des Weiterkommens auch einmal „fünfe gerade sein lassen kann". Er wird niemals um Prinzipien streiten und Gesetze um ihrer selbst willen befolgen. Der Stratege wird stets fragen: „Dient es der Sache?" Wenn ja, dann ist es ihm recht. Dem Strategen ist es weitgehend zu verdanken, wenn tatsächlich zum vereinbarten Zeitpunkt das Produkt fertig wird.

Innerhalb des Projektes ist der Stratege besonders gut da einzusetzen, wo planerisch gedacht und gearbeitet werden muß. Der Stratege braucht immer auch eine Arena der Selbstdarstellung. Er mag nicht in der Stille vor dem Bildschirm anonym knipsen. Ihm bereitet es Spaß, vor Publikum zu präsentieren. Da er das gut kann, sollte man ihm möglichst die Aufgaben überlassen, die mit der Public Relation des Projektes zu tun haben.

Eifersüchtige Projektleiter, die einem Strategen „Bescheidenheit" anerziehen wollen und ihn in langweilige Routinearbeiten zwingen, müssen sich nicht wundern, wenn Pfusch und sogar geschickte Sabotage das Ergebnis sind.

4. Der Prototyper

Der Prototyper kann wunderbare Dinge erfinden, bis zur Perfektion entwickeln und dann hinter sich lassen. Verglichen mit einem Schauspieler könnte man sagen: Der Prototyper macht eine sehr gute Premierenvorstellung und wird dann von mal zu mal schlechter. Vier Jahre die Hauptrolle im „Phantom der Oper" zu spielen, wäre einem Prototyper nicht möglich. Für das Projekt heißt es, daß man dem Prototyper die Aufgaben zuteilen sollte, die perfekt, aber möglichst nur einmal zu erledigen sind. Man darf bei diesem Menschen nicht davon ausgehen, daß mit zunehmender Erfahrung die Arbeit besser wird. Sie wird wegen Langeweile und Widerwillen eher schlechter. In Zusammenarbeit mit der Ideenschleuder ist der Prototyper ideal. Er nimmt die Ideen auf, prüft sie auf Brauchbarkeit, baut ein Modell und weist so die Nutzbarkeit nach. Für die notwendige Serienproduktion sollte man anschließend jedoch ein anderes Mitglied des Teams nehmen. Wie der Name schon sagt, sollte der Prototyper beispielsweise gemeinsam mit den Betroffenen den Prototypen eines Produktes erstellen. Durch seine lockere Art im Umgang mit der Technik findet er – im Gegensatz zu den manchmal etwas zu verbissenen Detailisten – auch menschlich guten Kontakt zu Außenstehenden.

5. Das Kraftpaket

Diese Menschen strahlen eine unglaubliche Kraft und Dynamik aus. Man hat den Eindruck: Was die anpacken, geht entweder ganz kaputt oder funktioniert ab sofort. Wenn das Kraftpaket sich einmal für eine Sache oder eine Idee begeistert hat, setzt er sich voll ein und kann auch andere mitreißen. Mit großem Elan werden Ressourcen herbeigeschafft, Genehmigungen eingeholt und Ideen generiert. Widerstände und Probleme sind für das Kraftpaket eher ein Ansporn als eine Entmutigung. Das Kraftpaket wirkt erfrischend unakademisch und pragmatisch. Leider kann seine Umgangsweise mit anderen Menschen auch recht bullig wirken. Da er selbst nicht gerade ein sanftes Reh ist, geht er manchmal auch mit den anderen gröber um, als ihm selbst bewußt wird. Vor allem in Meetings und Besprechungen fühlen sich die anderen vom Kraftpaket manchmal wie plattgewalzt. Er spricht lauter als die anderen, bringt Dinge sofort auf den Punkt und will alles auf der Stelle entscheiden. Feinsinniges Hin und Her bei Für- und Widerdiskussionen liegen ihm nicht. Er will, daß man doch bitte schnell „zu Potte kommt". Das Kraftpaket ist der Motor, der die Sache voranbringt. Die ideale Ergänzung (oder auch in Personalunion) sind der Stratege und das Kraftpaket. Der eine sorgt für die gute Theorie und das Konzept, der andere schafft dazu die

Realitäten. Ein Kraftpaket braucht das Team. Dabei muß man akzeptieren, daß die anderen sich manchmal an der Dynamik reiben. Zwei Kraftpakete wirken leider oft nicht wie zwei Zugpferde. Sie ziehen eher den Karren in verschiedene Richtungen oder bekämpfen sich gegenseitig als Rivalen um die Macht.

6. Das Arbeitspferd

Das Arbeitspferd ist ein Macher. Ohne viele Worte wird in kurzer Zeit ein unglaublicher Berg an Arbeit weggeschafft. Das Arbeitspferd mag nicht gerne in Meetings über die Probleme reden. Viel lieber mag es in die Hände spucken und für die Probleme Lösungen bauen. Routine langweilt ihn nicht. Im Gegenteil, die Handgriffe oder Denkoperationen werden immer effizienter. Der Arbeitsstil des Arbeitspferdes ist unglaublich wirkungsvoll. So schnell kommt keiner voran. So fehlerfrei arbeitet auch keiner. Es ist, als ob Heinzelmännchen mit am Werke wären. Allerdings braucht das Arbeitspferd klare Regeln, saubere Vorgaben und stimmige Zielbeschreibungen. Es ist nicht seine Stärke, den Blick über den eigenen Schaffensbereich zu heben. Er macht seine Dinge – und nur diese – perfekt und schnell. Wenn man mehrere Arbeitspferde im Projekt hat (man sollte möglichst viele davon haben), dann muß jemand diese Menschen koordinieren. Sie bringen es sonst fertig, mit großer Kompetenz aneinander vorbeizuarbeiten. Da die Arbeitspferde so schnell und so fleißig sind, kann es passieren, daß Theoretiker und Plauderer und Faulpelze und Aufschieber sich darauf verlassen, daß bei Termindruck nach vertrödelter Zeit der Leiter des Projektes den Rest der Arbeit neu verteilt. Dann wird nicht etwa das Arbeitspferd dafür belohnt, daß es seine Ergebnisse fertig hat, es bekommt statt dessen die Arbeit der anderen auch noch aufgeladen. So entwickelt sich in manchem Projekt das Arbeitspferd schließlich zum Esel, dem alles aufgepackt wird.

In Zusammenarbeit mit Benutzern eines neuen Produktes ist das Arbeitspferd meistens nicht so gut geeignet. Die Diskussionen und Erklärungen und Fragen und nochmaligen Erklärungen gehen ihm auf die Nerven. Ein Mensch, der sich mit den technischen und fachlichen Zusammenhängen des Projektes nicht auskennt, steht dem Arbeitspferd im Wege und bekommt dessen Ungeduld deutlich zu spüren.

7. Der Detailist

Der Detailist liebt die Details und dabei ganz besonders diejenigen, für die sich außer ihm niemand interessiert. Das klingt zynisch, ist jedoch gar nicht so gemeint. Der Detailist vor allem im DV-Projekt (anders als zum Beispiel der Detailist in der Revision) sieht sich selbst als Angehörigen der geistigen Elite. Es hat auch mit seiner Eitelkeit zu tun, daß er stets den Dingen nachgeht, die den Wissensabstand zwischen ihm und den Kollegen noch erhöhen. Was alle wissen, ist dem Detailisten zu gewöhnlich. Mit Hingabe und unendlicher Geduld widmet er sich den speziellsten Fragen und Problemen der Technik. Er geht unklaren Systemreaktionen nach, tüftelt spitzfindige Lösungen aus, analysiert und testet bis weit über das notwendige Maß hinaus. Lästig sind redselige Detailisten. In der Lehre der Rhetorik gehört der Detailist zu den „Trancerednern". Er nimmt während des Redens die Personen, denen er etwas vorträgt, nicht mehr wahr. Er hört keine Zwischenfrage, sieht kein Gähnen und kein Grinsen. Er gibt sich selbst die notwendigen Stichwörter, die den langsamen, aber endlosen Fluß der Rede aus seinem Munde am Fließen hält. Der Detailist sollte möglichst gar keine Vorträge halten oder nach Ablauf der vorgesehenen Redezeit vom Rednerpult weggezogen werden. Ihm selbst wird in seiner Trance nicht bewußt, daß er überzieht, sich bereits mehrfach wiederholt hat und niemand ihm mehr zuhört. Der Detailist spricht auch während der Pausen nie über private Dinge, über Themen, die außerhalb seiner Welt liegen oder persönliche Beziehungen im Projekt betreffen. Da der Detailist bei der Arbeit kein Zeitgefühl hat und auch die Prioritäten aus den Augen verliert, muß er häufiger als andere kontrolliert werden. Dabei ist festzustellen, ob er noch die Dinge erledigt, die er tun soll und nicht etwa den Einfällen nachgeht, die ihm bei der Arbeit selbst in den Sinn gekommen sind. Die Kontrolle durch seinen Projektleiter erlebt der Detailist als Anmaßung.

Innerhalb des Projektes ist der Detailist für knibbelige und tüftelige Arbeiten, bei denen eine Person sich ganz allein sehr tief in die Thematik versenken muß, gut geeignet. Er sollte ein ruhiges Arbeitszimmer haben und im Laufe des Tages möglichst nicht gestört werden.

Von Zeit zu Zeit muß der Detailist über die Gesamtzusammenhänge des Projektes informiert werden. Das interessiert ihn zwar nicht, kann für seine Arbeit und für die Koordination des Teams jedoch wichtig sein.

8. Der Helfer

Der Helfer stabilisiert das Team. Er koordiniert die Einzelgänger, sorgt rechtzeitig dafür, daß die Ansprüche der Betroffenen festgestellt und dann auch berücksichtigt werden, achtet darauf, daß der Betriebsrat stets alle neuesten Informationen hat und daß nichts gemacht wird, was Ärger mit der Geschäftsleitung einbringen könnte. Der Helfer entwickelt ein besonders intensives Gefühl der Gruppensolidarität. Er wird schwache Teammitglieder unterstützen und bei Problemen mit Außenstehenden immer das Team verteidigen. Dabei vermeidet er unnötiges Schüren von Feindschaften zwischen Projekt und anderen Abteilungen. Der Helfer achtet darauf, daß auch unter Streß, Ärger und Zeitdruck die Normen und Spielregeln in fachlicher und in menschlicher Hinsicht eingehalten werden. Bei Verletzungen der Regeln geht es ihm nicht um die „Bestrafung" des „Übeltäters", sondern um die sofortige Wiederherstellung der geordneten Verhältnisse und um die Restaurierung des Regelbewußtseins bei allen Teammitgliedern. Für den Helfer sind nachträgliche Änderungen im Projektverlauf besonders schmerzlich. Er möchte am allerliebsten einmal erreichte Ziele oder Zustände oder Vereinbarungen möglichst gar nicht mehr verändern. Diese „Seßhaftigkeit" kann es dem Helfer auch schwer machen, in mehr als einem Projekt zur gleichen Zeit tätig zu sein oder nur hin und wieder zu Spezialthemen hinzugezogen zu werden. Wenn es geht, sollte der Helfer im Projektbüro an zentraler Stelle einen festen Schreibtisch für die gesamte Dauer des Projektes haben. Ganz unabhängig von seinen fachlichen Aufgaben wird es ihm nach kurzer Zeit gelingen, seinen Arbeitsplatz zur menschlichen Schaltzentrale zu machen. Hier treffen sich die Kaffeetrinker, die Plauderlustigen, die Raucher und alle, die mal wieder hören wollen, was so los ist innerhalb und außerhalb des Projektes. Es wäre falsch, dem Helfer eine Aufgabe zu geben, die ungestörtes und stilles Arbeiten notwendig machen würden. Viel besser kann er all das tun, was interne und externe Kontakte erforderlich macht.

Sie können sich die Mitglieder Ihres Teams vielleicht nicht immer aussuchen. Aber Sie können darauf achten, daß Sie die unterschiedlichen Menschen in ihren Eigenheiten, mit ihren Stärken und Schwächen möglichst optimal einsetzen. Und dann gilt: Ändern kann man keinen.

Versuchen Sie auch nicht, eine möglichst „homogene" Gruppe zusammenzustellen. Je unterschiedlicher die „Menschentypen" in Ihrem Projekt sind, desto stärker mögen die Reibereien der Frustphase auftreten, aber desto besser werden auf Dauer alle Rollen im Team besetzt. Wenn man zum Beispiel zu viele Strategen hat, hebt das Projekt ab und schwebt über den Wolken. Wenn man hingegen zu viele Detailisten hat, entwickelt sich das Projekt zu einem Forschungslabor, ohne jemals ein brauchbares Ergebnis zu produzieren. Die gesunde Mischung macht den Erfolg aus.
Vielleicht fragen Sie sich, wie Sie herausfinden können, welcher Ihrer Mitarbeiter zu welchem „Teamtyp" gehört. Theoretisch könnte man dazu Tests durchführen lassen. Aber das scheint mir eher ein unbrauchbares Mittel zu sein. Sie sollten auf Ihre Mitarbeiter achten, sie beobachten, mit ihnen sprechen und sie fragen, welche Aufgaben sie besonders gerne übernehmen würden. Sich für andere Menschen interessieren ist der wichtigste Schritt in Richtung Menschenkenntnis, und das kann man trainieren.

5.4. Der inoffizielle Führer, der Tüftler und der Beliebteste

Wie oben beschrieben, steht jede Projektgruppe in dem Spannungsfeld:

– Aufgaben, Ziele, Inhalte
Das ist der sachlich-fachliche Inhalt des Projektes.

– Individualität
Hier geht es um die Ich-Bezogenheit jeder einzelnen Person. Jedes Teammitglied will wissen: Wie trage ich persönlich zur Problemlösung bei? Und: Welche Rolle oder welche Wichtigkeit habe ich innerhalb der Gruppe? Und: Komme ich hier zu meinem Recht?

– Teamgeist
Hier geht es um das Wir der Gruppe. Die Personen reagieren aufeinander. Sie ergänzen sich in ihrem Verhalten. Die Gruppe wird schrittweise zu einer organischen Einheit.

Dieses Dreieck „Sache-Ich-Wir" findet sich auch wieder in einer ganz bestimmten Rollenbildung, die wir in Gruppen immer wieder finden. Es handelt sich um die drei Standardrollen, die eine Gruppe auch bei personellen Veränderungen instinktiv immer wieder besetzt. Wenn wir diese drei Standardrollen kennen, sehen wir oft auch, daß viele der anderen Rollen im Grunde "Abarten" oder Varianten der Standardrollen sind.

Bei einer Teamgröße von etwa sieben Personen erkennt man die Rollenbesetzung am deutlichsten. Bei kleineren Teams kann es zu Personalunionen kommen, so daß ein Mitglied in sich zwei Rollen vereinigt. Bei großen Teams bilden sich oft Cliquen mit eigenen Rollenstrukturen.

Das Projektteam

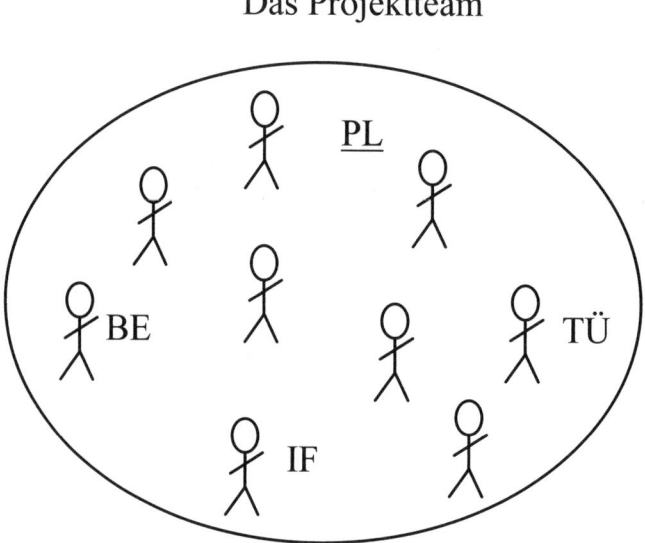

Abb. 5.1   Rollen im Projektteam

Man stelle sich ein Projektteam mit sieben Mitarbeitern vor. Ihnen wurde als offizieller Führer ein Projektleiter „vorgesetzt". Dieser ist mit mehr Macht, Status, Entscheidungskompetenzen etc. ausgestattet als die Mitarbeiter. Häufig hat der Projektleiter auch äußere Anzeichen seines „höheren Standes": Ein eigenes Büro, eine aufwendigere Möblierung etc. Auch wenn der Projektleiter sich sehr demokratisch gibt und auf die Zurschaustellung von Statussymbolen verzichtet, ändert das nichts an seiner „Überlegenheit". Er kann wählen, ob er seinen Status zur Schau stellen will oder nicht. Die Mitglieder des Teams haben diese Wahl nicht.

Wo es einen offiziellen Führer gibt, gibt es schon nach kurzer Zeit einen inoffiziellen Führer. Manchmal versuchen zwei oder mehr Mitglieder der Gruppe diese Rolle im Team zu ergattern. Wenn mehrere Personen sich um die Rolle des inoffiziellen Führers bemühen, kann es während der Frust- oder Nahkampfphase des Projektes zu heftigen Rangkämpfen dieser Aspiranten kommen. Gibt es im Team nur eine Person für diese Rolle, so ist damit zu rechnen, daß sie sich besonders während der ersten Meetings und Projektbesprechungen immer wieder exponiert. Sie meldet sich zu Wort, greift auch gelegentlich mehr oder weniger kämpferisch den offiziellen Führer – den Projektleiter – an. Als Projektleiter sollte man diese Angriffe nicht überbewerten. Es ist auch unklug, gegen den „Rebellen" zu kämpfen. Die Gruppe würde sich vermutlich sehr schnell mit diesem gegen den offiziellen Führer solidarisieren. Auch wenn die Angriffe sachlich begründet scheinen, geht es dem potentiellen inoffiziellen Führer instinktiv oft nur darum, vor den Kollegen und vor dem Projektleiter seine Macht, seine Durchsetzungsfähigkeit und seinen berechtigten Anspruch auf Wortführerschaft zu demonstrieren. Die Rolle des inoffiziellen Führers ist innerhalb der "Hackordnung" einer Gruppe die ranghöchste. Nur Personen, die mit dem Willen zur Führerschaft und mit natürlicher Autorität ausgestattet sind, können diese Position erringen. Die meisten Mitglieder der Gruppe legen gar keinen Wert auf eine solch exponierte Rolle. Sie suchen für sich eher Geborgenheit und Geselligkeit im Team. Allerdings werden sie sich nur dem inoffiziellen Führer unterordnen, der ihnen seine Überlegenheit demonstriert hat. Das geschieht im Wolfsrudel durch Rangeleien mit Kräftemessen und in der Projektsitzung durch rhetorisches Kräftemessen sowie durch verbale Angriffe gegen den offiziellen Führer.
Im Sprachgebrauch kennt man die Rolle des inoffiziellen Führers unter den Bezeichnungen „Platzhirsch", „Rädelsführer", „Meinungsbildner", „Trendsetter" etc. Es bezeichnet ein Mitglied der Gruppe, dem sich instinktiv die anderen unterordnen oder dessen Beispiel sie folgen.

Der Projektleiter sollte niemals gegen den inoffiziellen Führer kämpfen. Er sollte beobachten, wer sich in den Anfängen des Projektes in dieser Rolle durchsetzt. Eine geschickte Führungskraft läßt sich im Laufe der Zeit zunehmend in ihren Führungsaufgaben durch diese Person entlasten.

Wenn man nicht sicher ist, wer in einer Gruppe inoffizieller Führer ist, dann sollte man eine Weile darauf achten, wer durch seine Worte oder sein Verhalten am meisten Einfluß auf das Verhalten der anderen hat. Wenn zum Beispiel während eines Meetings einmal chaotisches Durcheinanderreden vorkommt, dann wird irgendwann ein Teilnehmer sagen: „Jetzt seid doch mal still!" Wenn dann tatsächlich Ruhe einkehrt, dann kam die Anweisung höchstwahrscheinlich vom inoffiziellen Führer. Wenn man die Gruppe genau beobachtet hat, hat man vielleicht festgestellt, daß vorher schon etliche andere Teilnehmer gesagt oder gezeigt haben, wie sehr das Chaos sie nervt. Aber niemand hat auf sie gehört. Dem inoffiziellen Führer gelingt es immer, sich Gehör zu verschaffen.

Als Projektleiter sollte man sich merken: Wer den inoffiziellen Führer gegen sich hat, der hat die ganze Gruppe gegen sich.

Eine andere Rolle, die sich im Team unweigerlich bildet, ist die des Beliebtesten. Das muß nicht unbedingt die Stimmungskanone sein. Es ist eine Person, die emotional von den anderen die meiste Zustimmung erfährt. Der Beliebteste wird häufig auch als „Herz" der Gruppe bezeichnet. Er sorgt für die menschliche Wärme, für das kollegiale Verhältnis untereinander. Bei Auseinandersetzungen und Konflikten versucht der Beliebteste immer den Interessenausgleich. Er ist es auch, der notfalls zwischen dem Projektleiter und dem Team vermittelt, der Mißverständnisse klärt, der die Außenseiter zu integrieren hilft. Der Beliebteste ist ein sehr sozial orientierter Mensch. Ihm geht es nicht um eigene Macht oder persönliche Interessen, sondern darum, daß sich alle wohlfühlen, daß keine schlechte Stimmung entsteht und daß auch die Kontakte nach außen möglichst erfreulich gestaltet sind.

Die dritte Rolle ist die des Tüftlers. Der Tüftler ist weder an persönlicher Macht noch am Wohlbefinden anderer interessiert. Ihm ist wichtig, daß die sachlichen Zusammenhänge stimmen. Der Tüftler kann leicht zum Außenseiter des Teams werden. Das wird ihn nicht unbedingt beunruhigen. Er ist häufig kein besonders geselliger Mensch, sitzt am liebsten möglichst ungestört am Arbeitsplatz und geht den Dingen auf den Grund. Dem Tüftler liegt der „Psychokram" nicht nur nicht, er bemerkt ihn oft gar nicht. Er weiß vielleicht nicht einmal, wer in der Gruppe der inoffizielle Führer oder der Beliebteste ist. Er weiß nur, wer von den Kollegen ihm intellektuell und fachlich gewachsen ist. Dem Tüftler des Teams werden manchmal Spitznamen gegeben wie: „Erbsensezierer", „Nippelvergolder", „Bedenkenträger", „Bit-Beißer", „Knipser", „Eierkopf".

Der inoffizielle Führer bringt die Gruppe weiter. Er wird oft als „Motor" des Teams bezeichnet. Der Beliebteste sorgt für die gute Zusammenarbeit. Er gilt als das „Herz" der Gruppe. Der Tüftler sorgt dafür, daß die Ergebnisse sachlich stimmen. Er ist das „Hirn" der Gruppe.

Wenn man sich nun noch einmal das Spannungsfeld eines Projektes anschaut: Der Tüftler steht für die Sache, die Ziele und die Inhalte. Der inoffizielle Führer steht für die Ich-Bezogenheit, die individuellen Bedürfnisse. Der Beliebteste steht für das Wir-Gefühl der Gruppe.

Durch personelle Veränderungen kann es in einem Projektteam zu nachträglichen Rollenverschiebungen kommen. Die bisherige Stimmungskanone kann zum Organisationstalent werden durch das Hinzukommen einer noch witzigeren Person. Der inoffizielle Führer kann durch den Eintritt einer noch beeindruckenderen Persönlichkeit „entmachtet" werden und sich zum Rädelsführer einer Clique entwickeln.
Jeder erfahrene Projektleiter weiß, daß personelle Veränderungen das Team immer zunächst wieder in eine gewisse Orientierungsund oft auch Frustphase führen können. Das Rollengefüge muß sich erst wieder zurechtrütteln. In manchen Unternehmen wäre es gut, wenn das Management endlich begreifen würde, daß ein erfolgreiches Projekt unbedingt ein möglichst stabiles Team braucht. Man darf nicht einfach Mitarbeiter abziehen, neue Leute hineinstecken und plötzlich das Personal auf- oder abbauen. Jede personelle Veränderung bringt dem Projektleiter und dem Team zunächst wieder neue Probleme und bremst den Fortschritt der Arbeit.

5.5. *Der inoffizielle Führer*

Den inoffiziellen Führer erkennt der Projektleiter meistens sehr früh. Schon in den ersten Meetings wird sich diese Person exponieren und echte oder spielerische Angriffe gegen den offiziellen Führer starten. Auf keinen Fall sollte der Projektleiter sich auf diese „Streitlust" einlassen. Am besten sollte man zu Anfang diese Angriffe weitgehend ignorieren. Es kann nämlich sehr gut sein, daß der Möchte-gern-inoffizielle-Führer schließlich gar nicht in seiner Rolle von der Gruppe anerkannt wird. Dann hätte man sich nutzlos in Wortgefechten mit einem Kampfhahn aufgerieben, der später sowieso in den unteren Rängen der Hackordnung verschwindet.

Als Projektleiter sollte man in Ruhe während der Orientierungs- und der Frustphase beobachten, wie sich die interne Gruppenhierarchie entwickelt. Der interne Kampf um die höchste Position in der Hackordnung findet immer nur zwischen "auffälligen" Mitgliedern der Gruppe statt. Die stillen Menschen wissen oder ahnen, daß sie sowieso nie die ganze Gruppe unter ihre Führung bekämen. Die stillen Mitarbeiter beobachten mit Interesse die Machtkämpfe der exponierten Mitglieder der Gruppe untereinander und mit dem offiziellen Führer. Sie werden nach einiger Zeit ein Sympathieurteil fällen. Auf die ihnen am sympathischsten wirkende starke Persönlichkeit werden sie später hören. Dazu gibt es eine Ausnahme!
Wenn der offizielle Führer (hier: der Projektleiter) den Mitgliedern der Gruppe unsympathisch ist, kann die Gruppe instinktiv einen besonders aggressiven und ebenfalls unsympathischen Kollegen zum inoffiziellen Führer machen. Dann spricht man vom „Rädelsführer". Die Gruppe sucht sich dann nicht die Person als Wortführer oder Meinungsbildner aus, die ihr gut gefällt, sondern die, der sie die Gemeinheit und die notwendige Kraft unterstellt, besonders erfolgreich den offiziellen Führer "abzusägen".
Als Unternehmensberaterin in verschiedensten Firmen konnte ich oft beobachten, daß sehr autoritäre und harte Führungskräfte genau der Nährboden sind, auf denen besonders fiese und bösartige Rädelsführer, Personalräte und sonstige Mitarbeitervertreter gedeihen. Etwas salopp kann man sagen: Jedem offiziellen Führer stellt die Gruppe instinktiv genau den inoffiziellen Führer entgegen, den dieser auch verdient hat.

Merke: Je freundlicher und partnerschaftlicher Sie sind, desto besser Ihre Chancen, daß das Team Ihnen keinen „Fersenbeißer" an die Füße hängt.

Erst wenn sich eine Person mit ihrer natürlichen Autorität so etabliert hat, daß die Gruppe dieser Person freiwillig – z.B. bei Meinungsbildungen, Aufforderungen zu bestimmtem Verhalten etc. – folgt, dann kann man davon ausgehen, daß die Rolle des inoffiziellen Führers besetzt ist.

Was nun?
Die erste Regel für jeden offiziellen Führer einer Gruppe ist: Gegen den inoffiziellen Führer kann man nicht arbeiten. Als Projektleiter sind Sie der Gruppe „vor die Nase gesetzt" worden. Den inoffiziellen Führer hat das Team sich selbst gewählt. Also wird im Zweifel dieser Person gegenüber die Solidarität größer sein. Als Projektleiter sollten Sie sich dem inoffiziellen Führer nicht unterordnen. Damit machen Sie sich lächerlich. Sie sollten sich jedoch unbedingt um eine gute Zusammenarbeit bemühen. Der inoffizielle Führer kann Ihnen durch seine natürliche Autorität sehr viel Arbeit im Hinblick auf Disziplin, Engagement, Teamorientierung und Termintreue abnehmen. Streitereien im Team und Auseinandersetzungen mit Außenstehenden bekommt er in den Griff. Seien Sie froh, wenn man Sie von diesen zeitraubenden und oft auch nervenden Führungsaufgaben entlastet.
Der inoffizielle Führer ist der Motor der Gruppe. Wenn diese Person sich mit den Projektzielen identifiziert, sind sie schon so gut wie erreicht.

Bedenken Sie jedoch auch, daß die stärkste Person der Hackordnung nicht nur machtbewußt ist. Sie legt fast immer auch Wert auf einen gewissen Status und auf öffentliche Anerkennung. Sie müssen dieser Person die Chance geben, sich auch selbst gelegentlich öffentlich darzustellen. Lassen Sie sie präsentieren, moderieren, verhandeln etc. Geben Sie dieser Person immer wieder die Möglichkeit, sich zu exponieren. Die Gruppe wird das nicht als Bevorzugung erleben. Sie erkennt den inoffiziellen Führer ohnehin als "besser" an. Wenn der inoffizielle Führer merkt, daß Sie nicht eifersüchtig auf seinen Glanz oder sein Prestige reagieren, wird er auch nicht gegen Sie arbeiten.

Was kann man tun, wenn man als Projektleiter feststellt, daß der inoffizielle Führer konsequent gegen den Projekterfolg arbeitet? Das kann passieren. Vielleicht ist diese Person enttäuscht, weil sie nicht selber Projektleiter geworden ist, vielleicht hat sie noch eine alte „Rechnung" mit Ihnen offen, vielleicht ist sie auch nur ein neurotischer Streithammel oder Querulant. Wahrscheinlich sträuben sich Ihnen die Nackenhaare bei dem Gedanken an Manipulationen und Machtspielchen. Leider ist es aber so, daß man als Projektleiter nicht immer die Möglichkeit hat, mit netten Menschen in freundlicher Harmonie wunderbare Ergebnisse zu produzieren.

Es gibt drei Möglichkeiten mit einem inoffiziellen Führer, der sich als Risiko für den Projekterfolg entpuppt hat, umzugehen:

1. Sie werfen diesen „Hausrebellen" aus Ihrem Team hinaus. Vergewissern Sie sich jedoch, daß nicht in Ihrem Team eine zweite Person, die noch zerstörerischer ist, auf den dadurch frei werdenden höchsten Platz in der inoffiziellen Rangordnung gehoben wird. Eine Projektgruppe ohne inoffiziellen Führer gibt es nicht. Stellen Sie deshalb vorher fest, wer aus dem Team ebenfalls einen großen Einfluß auf das Verhalten der Mitarbeiter hat. Glauben Sie jedoch nicht, daß es Ihnen gelingen wird, eine von Ihnen favorisierte Person zum Meinungsbildner machen zu können. Diese Rolle wird immer aus dem Team selbst heraus besetzt.

2. Sie lassen den inoffiziellen Führer in Ihrer Gruppe und befördern ihn hochoffiziell zu Ihrem Stellvertreter. Dadurch haben Sie ihn in der offiziellen Hierarchie über die anderen Mitglieder der Gruppe erhoben. Jetzt ist die Wahrscheinlichkeit groß, daß die Gruppe diese Person nun als „Karrieristen" und „Aufsteiger" ablehnt. Es kann auch vorkommen, daß der ehemalige Rebell durch die Beförderung einen Motivationsschub bekommt und dann sogar besonders engagiert für das Projekt arbeitet und nicht dagegen. Das soll Ihnen nur recht sein. Dieser „Stellvertreter-Trick" wird auch von Lehrern in der Schule oft mit Erfolg angewendet. Wenn sie einen unerträglichen Rädelsführer in der Klasse haben, versuchen sie, diesen zum Klassensprecher zu machen.

3. Wenn Sie weder entlassen noch befördern können, wenden Sie die dritte Manipulationstechnik an. Orientieren Sie sich an der

Volksweisheit: „Wen man nicht besiegen kann, soll man sich zum Freund machen." Holen Sie sich die betreffende Person immer mal wieder zu Vier-Augen-Gesprächen ins Büro. Es kann sein, daß sie sich dadurch geschmeichelt fühlt und die Quertreibereien schließlich unterläßt. Eine andere mögliche Reaktion ist, daß die Gruppe mißtrauisch wird und den ehemaligen Rädelsführer zum Außenseiter ohne Einfluß werden läßt.

Aber letztlich sollten Sie immer versuchen, mit dem inoffiziellen Führer gut auszukommen. Sie tun sich selbst, der Gruppe und dem Projekt damit einen Gefallen.

Bezogen auf die oben beschriebenen aufgabenbezogenen Teamtypen im Projekt kann man beim inoffiziellen Führer in Personalunion häufig die folgenden „Typen" feststellen: Ideenschleuder, Stratege, Prototyper, Kraftpaket.

5.6. Der Beliebteste

Der Beliebteste in der Projektgruppe muß nicht unbedingt die Betriebsnudel sein. Es kann sich sehr wohl um einen ernsten und ruhigen Menschen handeln, der überhaupt nicht dazu neigt, sich ständig lustige Unterhaltungen auszudenken. Auf jeden Fall ist es eine Person, die menschlich hohe Anerkennung findet. Dieser Person vertraut man sich an. Beim Beliebtesten laufen die inoffiziellen Informationen und der Tratsch zusammen. Manchmal kann man fast von der „Bild-Zeitung" des Projektes sprechen. Hier findet man immer ein offenes Ohr, falls man jemandem unter dem Siegel der Verschwiegenheit skandalöse Dinge anvertrauen möchte. Hier kann man bei einem Becher Kaffee auch eine Menge Dinge erfahren, die einem die Zusammenhänge der Sympathie und Antipathie der Unternehmensleitung, der verschiedenen Abteilungen und aller wichtigen Personen klarer machen. Der Beliebteste kennt häufig uralte Geschichten zum Thema: Wer-mit-wem-wann-und-warum. Er weiß, welcher der Manager Leichen im Keller hat, wer auf der Abschußliste steht, wer vermutlich bald befördert wird und wer welche Hausmacht auf seiner Seite hat.

Der Beliebteste muß nicht unbedingt über das größte Fachwissen verfügen. Oft ist er auch nicht der Mitarbeiter, der am meisten

Arbeit vom Tisch schafft. Aber er kennt die Menschen und kann mit ihnen umgehen. Somit ist der Beliebteste das Herz der Gruppe. Fachlich wird er manchmal sogar ein wenig verachtet. Jeder weiß, daß er eine alte Plaudertasche ist und sich am meisten für Sex und Skandale interessiert. Jeder weiß, daß er alles weitertratscht. Und trotzdem. Nichts ist so tröstlich und entspannend, wie bei Zigarettenqualm und Kaffee dem Beliebtesten zuzuhören oder sich bei ihm auszusprechen.

Es kann vorkommen, daß der Beliebteste von den Kollegen und Vorgesetzten ein wenig verachtet und geistig unterschätzt wird. Vorsicht! Hinter seiner leutseligen Maske, hinter dem belanglosen Geplauder über die Liebesgeschichten des Vorstands, hinter den naiven Fachbeiträgen zum Projektthema kann sich ein messerscharfer Verstand verbergen. Auf jeden Fall verfügt er über soziale Kompetenz und somit auch über die Fähigkeit, in Konflikten immer wieder ausgleichend zu wirken.

Wenn Ihr Projektteam sieben Mitarbeiter und mehr umfaßt, sollten Sie froh sein über den Beliebtesten. Er hält das Team bei Laune und sorgt auch immer wieder dafür, daß sich Reibereien nicht zu echten Konflikten ausweiten, daß bei Streß die Laune aller erhalten bleibt, und daß mögliche Probleme mit den Betroffenen früh erkannt und somit verhindert werden.
Wenn Sie ein kleines Projektteam von drei oder vier Personen leiten, dann kann der Beliebteste zuviel Zeit vergeuden. Sie müssen die Arbeit straff verteilen, feste Termine setzen und immer wieder kontrollieren, ob noch alle bei der Arbeit sind. Ein unbeaufsichtigter Beliebtester kann mit seiner gemütlichen Plaudersucht die eigene bezahlte Arbeitszeit und die der anderen vergeuden. Den Kollegen fällt es oft sehr schwer, den wahnsinnig netten Beliebtesten weiterzuschicken, wenn er sich erst einmal in ihrem Büro mit seinem obligatorischen Becher Kaffee niedergelassen hat und erzählt und erzählt und erzählt...

Es ist Ihre Aufgabe als Projektleiter, dafür zu sorgen, daß der Beliebteste nicht zur zeitlichen Belastung für das Projekt wird. Sie müssen ihm notfalls sagen, daß er die anderen stört.

Der Beliebteste ist ein geselliger Mensch. Sie sollten ihn nicht allein in ein Büro setzen. Vor lauter Einsamkeit würde er schon vormittags damit beginnen, regelmäßig zum Kaffeeautomaten, zur

Toilette oder zum Kopierer zu wandern und sich auf dem Hin- oder Rückweg irgendwo festzutratschen. Setzen Sie den Beliebtesten und den inoffiziellen Führer zusammen. Der inoffizielle Führer ist ruppig genug, dem netten Kollegen von Zeit zu Zeit die Arbeit in Erinnerung zu bringen. Gleichzeitig ist der Beliebteste gutmütig genug, dem inoffiziellen Führer seinen barschen Ton zu verzeihen.

Niemals sollten Sie sich mit dem Beliebtesten anlegen. Er hat Freunde in der Geschäftsleitung, ehemalige Geliebte in der Personalabteilung, einen Kegelbruder im Betriebsrat und einen Schwager im Golfclub des Vorstands.

Bezogen auf die oben beschriebenen aufgabenbezogenen Teamtypen im Projekt kann man beim Beliebtesten in Personalunion häufig die folgenden „Typen" feststellen: Sammler, Ideenschleuder, Kraftpaket, Arbeitspferd, Helfer.

5.7. Der Tüftler

Besonders bei technisch oder wissenschaftlich sehr anspruchsvollen Projekten und im Rahmen von Forschungsaufgaben werden „Tüftler" gebraucht. Diese Menschen legen vergleichsweise wenig Wert auf soziale Kontakte, auf gutes Betriebsklima oder enge Zusammenarbeit mit Kollegen. Meistens liegt es ihnen mehr, intensiv und konzentriert an sachlichen Themen zu arbeiten und komplizierten Problemen auf den Grund zu gehen. Der wahre Tüftler fühlt sich durch Kontakte mit anderen eher gestört als bereichert. Er will in Ruhe gelassen werden und sich voll auf seine Arbeit konzentrieren. Sein mangelndes Interesse an Kommunikation macht ihn für vertriebliche Aufgaben oder für Präsentationen eher ungeeignet.

Den Tüftlern ist zu verdanken, daß Projektergebnisse einen hohen Qualitätsstandard erreichen und immer wieder zu neuen Lösungsvarianten führen. Ihnen ist jedoch auch häufig zu verdanken, daß Ergebnisse entstehen, die für den praktischen Einsatz unbrauchbar sind. Tüftler interessieren sich meistens viel mehr für das technisch Machbare, als für die Nutzanwendung. Außerdem liegt es nicht selten an den Tüftlern, wenn im Projekt Termine maßlos überzogen werden. Wenn ein Tüftler sich in ein Problem versenkt, verliert er jedes Gefühl für Zeit und Prioritäten. Er geht auch den kleinsten Details nach, ganz egal, ob sie für das Projekt eine Bedeutung haben oder nicht. Ihn reißt sein Forschungsdrang einfach mit.

Leider neigen Tüftler dazu, Intelligenz und Bildung anderer Menschen lediglich daran zu messen, wie diese in seinem eigenen Fachgebiet mithalten können. So ist es möglich, daß sich zwei hochkarätige Tüftler gegenseitig für dumm halten, wenn der eine zum Beispiel Spezialist für Steuerrecht und der andere Profi im Bereich der Klimatechnik ist. Die Wahrnehmung der anderen Person als „Dummkopf" führt bei Tüftlern leicht zu einer gewissen Herablassung und Arroganz. Es kommt in Projekten immer wieder vor, daß menschliche Konflikte dadurch entstehen, daß die Kollegen das blasierte Verhalten und den leicht zynischen Ton der Tüftler nicht gut ertragen können.

Als Führungskraft eines Tüftlers muß für Sie gelten:
- Lassen Sie sich persönlich von seiner herablassenden Art Ihnen gegenüber nicht ärgern. Er meint es nicht böse. Er kann Ihre Fähigkeiten und Leistungen als Leiter des Projektes ganz einfach nicht erkennen und somit auch nicht anerkennen.
- Kontrollieren Sie den Tüftler regelmäßig, ob er eigentlich noch das tut, was er laut Aufgabenverteilung tun soll. Verhindern Sie rechtzeitig, daß er Zeit mit seinen abwegigen Experimenten und Forschungen vergeudet.
- Kontrollieren Sie den Tüftler regelmäßig auch dahingehend, ob er irgendwelche Probleme bei der Arbeit hat. Er wird niemals von sich aus auf Sie zukommen und Schwierigkeiten klären. Wenn Sie zum Beispiel einem Tüftler drei Wochen Zeit geben, eine bestimmte Aufgabe zu erfüllen, ist die Chance groß, daß er Ihnen am Ende der drei Wochen mitteilt, daß ihm seit achtzehn Tagen die notwendigen Unterlagen fehlen und er deshalb nicht fertig wurde. Sie werden nie aus ihm herausholen, warum er achtzehn Tage hindurch eisern über das Problem geschwiegen hat.
- Geben Sie dem Tüftler keine strategischen Aufgaben, keine Führungsfunktion (z.B. Teilprojektleitung) oder solche Aufgaben, in denen er sich mit anderen Personen abstimmen muß. Geben Sie ihm sauber abgegrenzte aber technisch oder fachlich anspruchsvolle Probleme zu lösen.

- Kontrollieren Sie immer, ob der Tüftler seine Arbeit dokumentiert. Freiwillig tut er das nicht, weil er den Sinn nicht einsieht. Für ihn ist alles, was er tut, selbstverständlich.
- Kontrollieren Sie immer wieder, ob der Tüftler Standards und Richtlinien einhält. In seinem selbstvergessenen Forschungseifer könnte er diese „Fesseln" abstreifen.
- Lassen Sie den Tüftler in Ruhe möglichst in einem eigenen Büro arbeiten. Befreien Sie ihn von Stechuhren oder festen Arbeitszeiten. Er arbeitet sowieso viel mehr als die vorgeschriebene Anzahl an Wochenstunden. Außerdem ist sein Wach- und Schlafrhythmus völlig anders als bei den meisten Menschen. Es wäre ein Jammer, einen Tüftler in die Dienstzeiten zwischen 9:00 Uhr und 17:00 Uhr zu zwängen, wenn sein Geist tatsächlich erst nach Mitternacht voll wach ist. Sagen Sie ihm, was Sie an Ergebnissen von ihm erwarten, setzen Sie ihm einen Termin, vereinbaren Sie Kontrolltermine, und dann lassen Sie ihn in Ruhe.

Bezogen auf die oben beschriebenen aufgabenbezogenen Teamtypen im Projekt kann man beim Tüftler in Personalunion häufig die folgenden „Typen" feststellen: Sammler, Prototyper, Arbeitspferd, Detailist.

5.8. Fremde Fürsten

Es gibt kaum ein Projekt ohne das Phänomen der „fremden Fürsten". Mit diesen fremden Fürsten sind Personen gemeint, die nicht unter Ihrer Kontrolle als Projektleiter stehen, die jedoch Macht und Einfluß genug haben, Ihnen bei der Projektarbeit behilflich oder hinderlich zu sein. Es sind Personen, die Ihnen in die Projektführung hineinpfuschen könnten. Bei den fremden Fürsten kann es sich um Abteilungsleiter, um Linienvorgesetzte Ihrer Teammitglieder, um Vorstände Ihres Unternehmens oder auch um einflußreiche Mitglieder des Betriebs- oder Personalrats handeln.

Wenn Sie Glück haben oder auch ein erfolgreicher Diplomat oder kluger Manager sind, dann treten die fremden Fürsten Ihrem Projekt gegenüber eher als Sponsoren auf. Man wird Ihnen die notwendigen Mitarbeiter und Ressourcen zukommen lassen, man wird Ihnen bei Problemen den Rücken freihalten und Sie unterstützen. Je höher Ihr Sponsor in der Unternehmenshierarchie steht, desto besser für Sie.

Wenn Sie Pech haben oder ungeschickt im Umgang mit anderen einflußreichen Personen sind, oder wenn Ihr Projekt von anderen Führungskräften abgelehnt wird, oder wenn die Ressourcen so knapp sind, daß man darum mehr oder weniger fair kämpfen muß, dann können sich die fremden Fürsten als Störfaktoren entpuppen. Dann müssen Sie als Projektleiter ständig auf der Hut sein, daß man Ihnen nicht Mitarbeiter oder Mittel streitig macht, daß man Ihre Ziele nicht immer wieder nachträglich ändert, daß man nicht an Ihnen vorbei auf Ihr Team Einfluß nimmt.

Auch im Umgang mit fremden Fürsten gilt die alte Regel: „Gefahr erkannt, Gefahr gebannt."
Sie sollten gleich am Anfang Ihrer Projektarbeit, noch lange bevor Probleme absehbar sind, Ihr Umfeld analysieren:
- Wer könnte zu meinem Projekt als fremder Fürst auftreten?
- Wer hat die Macht, positiv oder negativ in meine Arbeit einzugreifen?
- Wer könnte Interesse daran haben, in mein Projekt einzugreifen? Warum? Wie?

Je klarer Sie sehen, wer als fremder Fürst für Sie einmal zum Störfaktor werden könnte, desto besser können Sie solchen Eingriffen vorbeugen. Vergessen Sie nicht, daß nicht selten auch die Lust am Machtkampf dahinter stehen kann, wenn jemand versucht, seinen Einfluß in fremden Projekten wirksam werden zu lassen. Gerade in unserer Ellenbogengesellschaft, in der jede Sprosse der Karriereleiter gegen Konkurrenten erkämpft werden muß, hat man oft auch besonders rauflustige Manager in einflußreichen Positionen. Die brauchen nicht immer einen logisch begründbaren Anlaß, wenn sie mal wieder im Machtgefüge des Unternehmens ihre Muskeln spielen lassen wollen.
Für Sie muß vom ersten Tag an gelten: Wenn ich hier Projektleiter bin, dann leite ich das Projekt und sonst niemand. Jeder erfolgreiche Versuch, an Ihnen vorbei die Projektleitung zu beeinflussen, untergräbt Ihre Autorität. Der nächste Schritt ist dann, daß die Teammitglieder Sie verachten oder gar bemitleiden, weil Sie sich nicht gegen Außenstehende wehren können.

Auf der anderen Seite sollten Sie auch keinen Verfolgungswahn entwickeln und sich ständig mit anderen Führungskräften Ihres Unternehmens anlegen. Beobachten Sie das Verhalten der möglichen fremden Fürsten.

Wenn ein fremder Fürst Einfluß auf das Projekt nehmen will und Sie anspricht, dann ist das Vorgehen in Ordnung. Dann haben Sie es wahrscheinlich mit einem fairen Kollegen zu tun. Pflegen Sie solche Kontakte.

Wenn ein fremder Fürst seinen Einfluß über Ihren inoffiziellen Führer geltend machen will, dann ist fast immer Gefahr in Verzug. Instinktiv (oder in Seminaren zu Manipulationstechniken fit gemacht) hat der Außenstehende erkannt, wer die einflußreichste Person innerhalb Ihres Projektes ist. In solchen Fällen müssen Sie beim ersten Versuch hart durchgreifen. Machen Sie Ihrem inoffiziellen Führer und dem fremden Fürsten unmißverständlich klar, daß alle Beeinflussungen nur über Sie zu gehen haben.

Wenn der fremde Fürst Kontakt mit Ihrem Beliebtesten sucht, dann ist er wahrscheinlich auf Horchposten. Er will wissen, was sich in Ihrem Projekt abspielt. Beobachten Sie die Angelegenheit. Wenn Sie nichts zu verbergen haben, können Sie dieses Interesse am Projekt auch ignorieren, solange keine aktiven Eingriffe versucht werden.

Wenn der fremde Fürst sich an den Tüftler wendet, ist die Sache fast immer harmlos. Es kann sein, daß es sich bei diesem fremden Fürsten ebenfalls um einen Tüftler handelt. Dann haben sich zwei „Typen" gefunden, die ein gemeinsames Hobby pflegen. Da Ihr Tüftler innerhalb der Gruppenhierarchie (Hackordnung) praktisch gar keinen Einfluß auf das Verhalten der Kollegen hat, laufen sich bei ihm auch alle Ansätze der Projektstörung tot. Manchmal versuchen auch fremde Fürsten ohne blasse Ahnung über psychologische Zusammenhänge über den Tüftler zu gehen. Sie haben ihn als den klügsten im Team erkannt und schließen daraus, daß er auch der mächtigste sein müßte. Lassen Sie ihn in dem Glauben.

Wenn sich mehrere fremde Fürsten zusammentun, um Ihr Projekt zu stören, dann sollten Sie unbedingt „höheren Ortes" klären lassen, wie Ihr Projekt noch gesehen wird, welche Priorität es

noch hat und welches Ansehen. Gegen eine „geschlossene Front" von Projektgegnern können Sie nichts ausrichten. Sie sollten sich auch nicht auf solche Machtspielchen einlassen.
Wenn es Ihnen im Laufe Ihrer Karriere als Projektleiter häufiger passiert, daß die „ganze Welt" sich gegen Sie verschworen hat, dann wird es Zeit, daß Sie über Ihr eigenes Verhalten und über Ihre eigene Fähigkeit zur Kooperation nachdenken.

5.9. *Menschenführung fängt mit Menschenkenntnis an.*

Als Projektleiter sind Sie Führungskraft. So sehr es Ihnen vielleicht auch Spaß macht, sich in die technischen Details der Sachaufgaben oder in die strategischen Theorien der Planungen zu versenken, in erster Linie sind Sie dafür verantwortlich, daß das Team die Projektarbeit zügig in den Griff bekommt. Ihr Erfolg hängt stark von der Motivation, der Qualifikation, der Kommunikation und der Arbeitsfähigkeit des Teams ab. Sie müssen sich für die Menschen interessieren und rechtzeitig erkennen, wenn Störungen in der Gruppe das Arbeiten erschweren.

Achten Sie zum Beispiel auf folgende Dinge:

– Wie gehen die Mitarbeiter an die gestellten Aufgaben heran? Wissen sie, wie sie vorgehen müssen? Packen sie die Probleme sofort an? Theoretisieren Sie vielleicht zu lange herum? Verzichten sie auf das Denken vor dem Handeln? Schieben sie sich gegenseitig die unangenehmen Aufgaben zu? Kommen aus dem Team neue Lösungsideen? Wird auch mit ungewöhnlichen Lösungsansätzen experiemtiert? Schiebt das Team Dienst nach Vorschrift?

– Wie arbeiten die Mitglieder des Teams zusammen? Hat jeder gleichberechtigt die Chance, eigene Beiträge zu liefern? Gibt es Personen, die sich auf Kosten der anderen profilieren? Gibt es Personen, deren Vorschläge oder Ideen gar nicht beachtet werden?

– Wie ist der Gruppengeist im Team? Haben sich Cliquen gebildet? Arbeiten die Cliquen gegen- oder miteinander? Schotten einzelne Cliquen sich ab? Kommt es zu Bunkermentalität? Wie ist die Kommunikation zwischen Teilprojekten?

– Wer ist inoffizieller Führer?
Wie wurde die betreffende Person zum inoffiziellen Führer? Haben alle Mitglieder des Teams den inoffiziellen Führer in seiner Rolle akzeptiert? Kommt es zu Rivalitäten zwischen anderen „Möchte-gern-inoffiziellen-Führern“? Wie verhält sich der inoffizielle Führer zum Projektleiter und zu anderen Führungskräften des Unternehmens?

– Gibt es Außenseiter?
Wie geht die Gruppe mit Außenseitern um? Wird gemobbt? Wehren sich einzelne Personen gegen zu viel „Herdendruck“? Sind Außenseiter eher Ausgestoßene oder Elitäre oder einsame Denker?

– Wie ist das Konfliktverhalten der Gruppe?
Werden Konflikte offen ausgetragen? Gibt es latente Konflikte? Findet die Gruppe nach ausgetragenen Konflikten zu einem teamorientierten Arbeitsstil zurück? Bestehen Probleme mit Personen oder Gruppen außerhalb des Projektteams? Betrachtet das Team sich im Unternehmen als „Club der Versager“? Wie ist das Ansehen des Projektes und des Teams im Unternehmen?

– Wie ist das Entscheidungsverhalten der Gruppe?
Hat das Team die Möglichkeit, Entscheidungen zu treffen? Werden Entscheidungen gemeinsam getroffen? Werden Entscheidungen verzögert, weil zu lange auf völlige Übereinstimmung gewartet wird?

– Wie ist das Sozialverhalten der Gruppe?
Helfen die Mitarbeiter sich gegenseitig? Gibt es Petzer? Besteht Gruppenzwang im Hinblick auf gemeinsame Veranstaltungen? Wird auch gelegentlich Persönliches geplaudert? Wird zu viel getratscht? Herrscht eisige Höflichkeit vor? Kommt es zu plumper Kumpanei?

Man kann nicht immer sagen, welches Verhalten sich genau auf welche Probleme oder Stärken eines Teams zurückführen läßt. Für Projektleiter ist es jedoch wichtig, immer wieder auf die Menschen zu achten und ihr Verhalten zu beobachten. Das hat mit Spitzelei nichts zu tun. Man sollte sich auch nicht in Hobby-Psychologen-Interpretationen versteigen. Man sollte jedoch ganz bewußt versuchen, mit jedem Projekt ein wenig mehr an Erfahrun-

gen und Menschenkenntnis zu sammeln. Ganz von selbst entwickelt man dann mit der Zeit feine Antennen für Stimmungen,
verdeckte Konflikte oder schlummernde Talente.

5.10. Ist das Team gesund?

Von einem „gesunden" Team spricht man, wenn das Klima stimmt,
wenn die Zusammenarbeit funktioniert, wenn die Mitglieder des
Teams gern miteinander arbeiten und vom Erfolg ihrer Arbeit
ausgehen. Von einem „kranken" Team spricht man, wenn die Zusammenarbeit keinen Spaß macht, wenn Reibereien, Mobbing,
schlechte Laune etc. das Klima vergiften.

Typisch für ein gesundes und erfolgreiches Team ist:
- Jeder hat die Ziele inhaltlich verstanden, hält sie für realistisch
  und sinnvoll und ist bereit, an der Erreichung mitzuarbeiten.
- Es gibt keine Diskussionen um die Frage, ob Information eigentlich Hol- oder Bringschuld ist. Jeder, der Informationen hat,
  gibt diese freigiebig weiter. Jeder, der Informationen braucht,
  kümmert sich darum, daß er sie bekommt.
- Diskussionen – auch über unterschiedliche Meinungen – sind
  sach- und nicht personenbezogen. Sachliche Meinungsverschiedenheiten führen nicht zu persönlichen Angriffen oder
  Diffamierungen.
- Die Atmosphäre ist entspannt. Der Umgangston ist locker und
  ändert sich auch nicht, wenn der Projektleiter anwesend ist.
- Kritik führt nicht zu Angriffen oder Rückzugsgefechten oder
  dazu, uralte Fehler des Kritikers aufzuwärmen.
- Man hat keine Angst, Fehler zu machen und zuzugeben.
- Entscheidungsprozesse, Ideenfindungen etc. finden hierarchie-
  neutral statt. Es kommt weder zum „Recht des Stärkeren" noch
  zum Terror durch „unterdrückte Minderheiten". Die einzelnen
  Personen sind auch einmal bereit, sich der Mehrheit zu beugen.
  Abweichende Ansichten führen nicht zu Diffamierungen.
- Die Gruppe arbeitet harmonisch mit anderen Abteilungen oder
  Projekten oder Personen außerhalb des Teams zusammen. Die
  Gruppe tritt nach außen weder elitär noch feindselig auf.

Typische Merkmale für kranke Gruppen sind:

– Kampf-Verhalten
Man greift sich gegenseitig an, äußert Beschuldigungen und verteidigt sich. Besprechungen sind gekennzeichnet durch Killerphrasen, Manipulationstechniken, Zynismus, Hohn und Spott.

– Flucht-Verhalten
Man weicht Verantwortungen aus, ist möglichst nicht zu finden oder begreift Zusammenhänge nicht. In Besprechungen liefert man sich intellektuelle Wortgefechte, zieht sich auf Grundsatzdiskussionen zurück oder steigert sich in abgelegene Detailerörterungen.

– Befehlsempfänger-Verhalten
Man besteht auf klaren Anweisungen, Richtlinien und Vorschriften. Man tut, was einem aufgetragen wird, und lehnt jede persönliche Verantwortung und jedes eigene Mitdenken ab. In Besprechungen wird der Projektleiter immer wieder daran erinnert, daß er schließlich „der Boß" sei, man selbstverständlich seinen Anweisungen nachkommen werde, daß man persönlich jedoch nicht für den Sinn der Anweisungen geradestehen werde.

– Freiheitskämpfer-Mentalität
Man läßt sich nicht mit Regeln und Vorschriften knebeln. Man lehnt Spielregeln, Vorgehensmodelle, Standards etc. ab und verstößt vorsätzlich dagegen. Besprechungen sind durch Rebellion, Aufsässigkeit und Widerworte gekennzeichnet.

– Innere Emigration
Man igelt sich ein, meidet möglichst den Kontakt untereinander oder mit dem Projektleiter. Ungefragt richtet man nicht das Wort an andere und antwortet auf Fragen möglichst einsilbig. Kunden, Produktbenutzern, dem Management und anderen Außenstehenden gegenüber verhält man sich abwartend feindselig. Besprechungen sind durch eisiges Schweigen und Starren auf den Projektleiter geprägt. Es gibt weder offenen Widerstand noch Mitarbeit.

- Totstellen
Man weiß nichts, begreift nichts, kann sich an nichts erinnern. Man entwickelt keine Ideen und hat auch keine Vorschläge. Besprechungen verlaufen ähnlich wie bei der inneren Emigration.

Manchmal steht der Projektleiter fassungslos vor dem für ihn un-
erklärlichen Verhalten der Mitarbeiter. Er appelliert an Engagement und Solidarität. Als Antwort muß er sich dann anhören: „Es
ist doch Ihre Aufgabe, uns zu motivieren!"

6. Motivieren und kritisieren

6.1. Führen zu Leistung

Von einer Führungskraft wird verlangt, daß sie ihre Mitarbeiter zu Leistung anspornt. Konkret für den Projektleiter bedeutet das: Sorgen Sie dafür, daß Ihr Team zügig und qualitätorientiert arbeitet, damit die Projektziele pünktlich und im Rahmen des Budgets erreicht werden.

Da wir heute alle von den Lehren des partnerschaftlichen und kooperativen Führungsstils geprägt sind und geradezu befürchten, für autoritär gehalten zu werden, müssen wir uns scheinbar andere „Tricks" ausdenken, um möglichst viel Leistung aus den Mitarbeitern „herauszuholen". Ein Projektleiter muß sich von seinem eigenen Vorgesetzten womöglich sagen lassen: „Motivieren Sie die Leute mal!" Damit ist im Klartext gemeint: „Treiben Sie die Leute zur Arbeit an."

Diese Einstellung macht deutlich, daß letztlich immer noch davon ausgegangen wird, daß Mitarbeiter im Grunde faul sind, daß sie freiwillig und unkontrolliert und unangeschoben nicht die Leistung bringen, die man von ihnen erwartet. Diese Einstellung erinnert an die Schule. Dort geht man auch von der Faulheit der Kinder aus und verlangt vom Lehrer, daß er antiautoritär, aber dennoch wirksam zur Arbeit antreibt.

Tatsächlich können wir sowohl in der Schule als auch im Berufsleben feststellen, daß Kinder oder Mitarbeiter, die ständig zur Arbeit angetrieben werden, auf der Stelle faul werden, wenn der Antreiber einmal nicht hinter ihnen steht. Man sagt: „Ist die Katze aus dem Haus, tanzen die Mäuse auf den Tischen."

Muß man denn wirklich ständig gegen eine „natürliche Arbeitsscheu" im Projektteam ankämpfen und dabei so geschickt vorgehen, daß die Mitarbeiter sich „motiviert" und nicht angetrieben fühlen?

Im Hinblick auf Leistung erwarten wir von den Mitarbeitern: Belastbarkeit, Engagement, Selbständigkeit, Mitdenken und die schöne alte Tugend Fleiß. Die Mitarbeiter sollen möglichst nicht auf die Uhr schauen und mit ganzem Herzen bei der Sache sein. Sie sollen die Arbeit über ihre persönlichen Interessen (z.B. bei notwendigen Überstunden) stellen und trotzdem innerlich ausgeglichen sein, damit negative Gefühle die Leistungen nicht beeinträchtigen. So stellen wir uns die idealen Teammitglieder vor und sind gleichzeitig von der Sorge getrieben, die Mitarbeiter könnten in ihrer Leistung nachlassen.

Wenn es um die Leistung der Mitarbeiter geht, sollten wir unterscheiden zwischen Leistungsfähigkeit, Leistungsbereitschaft und Leistungsmöglichkeit. Es muß durchaus nicht an der Faulheit der Personen liegen, wenn sie nicht während der Arbeitszeit das schaffen, was sie schaffen sollten. Es gibt zum Beispiel Arbeitsplätze, an denen man gar nicht arbeiten kann. Vielleicht ist es dort zu laut oder die notwendigen Arbeitsmittel fehlen. Mangelnde Leistung kann auch dadurch entstehen, daß man Menschen mit Aufgaben betraut, zu denen sie einfach nicht in der Lage sind. In einer Versicherung hat man zum Beispiel nach einer Reorganisation Mitarbeiter des Innendienstes in den Außendienst versetzt. Nun ist es leider so, daß man Schreibtischmenschen bei aller Motivation mit großzügigen Prämien nicht zu erfolgreichen Verkäufern machen kann. Wenn Sie in Ihrem Projekt beispielsweise einen vergeistigten Theoretiker mit der Aufgabe betrauen, gemeinsam mit den zukünftigen Nutznießern des Projektes ein Lösungsmodell zu entwickeln, dann kommt es zu Streit, aber nicht zu Leistung.

Sie sind als Projektleiter für die Leistung in Ihrem Team verantwortlich. Das bedeutet, daß Sie sich darum zu kümmern haben, daß Leistung überhaupt möglich ist.

1. Leistungsfähigkeit
Die grundsätzliche Leistungsfähigkeit Ihrer Mitarbeiter hängt von verschiedenen Dingen ab: Ausbildung, Erfahrung, Gesundheit, Intelligenz, Auffassungsgabe, Belastbarkeit, Alter, Begabung, Interesse für die Sache etc. Mitarbeiter, die diese Eigenschaften mitbringen, sind in der Lage, Leistung zu bringen. Die Frage ist jedoch: Können sie in ihrem beruflichen Umfeld wirklich gut arbeiten?

2. Leistungsmöglichkeit
Leistung ist dann möglich, wenn die Leistungsfähigkeit mit einem Umfeld zusammentrifft, in dem die betreffende Person gut arbei-

ten kann. Um Leistung möglich zu machen, sind ausreichende Räumlichkeiten notwendig. Es darf nicht zu kalt und nicht zu warm sein. Frische Luft, gutes Licht, Ruhe sind erforderlich. Wo Menschen in ihrer Gesundheit und/oder in ihrem körperlichen Wohlbefinden eingeschränkt sind, können sie weniger gut arbeiten. Es muß auch möglich sein, sich in Ruhe auf komplexe Sachverhalte konzentrieren zu können. Bei aller Freude an ständiger Kommunikation brauchen die Mitarbeiter auch Ruhe. Dabei handelt es sich sowohl um äußere Ruhe bei geringem Lärmpegel als auch um innere Ruhe bei geringem Ärger- oder Streßpegel. Zur Leistungsmöglichkeit gehört auch die ausreichende Ausstattung mit Arbeitsmitteln, modernen technischen Geräten, Zugriff auf Informationen etc. Die fähigsten und motiviertesten Mitarbeiter lassen in ihrer Leistung nach, wenn ihnen nicht das zur Verfügung steht, was sie zur Arbeit brauchen. Wer am Drucker Schlange stehen muß, weil die Firma mit den Geräten zu geizig ist, verliert viel Zeit und bald auch die Lust. Wer während der Entwicklungsarbeit ständig durch das Telefon gestört wird, verzichtet irgendwann auf die sinnlosen Versuche, sich voll in die Logik der Technik zu versenken. Wer innerlich den Groll bebrütet, weniger zu verdienen als die Kollegen, kann sich nicht voll auf sachliche Themen konzentrieren. Wer seinen Schreibtisch neben dem Gruppenclown hat, wird am Abend nicht von der Arbeit, sondern von den tausend Witzchen und Gags erschöpft sein.

3. Leistungsbereitschaft

Es kann durchaus vorkommen, daß ein leistungsfähiger Mitarbeiter in einem Umfeld arbeitet, in dem es sehr gut möglich ist, Leistung zu bringen. Aber er will nicht. Aus irgendwelchen Gründen fehlt es an der Leistungsbereitschaft. Meiner Erfahrung nach ist es falsch, von der „natürlichen Faulheit" der Mitarbeiter auszugehen. Die meisten Menschen wollen gerne Leistung bringen. Es macht ihnen Spaß, wenn sie nach getaner Tat auf ihr Arbeitsergebnis verweisen können. Die Leistungsbereitschaft hängt von der Motivation ab. Hierbei geht es zum Beispiel um: Arbeitsklima, Aufstiegschancen, interessante Aufgaben, Spaß an der Arbeit, Akzeptanz im Team und beim Projektleiter, Nutzen des Projektproduktes für die Anwender, realistische Ziele, Lob, die Möglichkeit zur Selbstverwirklichung, die Chance zur Selbstdarstellung mit ganz individueller Leistung, die Freude am Mitwirken bei Teamleistung etc.

Zusammenfassend kann man sagen: Die Leistungsfähigkeit muß der einzelne Mitarbeiter mitbringen, für die Leistungsmöglichkeit hat der Projektleiter zu sorgen, die Leistungsbereitschaft hängt von der Freude am Projekt ab.

Sollten Sie in Ihrem Team einen Mangel an Leistungsbereitschaft trotz hervorragender Leistungsmöglichkeit feststellen, dann sollten Sie nicht über Faulheit oder Bockigkeit oder Anspruchsdenken oder sonstige negative Eigenschaften Ihrer Mitarbeiter schimpfen, sondern sich zunächst mit den Motiven (siehe folgendes Kapitel) befassen. Vergessen Sie nicht, daß es den meisten Menschen Spaß macht, Leistung zu bringen, aber niemand hat Spaß daran, ausgenutzt oder schlecht behandelt oder ignoriert zu werden. Mitarbeiter sind zu größtem Engagement fähig und bereit, solange sie spüren, daß man sie mag und respektiert und gerecht bezahlt.

Lassen Sie mich zunächst noch etwas zum Thema Leistungsmöglichkeit sagen. Ich habe in verschiedenen Projekten bemerkt, daß den meisten Projektleitern gar nicht bewußt ist, daß sie oft selbst ein leistungsmindernder Faktor in ihrem eigenen Projekt sind. Wußten Sie, daß ein Mensch normalerweise etwa zwanzig Minuten braucht, um sich voll in tiefe Konzentration zu versenken? Nun stellen Sie sich einmal Ihren Mitarbeiter Meier vor. Er sitzt gerade am Schreibtisch. Er hört und sieht nichts mehr. Die Welt ist um ihn versunken. Er hat sich ganz tief zum Beispiel in die Logik eines Moduls versenkt. Er weiß, daß hier irgendwo ein Fehler sein muß.

Und nun fliegt die Tür auf. Sie stecken den Kopf herein und fragen: „Wo ist Müller?"

Meier schreckt hoch. Er besinnt sich einen Moment. Dann sagt er: „Ich glaube, der ist gerade zum Bäcker. Er wollte sich ein Brötchen holen."

Nun sagen Sie: „Schicken Sie ihn zu mir, sobald er wieder hier ist." Meier sagt: „Ist gut."

Sie machen die Tür wieder zu. Sie glauben vielleicht, sie hätten Herrn Meier nur eine halbe Minute gestört. Das stimmt nicht. Mindestens zwanzig Minuten sind weg. Mindestens!

Wenn Sie sich diesen „Scherz" im Laufe des Tages immer wieder mit den verschiedenen Mitarbeitern erlauben, dürfen Sie sich nicht wundern, wenn das Projekt mit der Zeitplanung nicht mitkommt.

Ich sage es ganz bewußt so boshaft: In sehr vielen Projekten ist der Projektleiter selbst einer der größten Störfaktoren.

6.2. *Niemand ist immer in Form.*

Wie wir von uns selber wissen, sind wir nicht immer auf dem Höhepunkt unserer Leistungsfähigkeit. Bei den meisten Menschen verläuft die tägliche Leistungskurve so, daß sie am Vormittag ihren Höchststand erreicht, gegen Mittag und vor allem nach dem Mittagessen absinkt, am Nachmittag langsam wieder ansteigt und abends wieder absinkt. So ist es bei den meisten Menschen. So muß es aber nicht immer sein. Es gibt durchaus Menschen, die einen anderen Rhythmus haben.

Manchmal kommt es aber auch vor, daß Mitarbeiter nur behaupten, eine andere Leistungskurve zu haben. Dann steht vielleicht der Wunsch dahinter, morgens später zu kommen und abends, wenn Kollegen und Vorgesetzte weg sind, in Ruhe private Interessen am Rechner zu pflegen. Ich persönlich habe noch nie erlebt, daß Mitarbeiter, die erst gegen Mittag zur Arbeit kamen und bis spät abends blieben, dann auch besonders viel gearbeitet haben. Statt dessen mußte ich oft feststellen, daß die Spätkommer sich zunächst von der allgemeinen Mittagsträgheit der anderen anstecken ließen, sich plaudernd zu den Kollegen gesellten, erst einmal Kaffee tranken und sich entspannten. Wenn dann die Kollegen wieder forsch an die Arbeit gingen, um möglichst vor Feierabend ihr Pensum zu schaffen, dann hatten die Spätkommer noch immer keine Eile. Vor ihnen dehnte sich ja noch endlos viel Zeit aus.

Ich möchte hier nicht dafür plädieren, daß man als Projektleiter gar keine Rücksicht auf individuelle Leistungskurven nimmt, aber man sollte sich genau anschauen, wieviel die Mitarbeiter geschafft bekommen, die angeblich erst ab Mittag wach werden.

Man sollte auch ein anderes Phänomen im Hinblick auf die tägliche Leistungsfähigkeit berücksichtigen: Wir Menschen unterscheiden uns in der Art, wie wir unsere Energien verbrauchen. Personen, die vom Typ her zu den „inoffiziellen Führern" oder den „Dynamikern" gehören, neigen dazu, kurz und heftig zu arbeiten. Sie krempeln, sobald sie ihren Schreibtisch erreicht haben, die Ärmel hoch und „klotzen voll ran". Die „Tüftler" oder

„Kompetenzorientierten" und die „Beliebtesten" oder „Harmonieorientierten" nähern sich dem Arbeitsplatz eher ruhiger, lassen sich in Ruhe nieder, sichten das Umfeld und fangen dann so langsam und ohne jede Hast mit der Arbeit an, die sie dann auch mit bedächtiger Ruhe erledigen.

Ganz egal welcher Stil Ihnen als Projektleiter liegt, welchen Sie für den besseren halten, Sie müssen sich damit abfinden, daß die Mitglieder Ihres Projektteams ihren jeweils eigenen Stil haben. Sie können ihn auch unter Zwang kaum oder nur kurzfristig ändern. Wenn Sie den Dynamiker zu langsamem Arbeiten zwingen, bringen Sie ihn genauso unter Streß, wie wenn Sie den Tüftler oder den Beliebtesten zu höherer Geschwindigkeit antreiben. Sie würden in beiden Fällen Frust und Fehler produzieren.

Nun kommt es leider immer noch vor, daß Vorgesetzte Sitzfleisch mit Engagement verwechseln. Diese Führungskräfte glauben, daß die Mitarbeiter, die möglichst lange am Arbeitsplatz verharren, am fleißigsten und motiviertesten sind. Das ist falsch. Tüftler und Harmoniemenschen verausgaben sich bei ihrem bedächtigen Arbeiten nicht so schnell. Sie können am Tage zehn und mehr Stunden langsam vor sich hin arbeiten und sind noch längst nicht so erschöpft wie der Dynamiker nach sechs Stunden. Wenn Sie mal bewußt darauf achten, werden Sie feststellen, daß der Dynamiker in sechs Stunden ebensoviel produziert wie der Tüftler oder der Beliebteste in zehn oder mehr Stunden.

Ein weiteres Mißverständnis ist häufig, daß Vorgesetzte Langsamkeit mit Gründlichkeit oder Qualität verwechseln. Sie glauben, daß der Dynamiker mit seiner Hektik Pfusch produziert und daß die Langsamen fehlerfrei arbeiten. Auch das stimmt nicht. Wenn Sie den Dynamiker zwingen, länger an einer Arbeit zu bleiben, als er selbst für erforderlich hält, riskieren Sie nur, daß er aus Langeweile oder Frust an dem zuvor richtigen Ergebnis solange herumoptimiert, bis es endgültig verwurstelt ist. Wenn Sie, umgekehrt, einem Tüftler seine Arbeit vorzeitig wegnehmen, weil er Ihrer Ansicht nach lange genug daran gebastelt hat, riskieren Sie, daß das Ergebnis tatsächlich noch nicht fertig ist. Außerdem riskieren Sie für die Zukunft, daß der Tüftler bei jeder Arbeit unter Streß gerät. Vor Angst, daß ihm plötzlich alles weggenommen wird, kann er sich gar nicht mehr konzentrieren.

Wenn es eben geht, sollten Sie Ihren Mitarbeitern den persönlichen Stil des täglichen Energieverbrauchs und der Arbeitsgeschwindigkeit lassen. Ändern können Sie die Menschen sowieso nicht.
Weil das so ist, wird es heute zunehmend üblich, ergebnis- oder zielorientiert zu führen. Das bedeutet, daß man den Mitarbeitern Ziele vorgibt oder fest vereinbarte Ergebnisse zu fest vereinbarten Terminen von ihnen erwartet. Das Erreichen von Zielen und Ergebnissen ist wichtiger als das Absitzen der vorgeschriebenen Anzahl von Stunden.

Natürlich gibt es Berufe – zum Beispiel Briefmarkenverkäufer bei der Post oder Kassierer im Kaufhaus –, in denen man nach der Stechuhr arbeiten kann. In einem Projekt sollte man jedoch über Ziele und Ergebnisse führen. Das gibt den Mitarbeitern die Chance, ihre täglichen Leistungshöhepunkte optimal zu nutzen.

Zusätzlich zur täglichen Leistungskurve gibt es in jedem Projekt auch die „Eiferkurve". Diese bezieht sich nicht auf den einzelnen Tag, sondern auf den gesamten Projektverlauf. Für die meisten Menschen (laut Psychologen ca 85%) gilt, daß sie am eifrigsten bei der Sache sind, wenn:
– die Aufgabe neu ist oder
– das Ergebnis bald abgegeben werden muß.

Dieses Phänomen kann man zum Beispiel an der Universität sehr gut beobachten. Besonders emsig sind die Erstsemester, weil noch alles so neu ist und aufregend. Besonders emsig sind auch die Examenskanditaten, weil ihnen die Prüfungstermine im Nacken sitzen.

Sie werden aus Ihrer eigenen Erfahrung wissen, daß es auch am Anfang eines Projektes viel Spaß macht, sich mit dem Neuen zu befassen. Die Sache ist spannend und man freut sich, mitmachen zu dürfen. Die neue Aufgabe ist eine Abwechslung zu den bisherigen Tätigkeiten. Man hat tausend unverbrauchte Ideen und ist mit Feuereifer bei der Sache.
Wenn der Reiz des Neuen langsam verblaßt, macht sich die Erkenntnis breit, daß man ja noch sehr viel Zeit bis zum Projektende hat. Irgendwie hat alles nun keine Eile mehr. Die Aufschieberitis macht sich bemerkbar. Viele Menschen sind sogar stolz darauf, auf den „letzten Drücker" besonders gut arbeiten zu können. Es

sackt also die Eiferkurve (Abb. 6.1) schon bald nach Projektbeginn ab, verflacht sich zu sehr begrenztem Engagement und steigt erst ganz zum Schluß unter dem Druck der Abschlußpanik rapide wieder an.

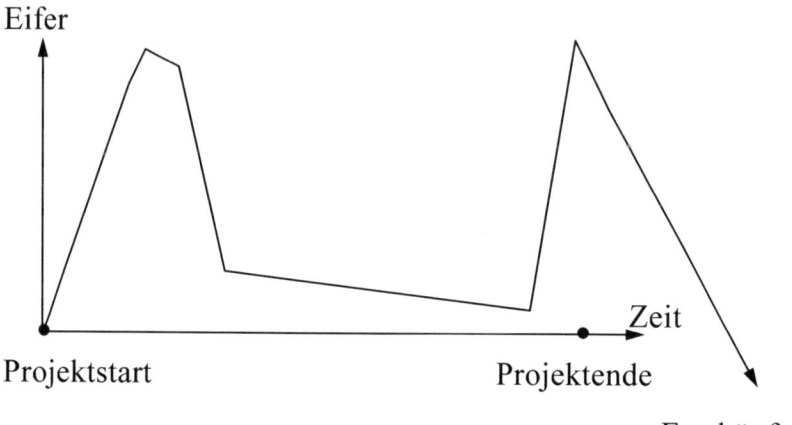

Abb. 6.1   Die Eiferkurve im Projekt

Es ist nicht möglich, die Mitarbeiter durch Motivation oder Druck ständig auf höchster Eiferebene zu halten. Es ist aber wohl möglich, einen gesunden Level des Eifers über den gesamten Projektverlauf zu halten. Das erreicht man durch Zwischenziele oder Zwischenergebnisse. Definieren Sie am Anfang des Projektes Meilensteine mit festen Terminen und meßbaren Zwischenzielen. Häufig werden diese Meilensteine am Ende einer Projektphase geplant. Dadurch portionieren Sie die zunächst scheinbar endlos lange Projektzeit in überschaubare Einheiten. Die Eiferkurve wird sich dann wellenartig bewegen. Am Anfang einer jeden Phase und vor Abnahme des Meilensteins steigt sie an. Dazwischen sinkt sie ein wenig ab, bleibt jedoch immer viel höher als in einem Projekt ohne sauber definierte Meilensteine.

Es gibt Projektleiter, denen es schwerfällt, ihr Projekt am Anfang in sauber definierten Phasen mit sauber definierten Meilensteinen zu planen. Sie möchten am liebsten einfach mal mit der Arbeit anfangen, und dann sieht man ja immer, wie weit man gekommen ist. Diese Haltung ist falsch. Dadurch erreichen Sie lediglich einen lahmen Arbeitsstil während des Projektverlaufs und unerträglichen Druck zum Ende des Projektes.

Am schönsten sind natürlich die Projekte, die noch nicht einmal einen definierten Endtermin haben. Diese Projekte laufen oft unter den Bezeichnungen: Forschungs- oder Untersuchungs- oder Pilotprojekt. Wenn diese Projekte nicht ganz besonders unterhaltsame Aufgaben beinhalten, versacken sie mit Sicherheit unter dem denkbar niedrigsten Leistungsniveau.

6.3. „*Motivieren Sie die Leute mal!*"

Innerhalb seines Projektes ist der Projektleiter für die Motivation der Mitarbeiter verantwortlich. Er hat für Engagement, Leistungsbereitschaft und ein produktives Arbeitsklima zu sorgen. Der Projektleiter muß motivieren. Aber wie?

Mit dem Begriff „Motivation" sind die Beweggründe des Verhaltens gemeint. Hierbei geht es um das Warum des menschlichen Verhaltens. Die Motivation einer Person ist nicht unmittelbar beobachtbar. Man kann lediglich vom Verhalten und von den Äußerungen einer Person auf ihre Motive schließen. Dabei besteht immer die Gefahr, daß man der anderen Person zum Beispiel die eigenen Motive unterstellt. Wer selbst machtorientiert ist, interpretiert leicht das Verhalten einer anderen Person als Versuch, eigene Machtansprüche durchzusetzen. Wer selbst prestigeorientiert ist und sich gern mit Statussymbolen umgibt, glaubt vielleicht, die Mitarbeiter ebenfalls durch Zuteilung von Statussymbolen zu mehr Engagement anfeuern zu können.

Unter Motivation werden bewußte und unbewußte Vorgänge verstanden, die zu einem bestimmten Verhalten führen. Es kann sich dabei um bewußten Willen oder um unbewußte Antriebe handeln. Häufig wird der Begriff „Motivation" falsch gebraucht: „Ich werde Herrn Müller motivieren, seine Akten schneller zu bearbeiten." Oder: „Motivieren Sie die Mitarbeiter, auch am Samstag für das Projekt zu arbeiten."

Im ersten Fall wird motivieren mit antreiben gleichgesetzt. Im zweiten Fall steckt bereits ein Manipulieren dahinter.

Die Grenzen zwischen Motivation und Manipulation sind oft fließend. In einigen Führungshandbüchern wird wie folgt unter-

schieden: Motivation ist die Beeinflussung des Mitarbeiters in seinem eigenen Interesse (z.B. motivieren durch Belohnungen mit
Aufstiegschancen) und zum Vorteil des Unternehmens (z.B. mehr
Leistung). Manipulieren ist hingegen die Beeinflussung ausschließlich zum Vorteil des Unternehmens.

Man mag diese Unterscheidung so akzeptieren oder sich fragen:
Und wer bestimmt letztlich was zu wessen Vorteil ist? Auf jeden
Fall scheint zu gelten: Mitarbeiter müssen beeinflußt werden, damit sie das tun, wofür sie bezahlt werden. Dabei ist die Motivation die „gute" Beeinflussung und die Manipulation die „böse".

Motivieren bedeutet, daß die grundlegenden Bedürfnisse eines
Menschen befriedigt werden bzw. deren Befriedigung wird realistisch in Aussicht gestellt. Wenn ein Mitarbeiter zum Beispiel das
Bedürfnis hat, sich in einer Gruppe von Menschen geborgen zu
fühlen, dann kann ein emotional warmes Klima im Team auf ihn
motivierend wirken. Wer ein starkes Sicherheitsbedürfnis hat, kann
sich durch einen sicheren Arbeitsplatz mit weitgehender Beschäf-
tigungsgarantie motiviert fühlen. Umgekehrt ist es auch möglich,
daß ein Mitarbeiter mit starkem Bedürfnis nach Freiheit und Un-
abhängigkeit sich durch ein emotional sehr warmes Klima eher erstickt als geborgen fühlt. Ein anderer Mitarbeiter mag einen sehr ab-
gesicherten Arbeitsplatz als einengend empfinden. Somit kann das,
was den einen motiviert, auf den anderen demotivierend wirken.

Wissenschaftlich betrachtet, kann ein Projektleiter seine Mitarbeiter gar nicht „motivieren". Aber er kann Situationen und Ar-
beitsumstände schaffen, die die Begeisterung und das Engagement
fördern, oder er kann ein Umfeld schaffen, in dem die Mitarbeiter
keine Lust haben, sich für das Projekt einzusetzen. Dann werden
sie nur so viel tun (oder vortäuschen zu tun), daß man sie nicht
hinauswerfen kann.

Allgemein wird in der Lehre vom Führungsverhalten unter Motivation verstanden, daß die Mitarbeiter so geführt werden sollen,
daß sie aus eigenem Antrieb heraus Engagement, Begeisterung,
Kreativität für ihre Aufgaben entwickeln. Dadurch wird höhere
Zufriedenheit und somit auch höhere Leistungsbereitschaft erreicht als durch einfache Zuteilung von Arbeitsaufträgen und regelmäßige Kontrolle, ob denn auch alles richtig und pünktlich erledigt wurde.

Die heute bekanntesten Motivationstheoretiker sind Abraham
Maslow und Frederick Herzberg.
Abraham Maslow hat die allgemein anerkannte „Maslow'sche Be-
dürfnis-Pyramide" entwickelt.

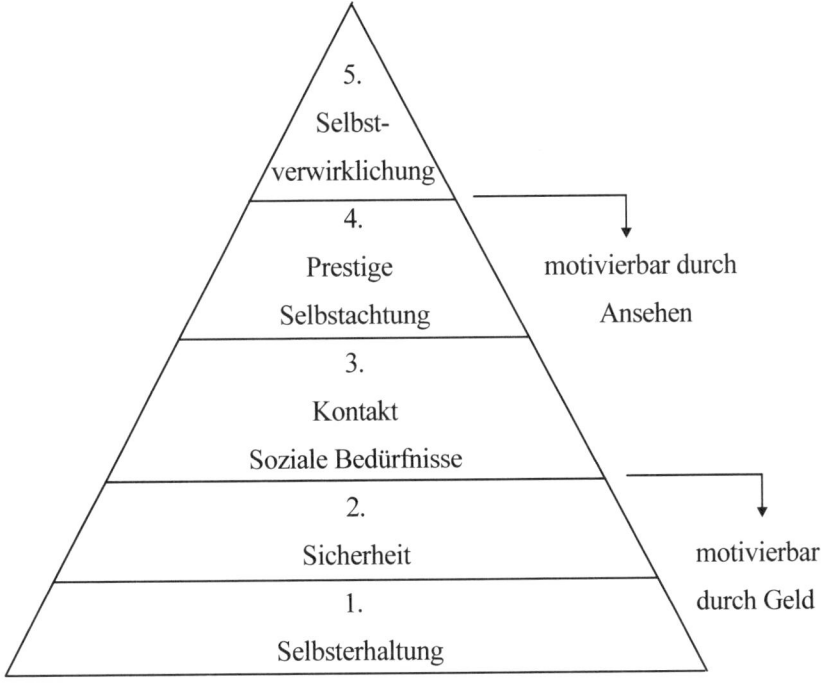

Abb. 6.2 Bedürfnispyramide nach Abraham Maslow

1. Selbsterhaltung

Auf dieser untersten Stufe der Bedürfnis-Pyramide geht es um die
physiologischen Grundbedürfnisse, um das körperliche Wohlbefinden und die persönliche Unversehrtheit: Essen, Trinken, Schlaf,
Licht, Wärme, Lebensraum, Sexualität, Sicherung des Existenzminimums.
Diese Werte sind nicht absolut zu sehen, sondern stets im gesell-
schaftlichen Zusammenhang. Man darf nicht vergessen, daß die
Menschen sich immer mit den Personen vergleichen, die in ihrem
Umfeld leben und ihnen gesellschaftlich weitgehend ähnlich sind.
Wenn zum Beispiel in einem afrikanischen Dorf eine Mahlzeit
täglich motivierend wirkt, dann gilt das keineswegs auch für einen

Programmierer in München. Dieser braucht zur Befriedigung seiner Selbsterhaltungsbedürfnisse so viel Geld, daß er gut leben, ein angemessenes Auto fahren und in einer angemessenen Wohnung leben kann etc. Was in diesem Sinne als „angemessen" gilt, hängt dann wesentlich vom Lebensumfeld der betreffenden Person ab.
Man kann zum Beispiel heute noch in vielen Behörden die Mitarbeiter zwischen uralten Möbeln hinter grauen Türen bei ihren erbärmlichen Topfpflanzen sitzen sehen. Sie kennen es nicht anders und können in solchen Amtsstuben wunderbar arbeiten. In der sogenannten freien Wirtschaft hingegen gibt es viele Mitarbeiter, die auf teuersten ergonomischen Stühlen vor Rückenschmerzen kaum sitzen können. Das liegt oft weniger an den Stühlen als an den Ansprüchen zur Befriedigung der physiologischen Grundbedürfnisse. Wenn Ihre Mitarbeiter sich beklagen, weil sie sich am Arbeitsplatz körperlich unwohl fühlen, dann sollten Sie nicht etwa auf die noch schlechtere Ausstattung in Behörden hinweisen („Die Beamten wären froh, wenn sie Eure Stühle hätten!"), sondern diese Klagen ernst nehmen. Wem das Arbeitsumfeld zu laut ist oder zu dunkel oder zu schlecht gelüftet oder zu unbequem möbliert, der kann nicht arbeiten. Dem hilft auch nicht der Hinweis auf die armen Menschen in Afrika oder sonstwo. Er wird krank oder fühlt sich elend.

2. Sicherheitsbedürfnis
Sobald die Selbsterhaltung des Menschen weitgehend gesichert ist, entwickelt sich das Streben nach einer Absicherung des Erreichten in die Zukunft hinein. Man möchte vorsorgen für spätere Zeiten, man möchte die innere Ruhe haben, daß auf Dauer das Dasein gesichert ist. Dazu gehören: Sicherheit und Geborgenheit in der Familie, sicherer Arbeitsplatz, Sicherung eines gewissen beruflichen Aufstiegs, Absicherung gegen Notfälle durch zum Beispiel Versicherungen oder Immobilien oder andere Werte. Sehr viele Mitarbeiter ziehen einen mäßig bezahlten, aber sicheren Arbeitsplatz einer besser bezahlten, aber unsicheren Position vor. Firmen können durch gute Einkommen, die mehr als den monatlichen Geldbedarf abdecken und durch gute Sozialleistungen sehr wohl zur Zufriedenheit ihrer Mitarbeiter beitragen. Oft reicht es den Mitarbeitern jedoch nicht, wenn sie wissen, daß das Unternehmen sie grundsätzlich auf Dauer beschäftigen und gut bezahlen wird. Man möchte wissen, welche Position mit welchen Auf-

gaben und Kompetenzen man genau auf Dauer haben wird. Man möchte wissen, zu welcher Führungskraft und in welche Abteilung man in Zukunft (nach Ende des Projektes) gehören wird. In Unternehmen, die Umstrukturierungen und Reorganisierungen vornehmen, kann man immer wieder die Unruhe und den Frust beobachten, wenn die Mitarbeiter über Wochen und Monate im Unklaren bleiben, wie die zukünftige Organisation aussehen wird und wo der einzelne dann seinen Platz finden soll. Die Beteuerungen der Unternehmensleitung, daß niemand entlassen werden wird, beruhigt die Gemüter durchaus nicht. Der einzelne Mensch will wissen: Was wird aus mir? Wo komme ich hin?

Diese Unsicherheit bezüglich des eigenen konkreten Arbeitsplatzes kann sich in Projekten demotivierend auswirken. Jeder weiß, daß das Projekt für eine ganz bestimmte Aufgabe gegründet würde und mit Erledigung dieser Aufgabe wieder aufgelöst wird. Was kommt danach? Wird der bisherige Arbeitsplatz, der während der Projektzeit durch einen Vertreter ausgefüllt wurde, wieder zur Verfügung stehen? Oder muß man befürchten, daß am Ende der Vertreter den Posten bekommt und der Mitarbeiter des Projektteams irgendwo eine weniger attraktive Stelle bekommt?

Hier gibt es oft einen Interessenkonflikt.

Einerseits möchten sich die Mitarbeiter während der Projektzeit voll auf das Projekt konzentrieren und nicht nebenher durch ihr Tagesgeschäft belastet werden, auf der anderen Seite möchten sie ihre angestammten Aufgaben keinem anderen überlassen, um nicht nach Abschluß des Projektes „heimatlos" zu sein.

3. Soziale Bedürfnisse und Kontakt zu anderen

Wir Menschen brauchen gute Beziehungen zu anderen Menschen. Wir wollen harmonisch mit anderen leben und arbeiten. Wir wollen Anteil nehmen an dem, was andere betrifft, und wir wollen uns bei anderen über unsere eigenen Angelegenheiten aussprechen. Sehr viele Menschen haben sogar Angst davor, allein zu sein, nicht dazuzugehören, Außenseiter zu sein. Wir brauchen die Geborgenheit in der Gruppe, die Teilhabe an gemeinsamen Erlebnissen, den Austausch von Gedanken und Informationen und sogar von Tratsch. Wir wollen wissen, was die anderen von uns denken, und wir möchten von den anderen so angenommen werden wie wir sind. Gleichzeitig machen wir uns über die anderen unsere Gedanken und finden – trotz aller Reibereien – schließlich

die Kollegen und Mitmenschen am nettesten, mit denen wir am vertrautesten sind.
Jede Führungskraft muß sich darüber klar sein, daß ein schlechtes Betriebsklima für die Mitarbeiter viel belastender ist als harte Arbeit. Deshalb ist es die Aufgabe des Projektleiters, in seinem Team dafür zu sorgen, daß die Mitarbeiter gut miteinander auskommen, daß sie Vertrauen zueinander entwickeln können, daß sie sich gegenseitig offen informieren und sich helfen.
Niemals darf ein Projektleiter zulassen, daß im Team Konkurrenzkampf entsteht, daß es zu Petzereien kommt, zu Mobbing oder zum Ausschluß einzelner Personen. Die Mitarbeiter des Projektes sollen sich zwar auf die Arbeit konzentrieren, sie sollen jedoch auch ausreichend Gelegenheit haben, sich über private Dinge auszutauschen. Man kann über Urlaubspläne sprechen, sich über den Hauswirt beklagen, sich gegenseitig Ratschläge zum Autokauf geben etc. Kleine Feiern wie zum Beispiel eine Runde Kuchen zum Geburtstag oder für jeden ein Eisbecher zum erfolgreich abgenommenen Meilenstein können den menschlichen Zusammenhalt der Gruppe fördern.
Sie sollten grundsätzlich keinen Alkohol ausschenken (lassen). Erstens ist Ihr Projektbüro keine Kneipe, zweitens soll niemand alkoholisiert mit dem Auto die Heimfahrt antreten, drittens sollen Alkoholiker nicht schon wieder als Außenseiter dastehen, viertens sollte es möglich sein, ohne Drogen nett beisammen zu sitzen. Sollten Sie einen Mitarbeiter haben, der sich über alkoholfreie Feiern beschwert, so drücken Sie ihm zehn Mark in die Hand, damit er sich für den Feierabend selbst eine Flasche kauft. Diese zehn Mark werden garantiert eine einmalige Investition bleiben. Machen Sie deutlich, daß Sie unter Kollegialität und Teamgeist etwas anderes verstehen als angesäuselte Kumpanei.

Auf keinen Fall sollten Sie Motivation durch Befriedigung sozialer Bedürfnisse dadurch betreiben, daß Sie die Mitarbeiter nach Feierabend zu geselligen Abenden zwingen. Bedenken Sie, daß die meisten Mitarbeiter ihre Kontaktbedürfnisse nicht ausschließlich mit Ihnen und den Kollegen befriedigen wollen, sondern auch mit der Familie, dem Kegelclub, dem Sportverein, dem Kirchenchor... Ihre Mitarbeiter brauchen die Freizeit auch für soziale Kontakte jenseits des Projektteams.

4. Selbstachtung, Prestige und Differenzierungsbedürfnisse
Bei aller Sehnsucht nach Geborgenheit in einer Gruppe hat jeder
Mensch auch das Bedürfnis danach, „etwas Besonderes" zu sein.
Niemand möchte als Rädchen im Getriebe des Ganzen unterge-
hen. Jeder möchte sich positiv von den anderen unterscheiden und
als Individuum mit speziellen Qualitäten und Leistungen wahrgenommen werden. Unser persönliches Ansehen bei anderen ist uns
wichtig. Wir möchten immer mal wieder ein wenig glänzen und
uns hervortun. Da sich in unserer Gesellschaft der persönliche
Status einer Person sehr stark vom Beruf und von der Karriere
herleitet, ist es wichtig, daß die Führungskräfte dem Streben nach
Aufstieg, nach Status und Prestige entgegenkommen. Motivierend wirken hierbei: Möglichkeiten zur Selbstdarstellung, Per-
spektiven für den weiteren beruflichen Aufstieg, gebührende Anerkennung von persönlichem Engagement, die Chance zur Ge-
winnung von Statussymbolen (z.B. Titel, Kompetenzbereiche,
Büroausstattung, Entscheidungsbefugnisse), die Möglichkeit zur
eigenständigen Gestaltung des Problemlösungsvorgehens, das Er-
lebnis des Vertrauens in die eigenen Fähigkeiten.
Als Projektleiter sollten Sie nicht immer nur das Team sehen. Beachten Sie jedes einzelne Mitglied auch individuell, und lassen Sie
jedem die Chance, auch individuelle Leistungen und Ergebnisse
zu produzieren. Die Mitarbeiter wissen schließlich, daß nach Projektende dieses Team aufgelöst wird. Neue Teams werden für
neue Projekte zusammengestellt. Wie jeder weiß, wird bei neuen
Teams sehr wohl individuell überlegt, wen man mit hineinnimmt
und wen nicht. Der einzelne Mitarbeiter wäre sehr dumm, wenn
er nicht immer wieder darauf achten würde, daß die eigene Person
auch gebührend zur Geltung kommt. Achten Sie als Projektleiter
besonders bei den Nachwuchskräften und bei den älteren Mitarbeitern und bei den eher zurückhaltenden Personen darauf, daß
sie nicht von Starken und (Vor-)Lauten an die Wand gespielt werden.

5. Selbstverwirklichung
Die Stufe der Selbstverwirklichung ist die höchste Stufe der Be-
dürfnis- oder Motivationspyramide. Hierbei geht es um den
Wunsch des einzelnen Menschen, sich als eigenständige Person zu
entwickeln, für sich selbst Befriedigung zu finden. Auf dieser
Ebene der Bedürfnispyramide geht es um Werte wie Freude an

der Arbeit, interessante und abwechslungsreiche Aufgaben, kreativer Freiraum zur eigenen Gestaltung der Prozesse, Verantwortung für einen eigenen Kompetenzbereich, die Möglichkeit der Einflußnahme auf die Umwelt, die Chance zur Entfaltung persönlicher Begabungen. Es reicht uns Menschen auf dieser Ebene nicht mehr, als Befehlsempfänger Vorschriften zu befolgen, Anweisungen anzunehmen und zugeteilte Aufträge zu erledigen, Hauptsache: „Das Geld stimmt." Auch spielt unser Ansehen beim Vorgesetzten, bei den Kollegen oder bei anderen Personen nicht mehr die große Rolle. Vielmehr fragt sich der einzelne Mensch: Macht mir das, was ich tue, eigentlich Spaß? Kann ich meine Talente leben? Ist das, was ich tue, sinnvoll?

Wenn man sich die fünf Stufen der Bedürfnisse oder Motive anschaut, dann kann man erkennen, daß die beiden unteren durchaus mit Geld, mit der Bezahlung der Arbeit, zu tun haben. Mitarbeiter, die am Rande des Existenzminimums stehen oder sich als zu „arm" empfinden, und Mitarbeiter, die noch dabei sind, sich finanziell für die Zukunft abzusichern (z.B. durch Hausbau), kann man noch weitgehend mit guter Bezahlung auch zu weniger attraktiven Arbeiten motivieren. Dann gilt der Grundsatz: „Geld stinkt nicht."

Wenn die beiden unteren Ebenen der Bedürfnisse befriedigt sind, ist es kaum noch oder nur kurzfristig möglich, Menschen durch Geld zu motivieren. Jetzt spielt das persönliche Ansehen eine bedeutendere Rolle. Die Mitarbeiter ist bereit, sich zu engagieren, wenn er dafür von der sozialen Gruppe aufgenommen wird und/oder die Chance hat, sein Prestigebedürfnis zu befriedigen. Auf der höchsten Ebene, der Selbstverwirklichung, kann man Menschen weder durch Geld noch durch anerkennendes Schulterklopfen, oder die Vergabe von Statussymbolen motivieren. Hier verlangt der Mitarbeiter den Freiraum zu ganz persönlicher Entwicklung. Diese Entwicklung ist nicht immer als Karriere zu verstehen. Hier können ganz andere Werte gelten. Es kann durchaus vorkommen, daß ein Mitarbeiter lieber schlechter bezahlte Arbeit annimmt, wenn er mehr Spaß daran hat als an der besser bezahlten Arbeit. Auf dieser Ebene kann es vorkommen, daß ein erfolgreicher Manager alles an Macht und Luxus und Ehre aufgibt und ins Kloster geht oder eine Kneipe eröffnet oder als Erntehelfer in Israel schuftet. Lust, seelische Erfüllung, Ausleben von künstlerischer Kreativität, Sinn im eigenen Leben finden etc. spielen eine viel größere Rolle als Besitz und Ansehen.

Wenn man sich einmal in Erinnerung ruft, wie sich bestimmte Strömungen und Verhaltenstrends in der (west-)deutschen Gesellschaft nach dem zweiten Weltkrieg entwickelten, dann kann man deutlich sehen, wie der Reihe nach die Pyramide der Bedürfnisse erklommen wurde:

1. Selbsterhaltung

In den schweren Jahren nach Kriegsende ging es vielen Menschen in erster Linie darum, überhaupt zu überleben. Man hatte weder genug Lebensmittel noch Heizmaterial oder Unterkünfte. In ihrer Not haben nicht wenige Menschen bisherige Moralvorstellungen über Bord geworfen und gestohlen und betrogen. Man hat sich zum Teil sogar innerhalb der Familie gegenseitig das Brot weggenommen. Als es langsam wieder bergauf ging, rollte die sogenannte „Freßwelle" über das Land. Viele ältere Menschen beurteilen bis heute die Qualität eines Restaurants nach der Größe der Portionen und dabei besonders nach den Ausmaßen des Fleischanteils. Man kann auch noch bis heute hören, wenn jemand sich vor halbvollem Teller für satt erklärt: „Iß wenigstens noch das Fleisch auf." Diese Menschen sind stark geprägt durch das Bedürfnis nach physischer Selbsterhaltung.
Besonders ältere Führungskräfte glauben bis heute, daß man Mitarbeiter durch Einladungen zum Essen oder durch Freibier etc. motivieren kann.

2. Sicherheitsbedürfnis

Als sich die Zeiten langsam besserten, fingen die Menschen an zu sparen und zu bauen. Man gab sich oft nicht einmal damit zufrieden, eine feste Stelle zu haben, man arbeitete abends und am Wochenende noch schwarz nebenher. Man wollte etwas anschaffen, sich finanzielle Rücklagen für Notzeiten zulegen. Neugeborenen Kindern wurden Sparbücher geschenkt. Man schloß Bausparverträge ab, versicherte sich gegen alle denkbaren Verluste und lebte nach dem Grundsatz: "Die Kinder sollen es einmal besser haben." Man war bereit, sich gesundheitlich zu ruinieren, auf gemeinsame Zeit mit den Kindern zu verzichten, den Ehepartner zu vernachlässigen, wenn man nur irgendeine weitere Chance hatte, noch mehr Geld für noch mehr Zukunftssicherungen zu verdienen.

Während dieser Jahre waren Menschen durch Geld zu motivieren. Man ertrug schmutzige und gefährliche Arbeit, schlechtes Betriebsklima, endlose Überstunden, wenn nur die Kasse stimmte.

3. Soziale Bedürfnisse und Kontakte
Danach kam die Zeit der Vereine und Clubs und Partys. Man wollte dabeisein, wenn Menschen zusammenkamen. Sportvereine, Kegelclubs und Schützenbruderschaften hatten regen Zulauf. Während dieser Jahre konnte man Mitarbeiter durch Betriebsfeiern, durch Betriebsausflüge oder Einladungen zum Kaminabend beim Chef zu Hause motivieren. Ältere Mitarbeiter schwärmen noch heute von dem tollen Zusammenhalt unter Kollegen, von den gemeinsam durchzechten Nächten. Jüngere Mitarbeiter würden sich lieber krankmelden, als samstags beim Chef zum Grillen anzutreten. Wochenendausflüge mit den Arbeitskollegen sind ihnen eine Strafe. Das gilt auch dann, wenn die Firma alle Kosten übernimmt.

4. Selbstachtung und Prestige
Dann kam die Zeit der Angeberei. Man begnügte sich zwar mit Marmeladebroten, drehte Heizungen herunter und sparte auch sonst an allen Ecken und Kanten. Man brauchte aber das gesparte Geld, um sich Dinge zu kaufen, die man sich eigentlich nicht leisten konnte, die jedoch unbedingt notwendig waren, um den Nachbarn oder Kollegen zu imponieren. Man kaufte sich möglichst große Autos und sparte dann am Benzin, weil man den Schlitten noch jahrelang abbezahlen mußte. Junge Leute kauften sich gleich zur Hochzeit pompöse Möbel und bauten viel zu große Häuser. Nicht selten hielten schließlich die Schulden länger als die Ehe. Der Gipfel der Prestigesucht wurde in der Yuppiezeit erreicht. Damals hing endgültig das Ansehen der Menschen von Designerkleidung, von eleganten Autos und Gesehenwerden in feinen Lokalen ab. „Haste was, biste was."
Während der Yuppie-Jahre konnten Mitarbeiter durch große Firmenwagen, elegante Büromöbel und Visitenkarten mit karriereträchtigen Titeln motiviert werden. Handelsvertreter nannten sich Vertriebsleiter, und Putzfrauen wurden zu Hygieneberaterinnen. Man war zu allen möglichen und unmöglichen ehrlichen und unehrlichen Arbeiten bereit, wenn man dafür die Chance hatte, noch mehr Prestige zu gewinnen.

5. Selbstverwirklichung
Heute leben wir in Europa in Gesellschaften mit großen sozialen
Unterschieden. Die Zahl der Arbeitslosen wächst, und viele derer,
die noch arbeiten, wissen nicht, wie sicher ihre Stellen sind. Auf
der anderen Seite gibt es sehr viele Menschen, die ungewöhnlich
gut verdienen und sich sozial bereits hervorragend abgesichert haben. Diesen Menschen ist zum Teil die Lust an Prestigeobjekten
vergangen. Sie suchen wieder nach dem „Sinn" in ihrem Leben,
nach „Erfüllung" oder auch nach „Abenteuern". Zunehmend verbringen beruflich erfolgreiche Menschen Urlaube in Klöstern und
widmen sich der Meditation. Andere erholen sich vom Berufsall-
tag durch künstlerische Betätigungen oder durch die Pflege von
Hobbys, die einen immer wichtigeren Platz im Leben einnehmen.
Menschen, die sich selbst verwirklichen wollen, lassen sich weder
durch Freibier, noch durch Essenseinladungen oder schulterklop-
fende Vorgesetzte motivieren. Sie erwarten, daß sie die Möglichkeit haben, im Beruf gestalterisch mitzuwirken und mitzuent-
scheiden. Sie wollen den Sinn der Gesamtaufgabe, auch über ihren
persönlichen Aufgabenbereich hinaus, kennen. Und im übrigen
soll der Beruf ihnen ausreichend Freiräume für die individuelle
Entwicklung lassen.

Die Phasen der Bedürfnisentwicklung folgen nicht abrupt aufeinander, sondern gehen fließend ineinander über. Sie sind zwar ein
gesellschaftliches Phänomen, treffen jedoch nicht auf jeden Menschen in gleicher Weise zur gleichen Zeit zu. Auch in Ihrem Projekt müssen Sie damit rechnen, daß Sie Mitarbeiter haben, die
noch dringend ihre Zukunft absichern und das Haus abbezahlen
müssen. Diese Mitarbeiter kann man durch Geld zu Überstunden
motivieren. Gleichzeitig mag es Mitarbeiter in Ihrem Team geben,
die im Privatleben vereinsamt sind und ihr Bedürfnis nach sozialen Kontakten bei den Kollegen stillen wollen. Ebenso kann es
Mitarbeiter geben, die ihre Stunden am Arbeitsplatz runterreißen
und abends fluchtartig die Firma verlassen, um ihrer Selbstverwirklichung entgegenzueilen.

Hüten Sie sich davor, Ihre Mitarbeiter alle über einen Kamm zu
scheren oder gar Ihre eigenen Bedürfnisse anderen Menschen zu
unterstellen. Sorgen Sie vielmehr dafür, daß Ihre Mitarbeiter möglichst zufrieden sind im fachlichen und menschlichen Umfeld Ihres Projektes.

6.4. Hygienefaktoren im Arbeitsleben

Auf den Theorien von Abraham Maslow aufbauend hat der amerikanische Psychologe Frederick Herzberg seine Theorie von den „Hygienefaktoren" entwickelt. Er hat festgestellt, daß es bestimmte Bedingungen oder Vergünstigungen oder Faktoren gibt, die im Grunde nicht besonders motivierend sind. Sie werden von den Mitarbeitern eher selbstverständlich hingenommen, falls sie überhaupt bewußt wahrgenommen werden. Wenn man diese Bedingungen, Vergünstigungen oder Faktoren jedoch entfernt, dann sinkt sofort die Motivation.

Herzberg nennt das Beispiel des gepflegten und sauberen Arbeitsplatzes. Die Tatsache, daß die Büros mit unbeschädigten Möbeln ausgestattet sind und regelmäßig geputzt werden, wird die Mitarbeiter nicht zu erhöhtem Arbeitseifer anfeuern. Sollte man den Mitarbeitern jedoch ein schlampig eingerichtetes und von ihnen selbst zu reinigendes Büro anbieten, dann sinkt die Arbeitsfreude auf Null.
Ein anderes Beispiel kann der Kaffee sein. Wenn in einem Unternehmen der Kaffee in beliebigen Mengen kostenlos zur Verfügung steht, dann wird das die Motivation nicht erhöhen. Sollte eines Tages jedoch der kostenlose Kaffee gestrichen werden, dann sind die Mitarbeiter auf der Stelle demotiviert.

Somit sind Hygienefaktoren die Faktoren oder Bedingungen, die grundsätzlich vorhanden sein müssen, damit keine Unzufriedenheit entsteht. Wenn sie jedoch vorhanden sind, werden sie vielleicht gar nicht bewußt erkannt. Diese Hygienefaktoren müssen nicht in allen Unternehmen gleich sein. Es hängt sehr von den Gewohnheiten der Mitarbeiter ab, von den in der betreffenden Branche üblichen Standards und von den Erwartungen der Mitarbeiter.

Man könnte es vergleichen mit Hotelausstattungen. Wenn wir als Gäste in ein Hotel kommen und gepflegte Räume mit Teppichböden, schönen Möbeln, Fernseher, Zimmerbar etc. vorfinden, dann führt das bei uns nicht unbedingt zu Begeisterung. Es ist einfach der Standard, an den wir uns inzwischen bei Hotels gewöhnt haben. Sollte der Zufall uns jedoch in ein Hotel mit Linoleumböden, quietschenden Betten und Colaautomaten auf dem Korridor führen, dann sind wir sofort enttäuscht und lehnen das Hotel ab. Auf der anderen Seite sind wir durchaus bereit, ein solches Hotel zu akzeptieren, wenn wir uns in einem Land aufhalten, von dem wir wissen, daß es hier den deutschen Hotelstandard nicht gibt. Somit hängen Hygienefaktoren tatsächlich sehr von der Erwartung der Menschen ab. Wenn Mitarbeiter die Erwartung haben, daß sie jederzeit direkten Zugriff auf die Datenbank haben, dann nehmen sie das als selbstverständlich hin. Sollte die Datenbank jedoch nur zu bestimmten Zeiten erreichbar sein, dann kann die Lust an der Projektarbeit stark absinken.

Sie als Projektleiter sollten sich deshalb unbedingt fragen: Was erwarten meine Teammitglieder als selbstverständlichen Standard für ihr Arbeitsumfeld? Was sind sie bisher von ihrer Linienarbeit her gewohnt? Welche Standards kann oder will ich nicht erfüllen? Wie kann ich die Mitarbeiter darauf einstimmen, damit sich das Fehlen von Hygienefaktoren nicht demotivierend auswirkt?

Bei den Hygienefaktoren muß es sich nicht unbedingt um materielle Dinge handeln. Auch das Betriebsklima gehört dazu. Gutes Betriebsklima läßt die Mitarbeiter sich zwar wohlfühlen, muß jedoch nicht unbedingt zu besonderem Arbeitseifer führen. Schlechtes Betriebsklima demotiviert jedoch immer.

Zu den Hygienefaktoren können zum Beispiel gehören:
– helle und freundlich ausgestattete Räume
– gute Sozialleistungen
– angenehmes Betriebsklima
– Kantine mit abwechslungsreicher Küche
– ausreichende Ausstattung mit PCs etc.
– Prämien und Sonderzahlungen
– Statussymbole
– Weiterbildungsmaßnahmen
– gute Beziehungen zu Vorgesetzten und Kollegen
– kooperativer Führungsstil
– geringer Bürokratismus

Frederick Herzberg unterscheidet die Hygienefaktoren deutlich von den eigentlichen Motivatoren. Vereinfachend kann man sagen: Vorhandene Hygienefaktoren motivieren nicht. Fehlende Hygienefaktoren demotivieren mit Sicherheit. Motivatoren motivieren jedoch von sich aus. Zu den Motivatoren rechnet Herzberg:

- Selbstbestätigung
- Möglichkeiten zur Mitgestaltung
- Entscheidungsfreiheiten
- Sinngebende und erfüllende Aufgaben
- Beförderungen
- eigene Verantwortungsbereiche
- Anerkennung
- Erfolg

Für Abraham Maslow ist der höchste Motivator die Chance zur Selbstverwirklichung. Für Frederick Herzberg ist es der Erfolg. Er geht davon aus, daß mit jedem persönlichen Erfolg eines Menschen seine Motivation steigt.

Daß Erfolg motivierend wirkt, wissen wir alle aus der täglichen Praxis. Manchem Projektleiter muß man jedoch immer wieder sagen, daß er demotivierend wirkt, wenn er Projekterfolge immer wieder als eigene Leistung im Unternehmen präsentiert. Es gibt kaum etwas, was Mitarbeiter mehr ärgert, als ein Chef, der ihre Leistungen als seine eigenen ausgibt.

Merke: Eine gute Führungskraft hat erfolgreiche Mitarbeiter, und sie hat die Bescheidenheit (und Klugheit), den Mitarbeitern ihre Erfolge auch zu lassen.

6.5. Unzufriedenheit ist die Mutter von Rache und Pfusch.

Wenn Mitarbeiter sich an ihrem Arbeitsplatz nicht zufrieden fühlen, gibt es grundsätzlich zwei Reaktionsmöglichkeiten: Die Mitarbeiter steigern ihre Leistung und werden noch engagierter, oder sie drosseln ihre Leistung. Wenn die Unzufriedenheit nur temporär ist und die Mitarbeiter eine Chance sehen, daß sich bald etwas ändert (Aufstieg, bessere Bezahlung, bessere Ausstattung des Arbeitsplatzes etc.), dann kann diese Unzufriedenheit zum Motivator werden. Man will, daß die Änderung zum Besseren möglichst bald kommt, also „legt man sich ins Zeug".

Wenn jedoch keine realistische Hoffnung auf eine Verbesserung der Lage besteht, dann wirkt sich die Unzufriedenheit negativ aus. Man kann vor Ärger nicht mehr so viel wie bisher leisten oder man will es gar nicht mehr. Unzufriedenheit, die sich demotivierend auswirkt, kann zu den folgenden vier Reaktionsmustern führen: Kampf, Flucht, Rache, Resignation (Abb. 6.3).

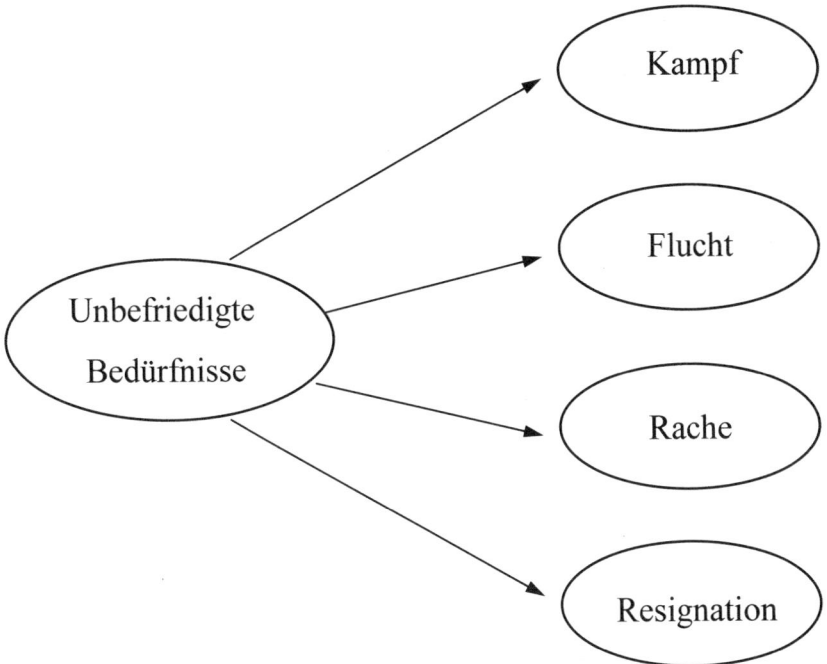

Abb. 6.3 Reaktion demotivierter Mitarbeiter

Kampf
Der unzufriedene Mitarbeiter spricht immer wieder seinen Vorgesetzten an. Er will das erreichen, was ihn zufriedenstellt. Es kann
sich um eine Gehaltserhöhung handeln, um einen neuen PC, um
ein anderes Büro... Was es auch ist, der Mitarbeiter hat sich die
Sache in den Kopf gesetzt und kämpft darum, es zu erhalten.
Natürlich kann man den Mitarbeitern nicht immer alles geben,
was sie haben wollen. Man muß sich jedoch darüber im klaren
sein, daß nach wiederholten Auseinandersetzungen um das Thema der Mitarbeiter ohne Gesichtsverlust kaum mehr auf sein Ziel
verzichten kann. Wahrscheinlich hat er sich auch schon mit seinen Kollegen darüber besprochen, was er erkämpfen will. Diese
Kollegen beobachten nun gespannt, wie die Sache ausgeht. Schon
wegen dieser Zuschauer kann der betreffende Mitarbeiter nicht
mehr „klein beigeben“.
Als Vorgesetzter muß man jedoch darauf achten, daß man nicht –
nur um eine Person zu motivieren – ungute Präzedenzfälle

schafft. Auf der anderen Seite ist zu bedenken, daß der weiterhin unbefriedigte Mitarbeiter durch die erlebte Niederlage bei diesem Kampf zusätzlich demotiviert wird, womöglich die Unzufriedenheit ausweitet und damit die allgemeine Stimmung im Projekt verschlechtert.

Flucht
Es gibt Mitarbeiter, die sich nicht (mehr) die Mühe machen, am Arbeitsplatz um ihre Befriedigung zu kämpfen. Sie erledigen mehr oder weniger ihren Job und suchen sich ihre Befriedigung außerhalb des Berufslebens. Sie setzen ihre ganze Kraft in den Freizeitbereich mit Hobbys, Nebenbeschäftigungen, Karrieren als Vereinsvorstände oder ähnliches. Was sie an sinnvollen Tätigkeiten, an Sozialkontakt, an mehr Geld oder mehr Prestige brauchen, finden sie woanders.
Eine andere Form der Flucht ist natürlich die Bewerbungstournee mit anschließender Kündigung. Es kann vorkommen, daß eine Führungskraft von der Kündigung völlig überrascht wird. Nicht immer folgt die Kündigung sofort auf die Ablehnung eines Mitarbeiterwunsches. Manchmal kämpft eine Person um irgendetwas und wird dabei dem Vorgesetzten lästig. Irgendwann gibt die Person auf und wird wieder ruhiger. Der Vorgesetzte glaubt dann vielleicht: „Ich habe mit meinen Argumenten überzeugt." Und dann kommt, oft Wochen oder Monate später, die Kündigung.

Rache
Wenn unbefriedigte Mitarbeiter vergeblich versucht haben, an ihrem Arbeitsplatz das zu erreichen, was sie möchten, dann kann es sein, daß sie sich ungerecht behandelt fühlen. Wenn sie dann auch noch Schwierigkeiten haben sich zum Beispiel eine andere Stelle zu besorgen, oder wenn sie in ihrem Freizeitbereich keine „Ersatzbefriedigungen" finden, dann muß der Ärger irgendwie anders heraus. Es gibt Menschen, die unter solchen Schwierigkeiten rachlustig werden. Der Chef oder „die Firma" hat sie ungerecht behandelt und soll nun bestraft werden. Es kommt zu Nachlässigkeit im Umgang mit Firmeneigentum bis hin zu Sabotage. Man spricht zu Außenstehenden abfällig über den Arbeitgeber. Man bestiehlt die Firma um Schreibmaterial, Telefoneinheiten etc., oder man betrügt bei der Spesenabrechnung. Vielleicht sammelt man auch Beweise für Steuerhinterziehung oder Bestechung oder die Umgehung von Gesetzen und zeigt anonym den Arbeitgeber an.

Ein Mitarbeiter hat zum Beispiel einmal ein großes Nachrichtenmagazin mit handfesten Unterlagen über die Beschäftigung von Schwarzarbeitern bei seinem Arbeitgeber versorgt. Ein wütender Bankangestellter hat das Finanzamt informiert, wie die Bank ihren Kunden bei der Steuerhinterziehung half. Ein erboster Programmierer hat seinem Projektleiter einen Virus in das Demosystem für die Messe gebaut. Ein beleidigter Vertriebsmitarbeiter hat seinen Chef angezeigt, als der nach einer Firmenfeier angetrunken mit dem Auto heimfuhr. Glauben Sie mir, wer sich an Ihnen oder an Ihrem Unternehmen rächen will, der findet auch etwas!

Als Projektleiter dürfen Sie niemals einen Mitarbeiter im Team akzeptieren, der von seinem Linienvorgesetzten so verärgert wurde, daß er womöglich Ihr Projekt zum Schauplatz seiner Racheaktionen macht. Es kommt nämlich durchaus vor, daß Abteilungsleiter ausgerechnet solche Leute dem Projektleiter überlassen, die sie selbst nicht mehr im Team haben wollen. Besonders kritisch sollten Sie sein, wenn man Ihnen einen Mitarbeiter anbietet mit dem Hinweis, daß er durch die Projektarbeit sicherlich bald wieder motivierter sein wird als bisher. Ihr Projekt ist keine Besserungsanstalt für demotivierte Mitarbeiter.

Resignation
Es kann auch vorkommen, daß unbefriedigte Mitarbeiter sich in Resignation und Hoffnungslosigkeit zurückziehen. Für sie sieht es so aus, als ob alles Mühen und Kämpfen doch keinen Zweck mehr habe. Sie schrauben ihre Bedürfnisse herunter, finden sich ab mit der Situation und entwickeln eine gewisse Scheinzufriedenheit. Sie denken sich, daß jeder sein Päckchen im Leben zu tragen hat, daß es anderen Menschen noch viel schlechter geht, daß man den Reichen und Mächtigen als kleiner Untertan ja doch hilflos ausgeliefert ist...
Diese resignierten Mitarbeiter fallen oft gar nicht lästig auf. Sie wehren sich nicht und fangen auch keinen Streit an. In manchen Unternehmen scheint diese resignative Haltung sogar erwünscht zu sein. Es gibt Unternehmen, in denen Friedhofsruhe als „Arbeitsfrieden" aufgefaßt wird. Man will gar nicht, daß die Mitarbeiter mehr tun, als täglich am Arbeitsplatz erscheinen und lustlos dahinwerkeln. Für die Projektarbeit sind diese innerlich gebrochenen Menschen jedoch völlig ungeeignet. Im Projekt kommt es

unweigerlich zu Schwierigkeiten, zu Terminengpässen, zu Krisen. Wie soll man das durchstehen mit Menschen, die innerlich mit ihrem Berufsleben abgeschlossen haben?

Als Projektleiter sollten Sie wirklich einiges (wenn auch nicht alles) tun, um ein motiviertes Team zu leiten. Je mehr Spaß die Mitarbeiter am Projekt und an der Zusammenarbeit haben, desto sicherer kommen Sie zu einem guten Ergebnis. Wie steht es eigentlich um Ihre eigene Motivation?

6.6. Vieles hängt von Ihnen ab.

Da der Erfolg Ihres Projektes in hohem Maße von der Motivation Ihrer Mitarbeiter abhängt, sollten Sie sich bemühen, möglichst auf allen Ebenen der Motivationspyramide (nach Abraham Maslow) den Bedürfnissen Ihrer Mitarbeiter entgegen zu kommen. An dieser Stelle sei in einer Checkliste noch einmal zusammengestellt, worauf Sie achten sollten.

1. Selbsterhaltung und körperliches Wohlbefinden
- angemessene Ausstattung der Arbeitsplätze (Platz, Licht, Temperatur, Ruhe etc.)
- abwechselnde Zeiten der Anspannung und der Entspannung
- angemessene Bezahlung
- möglichst weitgehende Berücksichtigung der individuellen Leistungsrhythmen

2. Sicherheit und Zukunftserwartung
- Sicherung des Arbeitsplatzes und des Aufstiegs
- Klärung des Verbleibs der einzelnen Personen nach Projektende
- Verständlichkeit der Systme, der Kriterien zur Leistungsbewertung, der Prozesse zur Entscheidungsfindung etc.
- fachliche und menschliche Förderung der einzelnen Mitarbeiter

3. Soziale Bedürfnisse und Kontakt zu anderen
- Ansprechbarkeit für die Mitarbeiter bei Fragen und Problemen
- Förderung der Kommunikation im Team und mit Personen außerhalb des Teams
- Pflegen von guten Beziehungen zum Management, zum Betriebs- oder Personalrat

- angemessene Freiräume für privaten Austausch
- Förderung der Identifikation mit dem Projekt und mit den Kollegen
- offene Informationspolitik
- Unterstützung bei Problemen oder Sorgen
- Interesse an den Menschen und ihren Gedanken haben und zeigen
- Förderung des rücksichtsvollen Umgangs mit den Kollegen und mit Außenstehenden
- Förderung eines vertrauensvollen Umgangs miteinander

4. Selbstachtung, Prestige und Differenzierung
- Chancen zur Entwicklung von hohem sozialem Status im Unternehmen
- Darstellungsmöglichkeiten des jeweiligen Status durch Symbole
- Teilhabe der Mitarbeiter am Prestige des Projektes und der Gruppe
- Sicherung des guten Ansehens des Projektes im Unternehmen durch geeignete Außendarstellung
- Herausstellen der Leistungen der Mitarbeiter über Projektgrenzen hinaus
- Ermöglichen von Selbstdarstellungen der Mitarbeiter in Präsentationen, Publikationen oder Konferenzen
- Anerkennen der Leistungen und angemessene Prämierung oder Belobigung
- Erweitern der Kompetenzbereiche

5. Selbstverwirklichung
- Einbindung der Mitarbeiter in Prozesse der Zielfindung, der Entscheidungsfindung und der Planung
- Gestaltungsmöglichkeiten geben und Freiräume lassen
- den Sinn der Aufgabe verdeutlichen
- Förderung der Freude an der Arbeit
- Förderung kreativer Prozesse
- Ermöglichen der Entfaltung von persönlichen Begabungen
- Übertragen von Verantwortungen an Mitarbeiter, die dazu bereit sind, Verantwortung zu übernehmen

Man spricht im Zusammenhang mit Führung auch von den "Vier Motivationssteigerern":

1. Information
Die Mitarbeiter kennen das Ziel der Aufgabe und den Nutzen für das Unternehmen. Sie kennen die Bedeutung des Projektes im Zusammenhang mit anderen Projekten oder Bereichen. Sie wissen, was von ihnen persönlich erwartet wird und wie ihre Leistung beurteilt und schließlich bewertet wird.

2. Integration
Die Mitarbeiter fühlen sich als gleichwertige Mitglieder des Teams. Sie finden bei den Kollegen und beim Vorgesetzten Rückhalt und entwickeln ein festes „Wir-Gefühl" innerhalb der Gruppe.

3. Identifikation
Die Mitarbeiter erkennen, daß ihre Aufgabe wichtig und gut ist. Sie stehen hinter den Projektzielen und sind stolz darauf, am Ergebnis beteiligt zu sein. Der Erfolg des Projektes ist ihr persönliches Anliegen.

4. Initiative
Die Mitarbeiter erkennen, daß ihr Engagement gefragt ist. Sie fühlen sich in ihrer Kreativität unterstützt, wissen, daß sie auch Fehler machen dürfen und das Recht haben, ihre Fehler ohne „Gesichtsverlust" zu revidieren.

Motiviert sind Mitglieder eines Projektteams dann, wenn sie verstanden haben, was der Inhalt des Projektes ist, wenn sie wissen, wie sie persönlich im Team erfolgreich sein können, wenn sie verstanden haben, wozu ihre Arbeit gut ist und wenn sie die Ziele des Projektes akzeptiert haben.

Wer nicht einsieht, wozu das Projekt gut sein soll, wer nicht glaubt, daß die Ziele realistisch sind, wer nicht beurteilen kann, wie seine eigene Leistung eigentlich bewertet wird, dem hilft auch kein noch so ausgeklügelter Motivationsschachzug seines Vorgesetzten. Der fühlt sich womöglich vom Projektleiter manipuliert oder unter Druck gesetzt. Dieses Gefühl führt auf der Stelle zu Demotivation.

Führen Sie immer wieder Gespräche mit Ihren Mitarbeitern, und stellen Sie fest, ob die einzelnen Personen mit ihrem Arbeitsumfeld, mit ihren Aufgaben und mit der allgemeinen Vorgehensweise im Projekt einverstanden sind. Aber gehen Sie auch nicht zu weit. Bei allem Bemühen um die Motivation der Mitarbeiter ist stets auch zu bedenken, daß ein Projekt keine Beschäftigungstherapie im Rahmen einer Kur ist. Letztlich stehen Sie oder Ihr Unternehmen mit den Mitarbeitern in einer Geschäftsbeziehung. Sie bezahlen, und die Mitarbeiter arbeiten dafür. Es geht nicht an, daß Menschen während der bezahlten Arbeitszeit ein bequemes Leben führen und sich auf den Standpunkt stellen: „Der Chef soll mich gefälligst motivieren." Jeder Mitarbeiter ist auch für seine eigene Motivation zuständig. Außerdem gehört es zum normalen Berufsleben dazu, daß man auch gelegentlich langweilige oder stressige oder unangenehme Phasen hat. Ein gewisser Frust muß von erwachsenen Menschen ertragen werden. Man kann nicht immer vom Vorgesetzten erwarten, daß er bei jeder seelischen Unpäßlichkeit mit Motivationsgeschenken daherkommt. Wer ganz und gar keine Lust zur (Projekt-)Arbeit mehr hat, muß entweder seine Unlust überwinden oder die Konsequenzen ziehen. Auch das muß man Mitarbeitern manchmal deutlich machen. Jeder muß sich darüber klar sein:

1. Ich arbeite freiwillig in diesem Unternehmen und könnte bei Unlust jederzeit kündigen. Niemand kann mich gegen meinen Willen in einem Arbeitsverhältnis festhalten.

2. Ich bekomme von meinem Arbeitgeber Geld dafür, daß ich ihm meine Arbeitskraft zur Verfügung stelle.

6.7. Man will ja keinem weh tun.

Kritisieren ist eine heikle Sache. Einen Mitarbeiter auf einen Fehler in seinem Programm hinzuweisen, ist nicht sehr problematisch. Aber manchmal muß man einen Mitarbeiter auf etwas aufmerksam machen, worüber man am liebsten gar kein Wort verlieren möchte. Es heißt zwar immer, man solle als Führungskraft stets nur die Sache oder das Arbeitsergebnis kritisieren und niemals die Person, aber so einfach ist das auch nicht. Wenn ich einen Mitarbeiter im Team habe, der sich so arrogant oder auf andere Weise ekelhaft zu seinen Kollegen verhält, daß diese die Zusammenarbeit mit ihm ablehnen, wie soll ich mich dann bei der Kritik auf „die Sache" beschränken? Wenn ein Entwickler es sich angewöhnt hat, nachlässig zu arbeiten, dann kann ich mich auch nicht auf „die Sache" beschränken, sondern muß mit ihm über seinen persönlichen Arbeitsstil sprechen.

Bei Kritikanlässen geht es fast nie nur um fachliche Probleme. Sehr häufig geht es um Verhaltensweisen, die zu verändern sind. Aber wie sagt man das?

Ein Projektleiter stand vor dem Problem, daß er einen Mitarbeiter im Team hatte, der immer wieder mit vollem Mund sprach und hinter seinem Rücken als "Lama" bezeichnet wurde. Ausgerechnet dieser Mitarbeiter war karrierebeflissen und wollte unbedingt vom reinen Programmieren weg und hin zur Beratung der Anwender. Wie sagt man ihm, daß er sie nicht anspucken soll?

Muffige Kleidung, Schuppen auf den Schultern, aggressives Auftreten, Überziehen der Mittagspause, schmierige Unterlagen, fehlerhaftes Deutsch auf den Benutzerhilfen, Flüche bei ängstlichen Anwendern, sexuelle Anmache, endlose Privattelefonate, gammelige Käsebrote in der Schublade, Ohrenpuhlen während der Präsentation...

Manches kann man ignorieren. Manches kann man den Kollegen nicht zumuten. Manches schadet dem Ansehen des Teams. Manches behindert die Projektarbeit. Aber wie sagt man das dem Mitarbeiter?

Auch wenn es unangenehm ist, muß der Projektleiter diese Dinge offen mit dem Mitarbeiter besprechen. Es ist Teil der Führungsaufgabe, sich darum zu kümmern, daß einzelne Personen im Team weder das Projekt in Verruf bringen, noch zur Plage der Kollegen werden. Man kann häufig eine bisher ungepflegte Person nicht „umerziehen", aber man kann und muß der Person klar sagen, warum sie oder ihr Auftreten abgelehnt wird. Auch muß ein Projektleiter notfalls die Stärke haben, einen Mitarbeiter, der nicht ins Team paßt, aus dem Projekt zu entfernen. Es darf nicht sein, daß Linienvorgesetzte ihre „Problemfälle" ins Projekt „entsorgen".

Es gibt jedoch Projektleiter, die sagen gar nichts. Sie vermeiden es, gemeinsam mit dem Spucker zum Essen zu gehen, sie setzen den Ungewaschenen in ein entferntes Büro und ignorieren die Flüche der Reizbaren. Vielleicht hoffen sie, daß mal ein Kollege dem betreffenden Mitarbeiter einen Hinweis gibt. Ansonsten freut man sich, daß kein Projekt ewig dauert und man diesen Mitarbeiter im nächsten Projekt sicher nicht mehr im Team haben wird.

Eine andere Kritikumgehung sind „Winke mit Zaunpfählen". Man stellt dem Schreiber fehlerhafter Handbücher einen Duden auf den Tisch und hofft, daß er es bemerkt.

Wieder eine andere Variante ist, daß man sich einen anderen Mitarbeiter oder die Sekretärin zur Seite nimmt und flüstert: „Sagen Sie dem Meier doch mal, daß er sich vor der Demo die Fingernägel putzt."

Wenn es gar nicht ohne ein persönliches Wort an die betreffende Person geht, dann versüßt man womöglich die Kritik mit Lob. Man läßt den Mitarbeiter zu sich kommen, huldigt seinen Leistungen und schiebt ganz nebenher den Hinweis mit ein, daß private Telefonate nur sehr kurz sein sollten.

Manche Führungskräfte schieben die notwendige Kritik so lange vor sich her, daß es schließlich absurd wäre, ein Verhalten zu kritisieren, das man immerhin schon eine ganze Weile geduldet hat. Das Aufschieben der Kritik kann jedoch auch dazu führen, daß einem irgendwann der Kragen platzt. Dann reicht ein vergleichsweise geringer Anlaß, und schon haut man dem verdutzten Mitarbeiter das um die Ohren, was man sich vorher die ganze Zeit durch den Kopf gehen ließ, aber nicht sagen mochte.

Kritik ist ein unangenehmes Thema und wird auch durch Tricks oder Patentrezepte nicht viel leichter. Trotzdem gibt es ein paar Regeln, die man beherzigen sollte.

1. Der Mitarbeiter muß das „richtige" Verhalten kennen.
Es wäre ungerecht, einen Mitarbeiter darüber im Unklaren zu lassen, was eigentlich von ihm erwartet wird, was als erwünschtes Verhalten gilt, und ihn dann zu kritisieren, wenn er gegen Regeln verstößt, die er nicht kennt.

2. Das Fehlverhalten muß sich wiederholt haben.
Jeder macht mal einen Fehler. Man sollte nicht zu kleinlich sein und immer sofort kritisieren oder gar strafen. Wenn Mitarbeiter damit rechnen müssen, daß der Projektleiter ihnen „nichts durchgehen läßt", kann es leicht zu Trotzreaktionen kommen. Außerdem macht man als Vorgesetzter ja auch gelegentlich Fehler. Eine gewisse Nachsicht sollte wirklich geübt werden.

3. Das Fehlverhalten darf nicht zur Gewohnheit geworden sein.
Es wäre auch ungerecht, plötzlich Dinge zu kritisieren, die man
zu lange akzeptiert hat. Irgendwann gilt dann auch ein „Gewohn-
heitsrecht", und man setzt sich als Projektleiter selbst ins Unrecht, wenn man den Eindruck erweckt, man kritisiere immer nur
dann, wenn einem persönlich eine Laus über die Leber gelaufen
ist, und sei nachgiebig, wenn man gerade gute Laune hat.

4. Jede Kritik muß Ziele haben.
Kritik wird nicht geübt, damit der Vorgesetzte seinen Ärger über
das Fehlverhalten loswerden kann. Kritik soll auch nicht geübt
werden, damit einmal „ein Exempel statuiert" wird. Jede Kritik
muß zwei Ziele verfolgen:
– Der Mitarbeiter soll sein Fehlverhalten als solches erkennen.
– Der Mitarbeiter soll begreifen, welches Verhalten erwünscht ist.

Es ist nicht immer möglich, den Mitarbeiter davon zu überzeugen, daß sein Fehlverhalten ein solches ist. Es wäre gut, wenn man
plausibel machen könnte, daß das erwünschte Verhalten tatsächlich das bessere ist. Wenn der Mitarbeiter sich jedoch stur stellt
oder langwierig argumentiert, warum er sein bisheriges Verhalten
viel besser findet, dann muß man schließlich darauf verzichten,
Überzeugungsarbeit zu leisten. Dann gilt letztlich: „Ich bin hier
der Projektleiter und verlange, daß Sie sich so verhalten, wie ich
es vorgebe." Wenn es gar nicht möglich ist, den Mitarbeiter zum
„richtigen" Verhalten zu bewegen, dann sollte er aus dem Projekt
entfernt werden. Es darf einfach nicht zu einem Machtkampf um
Verhaltensregeln kommen. Es darf auch nicht dazu kommen, daß
der Eindruck entsteht: Hier macht jeder, was er will, weil der
Projektleiter sich sowieso nicht durchsetzen kann.
Auf der anderen Seite sollten Sie sich immer bemühen, dem Team
verständlich zu machen, warum welches Verhalten das erwünschte ist.

Wie führt man nun ein Kritikgespräch? Man sollte es weder zwischen Tür und Angel führen noch mit großartigen Ritualen wie
zum Beispiel schriftlicher Terminfestlegung etc. Es ist auch nicht
nett, das Gespräch anzukündigen und dann den Mitarbeiter
schmoren zu lassen.
Für die Gesprächsführung selbst gibt es ebenfalls Grundregeln.

1. Man beginne nicht mit einem „Anschiß"
Wer sofort losschimpft, verdirbt die Gesprächsstimmung und bringt den Mitarbeiter in Abwehrhaltung.

2. Man sollte sich nicht von eigenen Emotionen leiten lassen.
Es ist nicht notwendig, wie ein gefühlskalter Roboter mit den Teammitgliedern umzugehen. Man darf auch einmal die eigene Verärgerung über Fehlverhalten der Mitarbeiter zeigen. Trotzdem sollte ein Projektleiter sich auch im Streß noch so weit im Griff haben, daß er nicht statt eines Kritikgesprächs eine aufgeregte Streitdiskussion führt.

3. Man sollte die Kritik nicht mit Lob verwässern.
Es ist eine falsche Vorstellung, man müsse – um den Mitarbeiter nicht zu sehr zu verletzen – jede Kritik mit einem Lob versüßen.

4. Man sollte die Kritik mit einem „Lichtblick" verbinden.
Mit dem „Lichtblick" ist nicht gemeint, daß Kritik mit Lob zu verbinden ist. Es ist vielmehr gemeint, daß dem Mitarbeiter deutlich gemacht wird, daß er nicht für immer „in Ungnade gefallen" ist. Der „Lichtblick" soll die Erkenntnis sein, daß eine Verhaltensänderung das Problem wieder aus der Welt schafft. Der Mitarbeiter muß wissen, daß die Kritik keine endgültige Verurteilung ist.

5. Man muß klar sagen, worum es geht.
Dem Mitarbeiter ist unmißverständlich zu sagen, was zu kritisieren ist und welche Änderung in seinem Verhalten erwartet wird. Oft ist es gut, wenn der Projektleiter sich vor dem Gespräch Notizen macht über das, was er sagen will.

6. Man darf niemals auf Dritte verweisen.
Von einer Führungskraft ist zu erwarten, daß sie selbst in der Lage ist, Fehlverhalten als solches zu erkennen und zu kritisieren. Das darf es nicht geben: „Mir ist zu Ohren gekommen, daß Sie immer...", „Der Geschäftsführer hat auch gesagt...", „Ihre Kollegen möchten, daß Sie in Zukunft..."

7. Man muß dem Mitarbeiter Gelegenheit geben, sich zu erklären.
Damit ist nicht gemeint, daß man auf seine Ausreden gespannt ist und dann mit ihm über das Ausmaß seiner „Schuld" feilschen will. Aber es kann sein, daß sich erst im Kritikgespräch herausstellt, daß der Mitarbeiter die Erwartungen an ihn gar nicht kann-

te oder daß es sehr wohl gute Gründe für sein Verhalten gab. Wenn der Projektleiter nicht bereit ist, dem Mitarbeiter zuzuhören, muß er damit rechnen, daß dieser sich woanders Gehör verschafft. Dadurch ist schon manches Projekt in Verruf geraten.

8. Man sollte vom Mitarbeiter verlangen, daß er sich überlegt, wie er sein Verhalten in Zukunft verbessert.

Sie als Projektleiter sagen, was am bisherigen Verhalten falsch war und was für die Zukunft erwartet wird. Der Mitarbeiter hat sich jedoch selbst Gedanken zu machen, wie er ab sofort vorgehen will. Lassen Sie es ihn selbst aussprechen. Das ist einerseits für die Person selbst verbindlicher und gibt Ihnen andererseits die Chance zu erkennen, ob der Mitarbeiter wirklich verstanden hat, worum es geht und was von ihm erwartet wird.

9. Man muß feste Vereinbarungen treffen.

Vereinbaren Sie mit dem Mitarbeiter, in welcher Form und bis wann die Änderung seines kritisierten Verhaltens eingetreten sein soll.

10. Man muß Kontrollen festlegen.

Die festen Vereinbarungen zur Verhaltensänderung sind mit Kontrollvereinbarungen zu verbinden. Es muß klar sein, wann und wie der Projektleiter die tatsächliche Verbesserung kontrollieren wird.

11. Man muß die Ergebnisse sanktionieren.

Der Mitarbeiter hat es gar nicht nötig, sich zu ändern, wenn er weiß, daß sein Fehlverhalten nur gelegentliche Tadel zur Folge haben.

Es ist unbedingt notwendig, daß der Vorgesetzte die Konsequenzen aus dem Kritikgespräch auch tatsächlich kontrolliert. Positive, negative oder gar keine Veränderungen müssen wahrgenommen und deutlich sanktioniert werden.

Zum Thema Kritik sollte sich jede Führungskraft stets der Tatsache bewußt sein, daß es fast nie gelingt, wirklich gerecht zu sein. Es ist einfach so, daß uns der eine Mitarbeiter im Team sympathischer ist als der andere, daß wir den einen für leistungsfähiger halten als den anderen. Das kann dazu führen, daß wir minimale Fehler von den Mitarbeitern, die uns weniger liegen, oft viel krasser sehen als große Fehler von den „Netten" und „Tüchtigen".

Was man als Projektleiter vielleicht auch noch bedenken sollte: Je pingeliger und perfektionistischer wir uns den Mitarbeitern gegenüber verhalten, desto kritischer sehen sie auch uns. Je härter wir bei Fehlern kritisieren und strafen, desto strenger sind auch die Maßstäbe, nach denen das Team uns mißt.

Merke: Bei jeder Kritik an einem Mitarbeiter sollte sich der Projektleiter daran erinnern, daß er selber vielleicht auch nicht immer das Optimum bietet.

Während eines Kritikgespräches kann man oft feststellen, daß Mitarbeiter bewußt oder unbewußt recht erfolgreich Taktiken anwenden, um vom Thema abzulenken. Die vier Haupttaktiken sind:

1. auf frühere gute Leistungen hinweisen
Fast ohne daß der Projektleiter es bemerkt, steht nicht mehr der aktuelle Kritikanlaß zur Debatte, sondern die gesamte berufliche Leistung des Mitarbeiters.
Der Projektleiter sollte unbedingt beim aktuellen Thema bleiben und dem Mitarbeiter deutlich machen, daß nicht seine Gesamtleistung oder seine berufliche Entwicklung zur Debatte steht, sondern nur dieser eine Kritikpunkt. An dieser Stelle muß eine Änderung erfolgen. Über alle anderen Höhen und Tiefen der Leistung und des Verhaltens kann man dann im Beurteilungsgespräch am Ende des Projektes reden.

2. auf private Probleme zu sprechen kommen
Der Mitarbeiter möchte die „Schuld" von sich weisen. Als „Entschuldigung" schildert er die Belastung durch familiäre oder gesundheitliche oder sonstige Probleme. Diese Taktik kann zur Folge haben, daß der Projektleiter den armen Mitarbeiter bedauert, seine Kritik zurücknimmt und ihm Freiraum gibt, es in Zukunft noch bunter zu treiben oder noch nachlässiger zu arbeiten. Manchem Mitarbeiter gelingt es sogar, den therapeutischen Ehrgeiz des Vorgesetzten zu wecken. Von Kritik ist dann keine Rede mehr, statt dessen zerbricht sich der Projektleiter den Kopf, wie er helfen kann, die privaten Probleme des Mitarbeiters zu lösen.

3. auf die Fehler der Kollegen hinweisen
Hinter dieser Taktik verbirgt sich die uralte Kindergartenmethode: Die anderen tun das auch. Darauf darf man sich gar nicht einlassen. Die Kollegen stehen zur Zeit nicht zur Debatte. Wenn mit

den anderen auch etwas zu klären ist, wird der Projektleiter das
tun. Darüber wird er jedoch nicht mit dem Mitarbeiter verhandeln, dessen Verhalten aktuell zu kritisieren ist.

4. Grundsatzdiskussionen anzetteln
Grundsatzdiskussionen über „richtig" oder „falsch", über den Sinn
von Leistung, über die Notwendigkeit des Engagements oder
über sonstige allgemeine Themen sind die Lieblingsbeschäftigun-
gen von Tüftlern und Denkern. Wenn der Projektleiter nicht ein
sehr guter Rhetoriker ist, besteht die Gefahr, daß sich das geplante Kritikgespräch zu einem hochgeistigen Disput entwickelt, bei
dem am Ende keiner mehr weiß, womit es eigentlich angefangen
hat.
Wenn Sie zum Beispiel einen Mitarbeiter für seine häufigen Terminverzögerungen kritisieren müssen, dann dürfen Sie sich auf
keinen Fall aufs Glatteis führen lassen: Stehen wir nicht in unserer
Gesellschaft schon viel zu sehr unter dem Diktat der Uhr?
Wenn Sie zum Beispiel einen Mitarbeiter kritisieren müssen, weil
er Ihre Autorität als Projektleiter nicht anerkennt, dann dürfen
Sie nicht gemeinsam darüber nachsinnen, was eigentlich „Autorität" bedeutet, was die Griechen und die Römer darunter verstanden...

Diese Beispiele sind nicht übertrieben. Achten Sie in Zukunft darauf, es gibt Mitarbeiter, die bei unangenehmen und sie persönlich
betreffenden Gesprächen auf die wunderlichsten Allgemeinplätze
kommen können. Nur zu leicht läßt man sich auf die Argumentation ein, und schon ist es aus mit der Kritik.

6.8. *Wer nicht loben kann, soll auch nicht kritisieren.*

Viele Mitarbeiter machen die Erfahrung, daß ihre guten Leistungen gar nicht kommentiert und somit vielleicht auch nicht bemerkt werden. Gleichzeitig scheinen Fehler jedoch sofort aufzu-
fallen. Das kann bedeuten, daß die Führungskraft entweder nachlässig ist und nur auf „Störfaktoren" reagiert oder die Führungskraft steht auf dem Standpunkt: Das wissen meine Leute, daß alles
in Ordnung ist, wenn ich nichts sage.
Besonders unter dem Druck der Projektarbeit kann es leicht vorkommen, daß das Loben vergessen wird. Es reicht auch nicht,

wenn man am Ende des Projektes in einer kleinen Abschlußfeier pauschalisierte Dankesreden an die Mitarbeiter schwingt. Lob muß während des gesamten Projektverlaufs die Motivation fördern und die Mitarbeiter bestätigen.

Es gibt allerdings auch Vorgesetzte, die von dem Gedanken erfüllt sind, man dürfe den Mitarbeitern zwecks Motivation nur „gute Dinge" sagen. Solche Führungskräfte neigen dazu, auf Kritik zu verzichten und lieber Fehler schweigend zu übergehen. Statt dessen sollen durch Lob richtiges Verhalten und gute Leistungen positiv verstärkt werden. Diese Taktik kann durchaus erfolgreich sein bei Teams mit hoher Motivation und viel Erfahrung. In solchen Teams kann man tatsächlich weitgehend auf Kritik verzichten. Diese Taktik funktioniert nicht, wenn man – auch das kann vorkommen – Mitarbeiter im Team hat, die nicht so recht „mitziehen" wollen. Es kann sich um Quertreiber, Bequeme oder um extreme Einzelgänger handeln. Bei solchen Mitarbeitern hilft oft wirklich nur noch Kritik oder „Schlimmeres".

Man unterscheidet in der Anerkennung und in der Kritik jeweils Stufen der Steigerung oder Eskalation. Die Steigerungen des Lobens und der Anerkennung sind:

1. kurzes Lob
Spontan wird die gute Leistung kommentiert: „Prima!" Oder: „Das ist gut geworden."

2. ausdrückliche Anerkennung
Über die spontanen Bemerkungen hinaus wird dem Mitarbeiter ausdrücklich bestätigt, daß seine Leistung positiv bewertet werden. Häufig wird die ausdrückliche Anerkennung „vor Zeugen", zum Beispiel im Rahmen einer Präsentation des Projektes, ausgesprochen.

3. schriftliche Anerkennung
Hierbei muß es sich nicht um ein spezielles Gutachten oder um eine schriftliche Leistungsbeurteilung handeln. Es reicht zum Beispiel ein Hinweis in der Mitarbeiterzeitung oder um die namentliche Erwähnung in den veröffentlichten Unterlagen zum Projekt.

4. Hinweis „nach oben"
Der Projektleiter sorgt gezielt dafür, daß die besondere Leistung des Mitarbeiters anderen Führungskräften zur Kenntnis gebracht

wird. In der Regel ist die Absicht, daß einerseits der Mitarbeiter die Bestätigung bekommt, wie sehr seine Leistung geschätzt wird, und daß andererseits dem Linienvorgesetzten nahegelegt werden soll, zum Beispiel im Jahresgespräch die Projektleistungen mit zu berücksichtigen. Der Hinweis „nach oben" ist für viele Mitarbeiter besonders erfreulich. Es macht sie stolz, wenn auch die anderen Führungskräfte von ihren Leistungen erfahren. Im Hinblick auf das gesamte Projektteam wirken diese Hinweise ebenfalls positiv. Die Mitarbeiter erkennen dadurch, daß ihr Projektleiter nicht etwa zu den Führungskräften gehört, die mit den Leistungen „seiner Leute" als eigenen Erfolgen hausieren geht.

5. attraktivere Aufgaben
Wenn der Mitarbeiter sich dauerhaft durch gute Leistungen und hohe Motivation profiliert hat, sollte der berufliche Aufstieg als Belohnung möglich sein. Dazu gehört auch die Vergabe von anspruchsvolleren und attraktiveren Aufgaben.

6. verantwortungsvollere Aufgaben
Der Mitarbeiter wird zu Entscheidungen hinzugezogen und erhält einen eigenen Kompetenzbereich.

7. Beförderung
Offiziell erfolgen nun die Beförderung und eine Gehaltserhöhung als Bestätigung der hervorragenden und kontinuierlichen Leistungen. Besonders bei Beförderungen ist zu bedenken, daß sie nicht auf Grund einmaliger Leistungen erfolgen sollten, sondern nach dem Beweis, daß der Mitarbeiter dauerhaft gut arbeitet und Verantwortung übernehmen kann und will. Meistens hängt eine Beförderung nicht unmittelbar vom Projektleiter, sondern vom Linienvorgesetzten ab. Deshalb ist es sehr wichtig, daß der Projektleiter die Linienvorgesetzten seiner Teammitglieder darüber informiert, wie die einzelnen Personen sich im Projekt engagiert haben.

Die Eskalationsstufen der Kritik sind:

1. erinnern an Regeln, Ziele, Vereinbarungen
Dadurch wird dem Mitarbeiter signalisiert, daß sein Fehlverhalten oder seine Leistungsschwäche bemerkt wurde und daß dies so nicht akzeptiert wird.

2. kurzes Kritikgespräch
Hier wird der Mitarbeiter spontan angesprochen. Es kommt zu

einem kurzen Gespräch, über das keine schriftlichen Unterlagen angefertigt werden.

3. offizielles Kritikgespräch
Ein Gesprächstermin wird vereinbart. Im Gespräch erfolgt die Kritik mit schriftlichen Vereinbarungen über Verhaltens- und/ oder Leistungsänderungen. Gleichzeitig werden Kontrolltermine vereinbart.

4. Aufgabenänderung
Dem Mitarbeiter werden die bisherigen Aufgaben- und Kompetenzbereiche entzogen. Er wird weniger attraktive Arbeiten zu erledigen haben und unter strengere Aufsicht gestellt.

5. Sechs-Augen-Ermahnung
In Gegenwart von zum Beispiel dem Linienvorgesetzten, einem Vertreter des Personal- oder Betriebsrats etc. wird ein ausführliches Gespräch geführt. Über dieses Gespräch wird ein Protokoll mit festen Vereinbarungen zu Kontrollen und zu eventuell folgenden Maßnahmen angefertigt.

6. Abmahnung
Eine Abmahnung muß stets schriftlich erfolgen. Da juristische Details zu beachten sind, sollte die Führungskraft unbedingt eng mit der Personalabteilung zusammenarbeiten. Ein Projektleiter schreibt niemals eine Abmahnung. Er würde statt dessen die betreffende Person aus seinem Projekt entfernen. Weitere Sanktionen bleiben dem Linienvorgesetzten überlassen.

7. Degradierung oder Kündigung
Auch diese Maßnahme wird nicht durch einen Projektleiter erfolgen.

Als Führungskraft sollte man sich immer der Tatsache bewußt sein, daß die Mitarbeiter sehr genau beobachten, wer von den Kollegen wofür und wie intensiv gelobt oder kritisiert wird. Die Steigerungs- und Eskalationsstufen sollten deshalb unbedingt beachtet werden. Welche Form des Lobs oder der Kritik gewählt wird, muß von der Leistung und dem Verhalten des Mitarbeiters abhängen und darf sich nicht an den Launen und Tagesformen des Projektleiters orientieren. Nicht jede gute Leistung ist eine Beförderung, und nicht jedes Versagen ist eine Strafe wert.

An dieser Stelle sei noch einmal an den Mythos "Team Work" erinnert. Es wäre auf jeden Fall ungerecht, wenn der Projektleiter
zu bequem wäre, sich die Mühe zu machen, die Mitarbeiter seines
Teams als Individuen zu beachten. Pauschalisierende Belobigungen oder Standpauken für das gesamte Team haben entweder gar
keine Konsequenzen oder führen dazu, daß sich einige der Mitarbeiter ungerechterweise „mit in einen Topf geworfen" fühlen. Jeder weiß, daß sich die höchsten Stufen der Steigerung und der Eskalation immer nur auf Einzelpersonen beziehen. Es gibt keine
Beförderungen für alle gleichzeitig, und es gibt keine Abmahnun-
gen oder gar Kündigungen für alle gleichzeitig. Dann muß auch
gewährleistet sein, daß Lob und Tadel individuell sind. Der
„Teamgedanke" darf nicht zur Ausrede werden für die Projektleiter, denen es zu mühselig ist, den einzelnen Menschen zu sehen.

7. Verhindern und vermindern

7.1. Kann man Konflikte vermeiden?

Jeder Projektleiter wird selbstverständlich darum bemüht sein, sein Team möglichst konfliktfrei bis zum erfolgreichen Abschluß zu führen. Ganz ohne Probleme, ohne Reibereien und Auseinandersetzungen wird es jedoch nicht gehen. Wir Menschen sind viel zu unterschiedlich in unserem Verhalten und in unseren Ansichten, als daß wir immer in allem übereinstimmen könnten. Trotzdem kann der Projektleiter sehr viel dafür tun, um Konflikte möglichst zu vermeiden oder wenigstens zu entschärfen.

Die zehn wichtigsten Regeln für Projektleiter sind in diesem Zusammenhang:

1. Lernen Sie sich selbst kennen.
Wie gehen Sie mit Ihren Mitarbeitern um? Ist Ihr Führungsstil motivierend? Kann Ihr Verhalten vielleicht zu Streß oder Ärger führen? Wie ist Ihr Planungs- und Arbeitsstil? Haben Sie Ihr Zeitmanagement im Griff? Welchen Arbeits- und Verhaltensstil leben Sie vor?
Bekommen Sie zu Ihrem Verhalten von den Mitarbeitern gelegentlich Feed back? Können Sie Kritik annehmen oder antworten Sie darauf sofort mit Verteidigung oder Erklärungsversuchen? Glauben Sie, daß Ihre Mitarbeiter gerne unter Ihrer Leitung arbeiten?

2. Lernen Sie die Menschen kennen.
Akzeptieren Sie die Menschen mit ihren unterschiedlichen Persönlichkeiten wie sie sind. Verzichten Sie auf „Erziehungsversuche". Bestehen Sie jedoch auf der Einhaltung von angemessenen Arbeits- und Verhaltensregeln. Verteilen Sie die Aufgaben im Projekt nicht nur nach den fachlichen Voraussetzungen, sondern auch nach Neigungen und Interessen. Stellen Sie Arbeitsgruppen nicht nur nach fachlichen Kriterien zusammen. Achten Sie darauf, daß zwischen den Mitarbeitern, die gemeinsam arbeiten sollen, auch die „Chemie" stimmt. Führen Sie ergebnisorientiert. Teilen Sie die Aufgabengebiete ein, machen Sie die Erwartungen klar, und lassen Sie dann möglichst selbständig arbeiten.

3. Positionieren Sie sich von Anfang an als Führungskraft.
Setzen Sie innerhalb des Teams und gegenüber Außenstehenden
Ihren Führungsanspruch durch. Lassen Sie nicht zu, daß vom
Management her an Ihnen vorbei in die Projektleitung eingegriffen wird.Wetteifern Sie nicht mit den Fachleuten Ihres Teams um
das größte Fachwissen. Konzentrieren Sie sich auf Ihre Führungsaufgaben und auf die Administration des Projektes.

4. Planen Sie Ihr Projekt nicht zu knapp.
Zeitdruck und Streß sind häufig Auslöser für menschliche Konflikte. Planen Sie genügend „Pufferzeiten" für Unvorhergesehenes mit ein. Denken Sie bei der Zeitplanung auch an den Zeitbedarf für: Meetings, Präsentationen, Dokumentationen, Tests, Versuche, Demos, Einarbeitung in neue Sachgebiete, Absprachen mit
Außenstehenden...Berücksichtigen Sie auch von Anfang an den
Zeitbedarf für das Austragen von Konflikten oder Meinungsverschiedenheiten. Dieses gilt besonders für die „Frustphase" während des Teambildungsprozesses.

5. Verlassen Sie sich nie auf mündliche Absprachen.
Nehmen Sie lieber den Vorwurf „bürokratisch" zu sein in Kauf,
als daß Sie später feststellen, daß es bei mündlichen Absprachen
doch Mißverständnisse gab. Bedenken Sie, daß mündliche Zusagen oft sehr leicht(fertig) gegeben werden. Schriftliche Vereinbarungen werden meistens sehr viel ernster genommen und entsprechend auch besser eingehalten.
Dokumentieren Sie auch Ihre Aufgabendelegationen und Zwischenabnahmen von Teilergebnissen.

6. Fördern Sie den Zusammenhalt des Teams.
Verwechseln Sie nicht Gruppenterror mit Teamfähigkeit. Lassen
Sie Individualität und konzentrierte Einzelarbeit zu.
Fördern Sie Hilfsbereitschaft und offene Kommunikation. Stellen
Sie sich bei Problemen mit Außenstehenden immer auf die Seite
Ihrer Mitarbeiter. Lassen Sie niemanden „im Regen stehen".

7. Sorgen Sie dafür, daß gute Projektarbeit auch karrierefördernd ist.
Sie sind vielleicht nicht Linienvorgesetzter Ihrer Teammitglieder
und haben daher kaum unmittelbaren Einfluß auf Gehalt oder
Beförderungen. Sie können jedoch dafür sorgen, daß gute Leistungen dem jeweiligen Vorgesetzten bekannt werden und somit
auch die berufliche Laufbahn fördern.

8. Sorgen Sie für ein positives Image Ihres Projektes.
Als Projektleiter sind Sie auch für das PR (Public Relation) des
Projektes verantwortlich. Je besser die „Presse" für Sie und Ihr
Team ist, desto motivierter arbeiten die Mitarbeiter. Stolz auf die
eigene Leistung setzt Kräfte frei und verbessert das Arbeitsklima.
Projekte mit einem guten Ansehen kooperieren auch besser mit
Außenstehenden und können ihre Ansprüche auf Ressourcen
leichter durchsetzen.

9. Sichern Sie die Akzeptanz Ihres Projektergebnisses.
Arbeiten Sie eng mit den Betroffenen oder den Nutznießern zusammen. Fördern Sie die offene Kommunikation mit den Personalvertretern und mit dem Management des Auftraggebers. Achten Sie darauf, daß auch innerhalb des Projektteams niemals abfällig über die zukünftigen Benutzer des Projektproduktes oder über
die Betroffenen gesprochen wird. Eine negative Einstellung beeinflußt das Verhalten gegenüber Außenstehenden oft sehr viel
mehr, als den Mitarbeitern des Projektes bewußt ist.

10. Sorgen Sie mit dafür, daß das Projekt den erwarteten Nutzen
    bringt.
Machen Sie von Anfang an dem Auftraggeber deutlich, daß der
Einsatz des im Projekt erstellten Produktes oder die Umsetzung
des im Projekt entwickelten Ergebnisses seine Verantwortung ist.
Gleichzeitig beraten und unterstützen Sie den Auftraggeber ent-
sprechend.Wenn in Ihrem Projekt ein neues Produkt erstellt oder
ein neues Verfahren entwickelt wird, sorgen Sie rechtzeitig vor
der Übergabe in die Praxis für eine ausreichende Schulung oder
Einweisung der Anwender oder Betroffenen.

Zur Vermeidung von möglichen Konflikten gehört die Bereitschaft, sich lange vor dem Auftreten von Problemen Gedanken zu
machen. Leider neigen noch zu viele Projektleiter dazu, erst einmal davon auszugehen, daß bestimmt alles reibungslos laufen
wird und daß sicherlich alle Beteiligten positiv und kooperativ
mitwirken werden. Diese Form des „positiven Denkens" kann
dazu führen, daß mögliche Konfliktursachen übersehen werden.
Wer sich jedoch realistisch mit der Tatsache abfindet, daß es unter
Menschen immer wieder zu Reibereien kommt, der kann leichter
von Anfang an Maßnahmen treffen um das Konfliktrisiko gering
zu halten.

7.2. *Konflikte vermeiden durch rechtzeitige Vorbeugung*

Wie oben gesagt, lassen sich viele Konflikte dadurch vermeiden, daß man mögliche Konfliktquellen rechtzeitig erkennt und beseitigt. Eine andere Chance besteht darin, kooperatives Verhalten zu fördern und als Führungskraft vorzuleben. Und nicht zuletzt sollte man bestimmte konfliktträchtige Parteien vielleicht rechtzeitig trennen. Wer nicht gut zusammenarbeiten kann, sollte auch nicht dazu gezwungen werden.

Dennoch sind etliche Reibereien unvermeidlich, wenn Menschen mit unterschiedlichen Interessen, Zielen, Gewohnheiten, Meinungen und Wahrnehmungen miteinander zu tun haben. Die Differenzen treffen aufeinander und erzeugen Konflikte. Ganz abgesehen davon lassen auch menschliche Schwächen immer wieder Probleme aufkommen. Man ist egoistisch und will Dinge für sich durchsetzen und geht dabei notfalls auch rücksichtslos gegen die Wünsche der anderen vor. Neid, Eifersucht, Prestige- und Machtstreben können Konflikte auslösen. Außerdem gibt es leider immer wieder Personen, die allein durch ihre Persönlichkeitsstruktur Konflikte verursachen. Es gibt „Nervensägen", „Querulanten", „Rebellen", „Streithammel" oder andere „schwierige" Menschen.

Andere Konflikte entstehen durch natürliche Prozesse zwischen Menschen. Man denke nur an die typische Frustphase in den Anfangszeiten des Projektes. Ganz natürlich sind auch „Kämpfe" zwischen jüngeren oder neuen Mitarbeitern, wenn sie sich von der Dominanz der älteren oder erfahreneren Kollegen befreien wollen. Im Projektverlauf entstehen auch leicht Konflikte zwischen verschiedenen Arbeitsgruppen innerhalb des Teams oder zwischen den Mitarbeitern des Projektes einerseits und den vom Ergebnis betroffenen Personen andererseits. Die Konflikte, die durch natürliche Prozesse zwischen Menschen entstehen, haben im Grunde immer eine von den beiden folgenden Ursachen: Menschen müssen oder wollen sich zusammenraufen oder auseinanderkämpfen.

Fast alle Konflikte führen zu Diskussionen um „Recht" oder „Unrecht", um „Schuld" oder „Unschuld". Man streitet um die Berechtigung der jeweiligen Ansprüche oder um die Frage, wer

„angefangen" hat. Meistens führen die Diskussionen nicht zu einer Einigung, sondern zu einem zähen Hin und Her von Argumenten und schließlich zu Streit. Offene oder unterschwellige Drohungen, Druck, Demonstration von Macht, Einschüchterung und Erpressungen vergiften das Klima. Man denkt darüber nach, wie man sich durchsetzen kann oder wie man sich dafür rächen kann, daß man dem stärkeren Gegner gegenüber nachgeben mußte. In einem solchen Klima läßt die Konzentration nach. Man verliert die Lust am Projekt und vergeudet viel Zeit mit Überlegungen und Gesprächen zu dem ungelösten Problem.

Risikoanalysen haben zum Ziel, Konflikte oder andere Probleme durch Vorbeugung zu vermeiden. Konfliktbehandlung hat zum Ziel, ausgebrochene Konflikte möglichst positiv zu bereinigen. Es soll versucht werden, eine Lösung zu finden, die friedlich und kooperativ gemeinsam entwickelt wird. Eskalationen, verletzte Gefühle und materielle Schäden sollen vermieden oder mindestens reduziert werden.

Konfliktmanagement beinhaltet sowohl die Risikoanalyse, als auch die Konfliktbehandlung, als auch die Nachbearbeitung von beigelegten Konflikten. Die fünf Komponenten des Konfliktmanagements sind:

1. Risikoanalyse
- Feststellen von möglichen Konfliktquellen
- Feststellen der möglichen Auswirkungen auf Beteiligte oder Unbeteiligte

2. Strategieentwicklung
- Entwickeln von Strategien zur Vermeidung oder Risikominimierung
- Entwickeln von Maßnahmenplänen für eingetretene Konflikte

3. Schaffung eines geeigneten Umfeldes
- Beseitigung von möglichen Konfliktquellen
- Einweisung der Beteiligten in die Strategien und Maßnahmenpläne

4. Umsetzen der Strategien und Maßnahmenpläne
- Behandlung von aufgetretenen Konflikten

5. Nacharbeit
- Reflektion der eingetretenen und bereinigten Konflikte unter den Aspekten: Ursachen, Frühwarnungen, Behandlung, Wirksamkeit derMaßnahmen, Risiken im Hinblick auf Folgekonflikte.

Die Risikoanalyse der Konfliktgefahren im Projekt sollte folgende Schwerpunkte berücksichtigen:

- Ungenaue Informationen
Durch ungenaue oder falsche oder vorenthaltene Informationen entstehen Mißverständnisse. Dinge bleiben unerledigt oder werden doppelt bearbeitet. Teilgruppen sind nicht richtig aufeinander abgestimmt. Absprachen und Vereinbarungen werden unterschiedlich interpretiert und eingehalten. Nachfragen und Klärungsgespräche kosten Zeit und können die Motivation vermindern.
Ungenaue Informationen fördern das Mißtrauen. Man fragt sich, warum man nicht richtig informiert wurde, warum bestimmte Leute bestimmte Dinge wissen dürfen und andere nicht. Informationszugang kann zum Statussymbol werden. Dadurch werden Neid und Gerüchte gefördert.

- Unvereinbare Ziele und Prioritäten
Die Beteiligten entwickeln unterschiedliche Vorstellungen vom „richtigen" Lösungsweg, von der „allein seligmachenden" Vorgehensweise. Es werden unrealistische Erwartungen geweckt oder Ziele formuliert, die sich widersprechen oder unterschiedlich interpretieren lassen. Die einzelnen Mitarbeiter entwickeln jeweils eigene Meinungen dazu und versuchen diese durchzudrücken. Endlose Debatten bis zu persönlichen Angriffen sind die Folge.

- Unakzeptables Verhalten
Auftreten, Benehmen, Umgangsformen, Teamverhalten und ethische Normen weichen voneinander ab und erzeugen Widerwillen. Man geht sich auf die Nerven, fühlt sich schlecht behandelt oder angeekelt. Es kommt zu menschlichen Konflikten deren wahre Gründe oft hinter vorgeschobenen Begründungen unentdeckt bleiben.

- Schlechte Planung
Das Projekt hat ein zu knappes Budget oder einen zu engen Zeitrahmen oder zu wenig Mitarbeiter für die gestellten Anforderungen. Die Mitarbeiter geraten unter Druck und Streß. Sie glauben

nicht an die Realisierbarkeit des Erfolgs oder sind unzufrieden mit den Arbeitsbedingungen. Unter diesen allgemeinen Belastungen können kleine Pannen zu Gefühlsausbrüchen und persönlichen Angriffen führen.

Die Risikoanalyse sollte nicht nur das anstehende Projekt betrachten. Es sollte unbedingt auch eine Rückschau erfolgen mit einer Analyse der Konflikte in früheren Projekten.

- Welche Konflikte treten bei uns innerhalb der verschiedenen Projekte immer wieder auf?
- Wie werden Konflikte bei uns bisher meistens behandelt und beigelegt?
- Wie ist bisher meistens die Stimmung nach der Beilegung eines Konfliktes? Triumphieren die „Sieger", rächen sich die „Verlierer"?
- Führten bereinigte Konflikte gelegentlich zu Folgekonflikten?
- Gibt es in unserem Umfeld besonders konfliktträchtige Bereiche? Gibt es Tabus? Gibt es Personen oder Personengruppen, die leichter zu Konflikten neigen?
- Gibt es im Zusammenhang mit unserem Projekt spezielle Probleme, Befürchtungen, Abneigungen, Rivalitäten, Unklarheiten, Engpässe?

Die Analyse der bisherigen Konfliktsituationen geht im Grunde den Fragen nach: Welche Konflikte brachen aus und könnten in ähnlicher Form wieder ausbrechen? Wie und von wem werden die Konflikte bisher bereinigt? Warum werden sie bisher auf eine bestimmte Art bereinigt oder vielleicht auch ungelöst belassen?

Es gibt Unternehmen in denen das Verschleppen von Konflikten in endlosen und ergebnislosen Meetings üblich ist. Man möchte keinem weh tun. Niemand will „autoritär" etwas entscheiden, und die Konfliktparteien sind nicht bereit, sich entgegenzukommen. In solchen Unternehmen kann man eigentlich nicht von einer Konfliktlösung sprechen. Die Konflikte werden lediglich dadurch beendet, daß eine Partei schließlich aufgibt, weil sich das Problem zu lange hinzieht. In solchen Unternehmen braucht man jeweils einen möglichst „langen Atem".

In anderen Unternehmen kann das Gegenteil der Fall sein. Konflikte werden dadurch beendet, daß eine Person in übergeordneter Position ein „Machtwort" spricht. In solchen Unternehmen sollte der Projektleiter rechtzeitig dafür sorgen, möglichst hoch in der Managementhierarchie einen Sponsor oder Fürsprecher für sein Projekt zu finden.

Die „Konfliktkultur" in einem Unternehmen bestimmt die Art, wie im allgemeinen mit Konflikten umgegangen wird. Die „große" Konfliktkultur eines Unternehmens spiegelt sich auch wieder in der „kleineren" Konfliktkultur innerhalb eines Projektes. Projektleiter, die es gewohnt sind, sich immer wieder notgedrungen den Machtworten ihrer Manager unterwerfen zu müssen, werden ihrerseits mit hoher Wahrscheinlichkeit Konflikte innerhalb des Projektes auch durch Machtworte beenden.

Anders als wir mit unserem „gesunden Menschenverstand" glauben, werden Konflikte nur selten nach logischen oder moralischen Kriterien gelöst. Die betroffenen Parteien argumentieren zwar mit Hinweisen auf das, was „richtig" oder „vernünftig" oder „gerecht" ist nach ihrer Meinung, aber meistens stehen sich ohnehin zwei Parteien gegenüber, die beide fest von der Berechtigung ihrer Ansprüche überzeugt sind. Letztlich gilt dann schnell doch wieder das „Recht des Stärkeren". Für den Projektleiter stellen sich in diesem Zusammenhang zwei Fragen:

1. Wie stark oder beharrlich oder listig muß ich sein, um in meinem Unternehmen bei Konflikten zwischen Projekt und Außenstehenden nicht zu leicht zum Verlierer zu werden? Mit wem sollte ich mich rechtzeitig verbünden oder absprechen?

2. Ist die Konfliktkultur in unserem Umfeld so entwickelt, daß sie in sich schon wieder zur möglichen Konfliktquelle geworden ist? Neigen wir dazu, Konflikte nur zu beenden statt zu lösen? Wie kann ich in meinem Projekt sinnvollere Verhaltensweisen einführen?

7.3. Gefühl und Verstand

In einer Konfliktsituation prallen immer unterschiedliche Positionen aufeinander, wobei jede der betroffenen Parteien ihre eigene Position für richtig oder berechtigt hält. Es prallen aufeinander:
– unterschiedliche Wahrnehmungen von „richtig" und „falsch"
– unterschiedliche Motive und Begierden (z.B. Lust auf Machtaus-

übung, dringender Wunsch nach Frieden, Freude an der Auseinandersetzung, Angst vor Gesichtsverlust)
- unterschiedliche Gefühle (z.B. Angst, Zorn, Spaß am Streit,
  Rachlust)
- unterschiedliche Verhaltens- und Kommunikationsweisen (z.B.
  Fluchen, zynische Bemerkungen, drohende Gebärden, weiner-
  liches Verhalten, Beleidigungen, Flehen, Wortschwall, eisernes
  Schweigen)
- unterschiedliche Bereitschaft, sich an „Fair Play"-Regeln zu
  halten.

Aus diesen verschiedenen Positionen heraus wird verhandelt, gestritten, begründet und argumentiert. Jede Partei glaubt, irgendwie doch noch die andere überzeugen oder überreden zu können.
Aus diesem Bedürfnis heraus bilden sich in Konfliktfällen die oft
so zähen und ermüdenden in sich kreisenden Diskussionen. Es
wird von beiden Seiten immer wieder das gleiche gesagt, noch
einmal und noch einmal. Man glaubt beidseitig, daß doch irgendwann endlich die Gegenpartei „begreifen" muß, welchem Standpunkt sie sich anschließen soll. Bei den ständigen Wiederholun-
gen der eigenen Argumente hat keine der betroffenen Parteien
letztlich noch ein offenes Ohr für die Äußerungen der Gegenpartei. Völlig aus den Augen verloren wird die Tatsache, daß es der
Gegenpartei oft aus Gründen der „Ehre" gar nicht mehr möglich
ist, zuzustimmen. So kann es passieren, daß zwei Konfliktgegner
sich in ein Hin und Her ihrer jeweiligen Standpunkte verbissen
haben und sich immer mehr in der jeweils eigenen Position fest-
setzen. Wenn nun eine der Parteien doch noch zur Erkenntnis
kommt, daß der Gegner im Grunde recht hat, dann kann diese
Partei oft trotzdem nicht mehr zustimmen. Sie befürchtet, das
„Gesicht zu verlieren" oder sich als zu nachgiebig zu blamieren,
wenn sie nach dem Hin und Her plötzlich „klein beigibt".

In Konflikten wiegen Gefühle häufig viel schwerer als Logik und
Verstand. Besonders vor den Augen von unbeteiligten Zeugen
möchte keiner der Betroffenen als „Verlierer" oder als „Schwächling" dastehen. So kann sich gelegentlich einer der Konfliktgegner
förmlich „gezwungen" sehen, auf einem Standpunkt zu beharren,
den er innerlich längst selbst für falsch hält.

Da in Konflikten während der Auseinandersetzungen häufig die
Emotionen mit den Beteiligten durchgehen, kann es passieren,

daß sich einer der Gegner im Ton vergreift. Es kommt zu Beleidigungen, Demütigungen, Hohn und Spott. Auch diese „Ausfälle" verursachen nachfolgende emotionale Belastungen. Der „Verlierer" des Konfliktes fühlt sich vor den Kollegen oder sonstigen Zeugen gedemütigt und „muß" sich rächen um die eigene „Ehre" zu retten. Bei dem „Sieger" des Konfliktes kann das Gefühl zurückbleiben, sich als brutaler „Schuft" gezeigt zu haben. Nun kann er jedoch nicht nachträglich doch wieder einen Rückzieher machen und auf seinen Standpunkt verzichten. Vielleicht fällt es ihm auch schwer, sich für seine Härte während der Auseinandersetzungen zu entschuldigen. Um innerlich wenigstens vor sich selber seine Durchsetzungstaktik zu rechtfertigen, muß er im Nachhinein beim Gegner negative Verhaltensweisen hochspielen: „Weil der andere so unfair gekämpft hat, mußte ich zu den Mitteln greifen, die mich letztlich zum Sieg geführt haben."

Besonders in beruflichen Konflikten bemühen die meisten Menschen sich um „sachliche" Diskussionen, um „logische" Begründungen, um „vernünftige" Argumente. Dahinter stecken jedoch auch immer ganz emotionale Motive:
– Ich darf mich nicht blamieren.
– Die anderen sollen mich nicht schwach sehen.
– Das lasse ich mir nicht bieten.

„Der Schlüssel zu jedem Konflikt ist nicht die objektive Wahrheit, sondern das, was sich in den Köpfen der Beteiligten abspielt." Roger Fisher, Harvard Law School, 1994. Wenn wir uns diese Erkenntnis bewußt machen, dann wird uns auch klar, warum wir in unseren Auseinandersetzungen so oft aneinander vorbei argumentieren. Wir ringen nach Worten und formulieren Sätze mit dem Ziel, den Verstand des Gegners von unserem Standpunkt zu überzeugen und lassen dabei völlig außer acht, daß auf der anderen (und der eigenen) Seite die Gefühle inzwischen viel wichtiger geworden sind.
Wenn zum Beispiel zwischen zwei Projektleitern darum gestritten wird, welches der beiden Projekte bevorzugt mit Ressourcen auszustatten ist, dann argumentiert jeder mit der Wichtigkeit seines Projektes und mit der Berechtigung seiner Ansprüche. Tatsächlich geht es jedoch auch um die Fragen: Wer hat mehr Macht, sich durchzusetzen? Wer findet beim Management mehr Unterstützung? Wer ist der „Stärkere"? Wer ist der „Klügere"?

Weil diese unterschwelligen Fragen im Laufe des Konfliktes immer wichtiger werden, wird es immer unwahrscheinlicher, daß das Problem dadurch gelöst werden kann, daß man alle Tatsachen zusammenträgt und „vernünftig" abwägt, welches Projekt schließlich welche Ressourcen bekommen soll.

Weil Konflikte immer zu Emotionen führen, muß auch immer mit Verhaltensweisen gerechnet werden, die sich „vernünftig" nicht mehr begründen lassen. Wenn wir innerhalb eines Konfliktes wirklich gefühlsfrei nur die „beste" Lösung anstreben würden, dann könnten wir in aller Ruhe den Gegner ausreden lassen, ihm zuhören, seine Argumente durchdenken, unsere eigenen dem entgegenhalten und dann gemeinsam zu einem Ergebnis kommen, von dessen Richtigkeit beide überzeugt sind.
Nicht selten haben sogar beide Parteien den Wunsch, sich genau so zu verhalten. Aber es klappt nicht. Und dann ist man beidseitig überzeugt, daß der andere sich zuerst „daneben benommen" hat oder „nichts begriffen" oder „böse Absichten" verfolgt.

Wir Menschen haben fast alle ein für uns typisches Konfliktverhalten. An dieses halten wir uns immer wieder bei den unterschiedlichsten Anlässen für Auseinandersetzungen. Nicht selten hat eine Person auch zwei oder mehr für sie typische Verhaltensmuster. Das kann zum Beispiel sein: Toben und Schimpfen im Privatleben und zynisches Nörgeln bei Konflikten im Berufsleben.
Innerhalb der für uns typischen Verhaltensmuster gibt es Steigerungsmöglichkeiten für den Fall, daß wir mit unseren Absichten nicht schnell genug zum Ziel kommen. Wer zum Beispiel dazu neigt, Konflikte verbal in der direkten Auseinandersetzung zu lösen, kann sich wie folgt steigern: Überzeugen, überreden, feilschen. Wer eher zu indirekten Taktiken neigt, könnte sich über folgende Schritte steigern: „Winke mit dem Zaunpfahl", Andeutungen, Äußerungen gegenüber Dritten, Intrigen.

Die üblichsten Verhaltensstile mit ihren Steigerungsrichtungen sind:
- kämpferische Auseinandersetzung mit dem Gegner von der offenen Aussprache bis hin zur Aggression
- Zurückziehen von den Problemen bis hin zur Betäubung durch Alkohol oder andere Drogen

- Anbieten von Kompromissen bis hin zu zähem Feilschen
- logische Argumentation bis hin zu eiskalter Strategie oder Intrigantentum
- kühle Diskussion bis hin zum Wegrationalisieren („saure Trauben": Wenn man nicht gewinnen kann, dann redet man sich ein, daß man es sowieso nicht erreichen wollte.)
- Nörgeln und Beschweren bis hin zu emotionalen Ausbrüchen mit Tränen, Flüchen oder Gebrüll

Man sollte sich als Projektleiter bewußt machen, daß nur selten eine Person in der Lage ist, auch noch in der seelischen Belastung eines Konfliktes bewußt ihr Verhalten zu steuern. Appelle, man möge doch ruhig und sachlich bleiben, helfen nicht, wenn eine Person es seit jeher gewohnt ist, bei Reibereien laut zu werden. Auch wer immer Konflikten eher durch Flucht ausgewichen ist, wird sich nicht im Verlaufe Ihres Projektes ändern und Probleme „offen und ehrlich" ansprechen. Da hilft es auch nicht, wenn man der betreffenden Person einmal in aller Ruhe plausibel gemacht hat, daß „offene Aussprachen" für die Zusammenarbeit besser sind als das Zurückziehen und Schmollen.

Den persönlichen Verhaltensstil bringt jeder Ihrer Mitarbeiter – genau wie Sie – mit. Machen Sie sich auf jeden Fall auch bewußt, daß manche Konflikte allein dadurch verschärft werden, daß die unterschiedlichen Verhaltensstile aufeinanderprallen. Nicht selten wird am Ende gar nicht mehr das eigentliche Problem behandelt. Statt dessen geht es nur noch um die Frage, wer wen in welchem Ton angesprochen hat, und wer sich von wem welchen Ton nicht bieten lassen muß.

Als Projektleiter sollten Sie von Anfang an alle „Erziehungsversuche" im Hinblick auf „korrektes Konfliktverhalten" aufgeben. Machen Sie auch Ihr Team darauf aufmerksam, daß jeder sich im Ärger gelegentlich von Gefühlen mitreißen läßt und Dinge sagt oder tut, die der Verstand nicht „freigegeben" hätte.

Im akuten Konfliktfall sollten Sie als Führungskraft allerdings möglichst immer innerlich den notwendigen emotionalen Abstand zu wahren versuchen, daß Sie darauf achten, daß die Probleme gelöst werden, die den Konflikt verursacht haben. Diskussionen über „Anstand" und „Benehmen" sollte man sich großzügig ersparen. Wenn auch Sie sich einmal im Ton vergriffen haben, sollten Sie sich nicht im Nachhinein rechtfertigen mit der Ausrede, man habe Sie dazu gereizt. Demonstrieren Sie Ihre Souveränität dadurch, daß Sie sich ganz einfach entschuldigen.

7.4. Die drei typischen Konfliktlösungsverfahren

Wenn ein Konflikt aufgetreten ist, gibt es im Grunde drei Möglichkeiten, ihn zu lösen:

1. Verhandlung
2. Schiedsspruch
3. Kampf

Welche der drei Lösungsmöglichkeiten angewendet wird, kann vom Umfeld, von den Persönlichkeiten und auch von deren Erwartungen an den eigenen „Sieg" oder ihrer jeweiligen Macht abhängen.

zu: 1. Verhandlung
Zu Verhandlungen kommt es zwischen Konfliktgegnern häufig dann, wenn beide Parteien letztlich an einer friedlichen Regelung interessiert sind oder wenn zuvor klar wurde, daß Kämpfe keiner Partei zu einem Sieg verhelfen können. Beide Parteien wissen nun, daß sie in etwa gleich stark oder einflußreich sind. Nun überlegen sich beide Parteien, was sie jeweils erreichen wollen und was sie jeweils dem anderen anbieten können. Die Verhandlungen können über mehr oder weniger zähes Gefeilsche schließlich zu einem Kompromiß führen. Innerhalb der Verhandlungen werden Techniken der Rhetorik und Manipulation angewandt. Deshalb sind viele Verhandlungen letztlich doch nur Varianten sehr geschickter Kampfhandlungen. Für den Projektleiter bedeutet das, daß er sich unbedingt mit Techniken der Rhetorik und der Manipulation vertraut machen sollte. Ob er selber mit „schmutzigen" Tricks arbeiten will, ist eine andere Sache, aber er sollte es wenigstens merken, wenn der Gegner ihn „über den Tisch zieht". Meistens ist es auch unklug, gleich alle Karten auf den Tisch zu legen und deutlich zu sagen, zu welchem Kompromiß man bereit ist. Man kann nämlich auf einen Gegner treffen, dem es Spaß macht, wie auf dem Basar zu feilschen. Dann ist es auf jeden Fall besser, wenn man selber auch nur in ganz kleinen Schritten dem anderen entgegenkommt.

Als Projektleiter sollte man auch bedenken, daß die Mitarbeiter sehr interessiert beobachten, wie sich ihr „Chef" gegenüber anderen durchsetzen kann. Übertriebene Kooperationsbereitschaft oder zu schnelles Nachgeben werden leicht als Schwäche interpretiert. Die meisten Mitarbeiter macht es unzufrieden, wenn sie sich einer Führungskraft unterordnen sollen, die von ihnen bei Verhandlungen als schwach erlebt wird. Gerade in Konfliktsituationen mit Außenstehenden wollen die Mitarbeiter sehen, daß ihr Projektleiter eine stabile Autoritätsperson ist und nicht das Manipulationsopfer stärkerer Manager.

zu: 2. Schiedsspruch

In unserer Gesellschaft können zum Beispiel Konflikte mit einem Unfallgegner bis vor Gericht führen. Das entspricht der Lösung durch einen Schiedsspruch. Beide Parteien befinden sich innerhalb derselben Rechtsordnung, welche allgemeingültige „Spielregeln" festgelegt hat. Mehr oder weniger freiwillig treffen sich beide Parteien vor einer höheren Instanz deren Schiedsspruch sie hinnehmen (müssen). In anderen Gesellschaften kann zum Beispiel der Häuptling als ranghöhere Instanz den Ausgang des Konfliktes entscheiden. Konflikte zwischen Kindern führen zu einer Entscheidung durch die Eltern. Konflikte zwischen Projektleitern können dem Management oder einem Steuerungsgremium zur übergeordneten Beurteilung vorgetragen werden. Bei Konflikten innerhalb des Projektteams erwarten die Mitarbeiter, daß der Projektleiter die Probleme durch ein „Machtwort" klärt.

In der Rolle des Schiedsrichters wird von der übergeordneten Instanz „Gerechtigkeit" erwartet. Wenn auch nur der Verdacht besteht, daß der „Richter" eine der betroffenen Parteien bevorzugt, kann ein scheinbar gelöster Konflikt schnell zu einem Folgekonflikt führen. Die Wahrnehmungen der betroffenen Personen sind dabei sehr fein. Es wird genau beobachtet, ob der Schiedsrichter Lieblinge bevorzugt, ob er offen ist für Schmeichelei, ob er auf Manipulationstaktiken einer der Personen hereinfällt, ob er unberechenbar ähnliche Fälle jeweils nach „Tagesform" entscheidet...

Als Projektleiter sollten Sie deshalb darauf achten, daß Sie bei Schlichtungen möglichst sachlich das Problem selber betrachten und nicht auf die verschiedenen oben beschriebenen Verhaltensmuster hereinfallen. Die Mitarbeiter beobachten sehr genau, ob bei Ihnen immer die Person „gewinnt", die Ihr Mitleid erregen kann oder ob Sie eher die Person bevorzugen, die stets kalt und berechnend bleibt. Versuchen Sie sich bei der Entscheidung als Schiedsrichter nicht von den jeweiligen Verhaltensmustern der Gegner beeinflussen zu lassen. Auf der anderen Seite kann es sein, daß Sie selbst als Projektleiter bei Konflikten mit anderen Führungskräften eine Ihnen übergeordnete Instanz zur „Rechtssprechung" anrufen müssen. Für solche Fälle ist es gut, wenn Sie mit überzeugenden Argumenten vor dem „Richter" auftreten können und dort genau das Verhalten zeigen, das erfahrungsgemäß den größten Durchsetzungserfolg bringt.

3. Kampf

Zwischen unterschiedlichen Staaten oder Völkern werden Konflikte oft durch Kriege oder Terroranschläge ausgetragen. Obwohl der Kampf die schmerzlichste und verlustreichste Konfliktlösungsvariante ist, wird er oft als erste Möglichkeit versucht. Man denke nur an Israel und die PLO oder an die verschiedenen Parteien im ehemaligen Jugoslawien. Zu Verhandlungen kam es erst nach jahrelangen vergeblichen Kämpfen um Sieg und Niederlage. Ähnlich ist es fast immer auch in Konflikten zwischen Nachbarn. Bis das Problem vor dem Gericht verhandelt und entschieden wird, haben die Parteien sich oft bereits im „Krieg der Gartenzwerge" bekämpft.

Unterschwellig und nur selten eingestanden finden Kämpfe auch in Unternehmen statt. Als Projektleiter erfahren Sie von machen Konflikten innerhalb des Teams erst, wenn die Parteien bereits eine Phase des Streitens und der persönlichen Angriffe und Verletzungen hinter sich haben.

Auch Sie werden vermutlich nicht „mit jeder Kleinigkeit" bei Problemen zwischen Ihnen und anderen Führungskräften zur Unternehmensleitung gehen wollen. Zunächst versucht man mit mehr oder weniger fairen Strategien, sich gegenüber anderen durchzusetzen. Dabei findet immer auch ein Kräftemessen statt. „Kampf" muß nicht unbedingt mit Gewalt in Verbindung gebracht werden. „Kampf" im Umfeld eines Projektes ist oft mehr eine Demonstration von Macht und überlegenem Einfluß. Typisch für Konfliktregelung durch Kampf ist, daß nicht eine Lösung ausgehandelt wird, die beide Parteien befriedigt. Statt dessen setzt sich die Partei durch, die aus irgendwelchen Gründen stärker ist als die andere. Deshalb empfiehlt es sich für jeden Projektleiter, gleich zu Anfang gute Beziehungen zum Management zu pflegen und möglichst gut mit anderen Führungskräften oder mit dem Personal- oder Betriebsrat auszukommen. Man spricht ja auch von der „Hausmacht" einer Person im betrieblichen Umfeld. Einzelkämpfer ohne starke Beziehungen können sich oft viel weniger durchsetzen als solche Projektleiter, die bei Bedarf Unterstützung in Anspruch nehmen können.

Zu den „Kampftaktiken" im Konfliktfall gehören auch Erpressung, Psychoterror, Intrigen, Spott, Drohungen, Entzug von Aufmerksamkeit etc. Konfliktlösung durch Kampf bedeutet immer, daß eine Partei die andere zu der ihr genehmen Lösung zwingen will. Das Ergebnis wird entweder eine Sieger-Verlierer-Konstellation sein oder die Erkenntnis, daß für keine Partei der Sieg zu erringen ist. Erst dann werden die beiden oben beschriebenen Konfliktlösungsverfahren versucht.

Man möchte die Reihenfolge vielleicht lieber anders haben: Zuerst die kollegiale und friedliche Einigung und nur im Notfall den Kampf. Leider reagieren wir Menschen oft nicht so, wie unser moralisches Empfinden es uns eigentlich eingeben sollte.

Um dennoch Kämpfe weitgehend zu vermeiden, sollte das Unternehmen grundsätzlich Gremien als übergeordnete Instanzen über den Projekten einrichten. Das können Steuerungsteams sein oder das Controlling oder Projektmanager als Koordinatoren der zeitgleich durchgeführten Projekte. Außerdem sollten alle Projekte priorisiert werden. Sobald zum Beispiel Konflikte im Hinblick auf Personal oder Ressourcen auftreten, können die Projektleiter die übergeordnete Instanz zur Schlichtung anrufen. Bei Konflikten mit anderen Parteien außerhalb des Projektteams kann diese Instanz als „Anwalt" des Projektleiters eingreifen.

Für die möglichst kampffreie Austragung von Konflikten innerhalb des Projektes empfiehlt sich ebenfalls eine klare Projektorganisation mit sauber definierten Aufgabenbereichen und Kompetenzen für jeden einzelnen Mitarbeiter.

Jedem Projektleiter sei außerdem empfohlen, sich mit Rhetorikregeln, Verhandlungsstrategien und Manipulationstechniken zu befassen. Ob und wie man diese Techniken anwendet, muß im Einzelfall entschieden werden. Auf keinen Fall hilft es dem Projekt, wenn der betreffende Projektleiter aus „naivem Anstand" hilflos den Taktiken der gerisseneren Konfliktgegner ausgeliefert ist.

7.5. Die optimale Verhaltensstrategie

Es gibt kein Patentrezept für die beste Verhaltensstrategie. Jeweils im Einzelfall sollte man entscheiden, wie vorzugehen ist. In diesem Kapitel werden die zehn typischen Verhaltensstrategien beschrieben. Eine kluge Führungskraft kann auch in Konfliktfällen ihr Temperament bändigen und innerlich den notwendigen Überblick bewahren, um sich dann für die jeweils optimale Vorgehensweise zu entscheiden. Die zehn typischen Strategien sind:

1. Auf Eis legen
Das Problem wird zunächst eingefroren. Man unternimmt gar nichts und wartet, ob es sich von selbst erledigt oder ob neue Erkenntnisse die Sache anders darstellen. Manchmal legt man ein Problem auch auf Eis, damit sich die erhitzten Gemüter zunächst abkühlen können. Ein anderer Grund wäre, daß man aktuell lieber ein wichtigeres Problem als den anstehenden Konflikt lösen sollte. Der dritte Grund wäre, wenn man für die Lösung des Konfliktes noch weitere Informationen oder Ressourcen oder Parteigänger etc. braucht.
Diese Taktik gehört zu den Verzögerungs- oder Vertröstungsvarianten oder Hinhaltetaktiken.
Dabei ist zu beachten:
- Man darf keine Zugeständnisse oder voreilige Versprechungen machen oder Verpflichtungen eingehen. Man muß konsequent alles an Vereinbarungen aufschieben bis zum Zeitpunkt der konkreten Konfliktbearbeitung.
- Man sollte sich nicht darauf verlassen, daß sich das Problem schließlich von selbst erledigt, oder daß der Gegner die Sache vergißt. Es besteht immer die Gefahr, daß durch eine Verzögerung auch eine Verschlimmerung erreicht wird.

2. Die Wogen glätten
Hier geht es zunächst weniger um eine Lösung des Problems oder Bereinigung des Konfliktes, sondern um den Abbau der negativen Gefühle. Beide Parteien sollen sich nicht noch weiter in Aufregung und Kampfesstimmung steigern. Statt dessen soll erreicht

werden, daß die Gemeinsamkeiten und das Versöhnliche wieder in den Vordergrund treten.

Diese Strategie ist dann vorteilhaft, wenn die Gefahr besteht, daß hochgespielte Emotionen einen endgültigen Bruch verursachen könnten. Wenn die Parteien sich so in den Konflikt gesteigert haben, daß Verletzungen und Angriffe eine anschließende Zusammenarbeit verhindern.

Das Glätten der Wogen kann auch dann sinnvoll sein, wenn man selbst als betroffene Partei dem Gegner unterlegen ist und ohnehin keine Chance hat, sich durchzusetzen. Wenn zum Beispiel der Projektleiter in einen Konflikt mit der Unternehmensleitung verstrickt ist, kann es ratsam sein, erst einmal wieder für „gutes Wetter" zu sorgen.

Ein weiterer Anlaß für diese Strategie kann in der Belanglosigkeit des Konfliktes liegen. Vielleicht ist man mit einem Gegner aneinandergeraten, der sich für Kleinigkeiten aufregt, und man selbst will aus dem Problem keine große Affäre machen. Vielleicht wird man auch als Schlichter hinzugerufen, wenn zwei Mitarbeiter des Teams sich um eine unwichtige Sache streiten.

Bei dieser Strategie verzichtet man bewußt auf das „offene und ehrliche" Aussprechen der „Wahrheit". Statt dessen sagt man bewußt Dinge, die den Gegner beruhigen und besänftigen. Man stellt das Gemeinsame heraus und spielt die Wichtigkeit der Differenzen herunter.

3. Kampf

In eine Kampfsituation begibt man sich, wenn man bewußt die eigene Macht und den eigenen Einfluß einsetzt, um den Konfliktgegner zu der Lösung zu bringen, die man selbst für die erwünschte hält. Meistens rechnet man sich gute Chancen für den Sieg aus, bevor man die offene Konfrontation sucht.

Man kann auch unfreiwillig in eine Kampfsituation geraten, wenn der Gegner dazu herausfordert und man nicht bereit ist, sich ihm zu beugen.

Bei aller Friedlichkeit muß ein Projektleiter von Zeit zu Zeit durchaus auch in Kampfsituationen seine Autorität beweisen. Es wäre falsch, immer um des lieben Friedens willen nachzugeben. Für Mitarbeiter und für Außenstehende wirkt das sehr leicht schwach und lächerlich. Von einer Führungskraft wird erwartet, daß sie auch gegen Widerstand etwas durchsetzen kann.

Wenn die eigene Autorität auf dem Spiel steht, sollte bewußt kämpferisch die eigene Konfliktlösung durchgesetzt werden.
Kämpfe im Projektumfeld sind fast immer rhetorisch. Schlagfertigkeit, schnelle Reaktionen und klare Formulierung des eigenen Standpunktes zeigen die notwendige Festigkeit. Freundliche Angebote oder Bitten um Gehör oder gar Bitten um Entgegenkommen wirken schwach und feuern eher den Gegner an, noch entschiedener sich selbst durchzusetzen.
Auf keinen Fall sollte man noch kämpferisch vorgehen, wenn der andere bereits die „weiße Flagge" schwenkt und sein Nachgeben signalisiert. Wer dann als Sieger noch weiterkämpft, wird von Zeugen der Auseinandersetzung als Aggressor und unfairer Gegner wahrgenommen und in Zukunft abgelehnt.
Zur Kampftaktik gehört die klare Benennung der eigenen Ansichten. Auf Anspielungen und Doppeldeutigkeiten und „Winke mit Zaunpfählen" ist zu verzichten. Zum Kampf gehört auch das Drohen, was man tun wird, sollte der andere nicht... Dabei ist zu beachten, daß man vorsichtshalber nur das androhen sollte, was man auch wirklich wahrmachen wird. Wer einmal eine Drohung ausgesprochen und dann nicht wahrgemacht hat, der kann sich in zukünftigen Konflikten noch schwerer durchsetzen.
Kampf und unbeherrschtes Drauflosprügeln sind nicht das gleiche. Es gibt Projektleiter, die sich selbst für kämpferisch halten und doch nur Choleriker sind.
Zur Konfliktlösung durch Kampf gehört ebenso Disziplin wie zu allen anderen Taktiken oder Strategien auch.

4. „Fair Play"
Unter diesem Begriff sind spielerische oder demokratische Konfliktlösungen zu verstehen. Dabei kann es sich um das Werfen einer Münze handeln, um die Abstimmung mit Mehrheitsbeschluß oder um die Hinzuziehung eines unabhängigen Schiedsrichters.
Diese Strategie wendet man an, wenn eine Patt-Situation eingetreten ist und das Problem auf der Stelle tritt. Durch Abstimmung oder durch das Werfen einer Münze kann das Hin und Her von Argumenten beendet werden.
Man wendet diese Strategie auch an, wenn jede Lösung letztlich „gerecht" oder „ungerecht" wäre. Wenn zum Beispiel Mitarbeiter um das schönste Büro streiten oder um die Frage der Urlaubsvertretung, dann kann das Los die beste Entscheidungsgrundlage sein.

Manchmal wird auch gelost, wenn man sichergehen will, daß nicht nachträgliche Konflikte einer anderen Lösungsfindung folgen würden. Die Losentscheidung macht es dem Verlierer des Konfliktes möglich, die Niederlage hinzunehmen. Er verliert nicht auch noch sein Gesicht. Pech beim Würfeln oder Stöckchenziehen kann schließlich jeder haben.

Bei dieser Strategie hat man zuerst um das Problem selbst gerungen. Vielleicht hat man auch schon offene oder verdeckte Kämpfe hinter sich und sieht schließlich keine Chance mehr, das Problem anders zu lösen. Dann sollte man den Konflikt selbst zunächst ruhen lassen („auf Eis legen" oder „Wogen glätten") und sich dann mit den Betroffenen auf das Verfahren des „Fair Play" einigen. Wichtig ist, daß alle zustimmen. Wenn zum Beispiel eine demokratische Abstimmung mit Mehrheitsbeschluß den Konflikt beenden soll, dann kann das nur wirksam sein, wenn alle mit dem Abstimmungsverfahren einverstanden sind. Nicht selten entstehen doch noch Folgekonflikte weil jemand den Verdacht hat, man habe die Abstimmung nur deshalb durchgeführt, weil man schon wußte, wie die Mehrheiten verteilt sind. Scheindemokratie verärgert immer.

Alle Betroffenen müssen sich auf ein Lösungsverfahren einigen und sich bereit erklären, das Ergebnis – wie auch immer es ausfallen wird – später mitzutragen.

5. Koexistenz

Koexistenz bedeutet, daß keine gemeinsame Lösung für den Konflikt gefunden wurde. Man muß sich notgedrungen mit den Gegensätzen abfinden und dann gemeinsam eine Möglichkeit entwickeln, beide Standpunkte parallel existieren zu lassen.

In der Ehe kann das zum Beispiel bedeuten, daß die Partner getrennt Urlaub machen weil man sich nicht einigen konnte, ob Bergwandern oder Surfen zu verwirklichen sind. Wenn dann auch klar ist, daß die Parteien jeweils unbedingt ihren Urlaub machen wollen und sich nicht auf das Risiko des Losens einlassen wollen, dann bleibt nur übrig: Jeder macht es nach eigener Vorliebe. Später wird entschieden, wie es im nächsten Urlaub gehandhabt werden soll.

In Projekten kann es Auseinandersetzungen um verschiedene Vorgehensweisen geben. Jede Partei ist überzeugt, die einzig richtige Lösung für das Problem zu kennen, aber keine kann Beweise

für die Überlegenheit des eigenen Verfahrens bringen. Wenn es möglich ist, kann in unterschiedlichen Teilprojekten jede der Varianten ausprobiert werden. Danach wird dann entschieden, welches der Verfahren sich letztlich als das bessere erwiesen hat.
Bei dieser Strategie muß vereinbart werden:
– Was soll parallel geduldet werden?
– Wie lange und in welchen Zusammenhängen soll die Koexistenz geduldet werden?
– Wann und nach welchen Kriterien soll später die endgültige Konfliktlösung durchgeführt werden?

In Pilotprojekten oder in Forschungsprojekten ist die Koexistenz auch dann üblich, wenn noch getestet, probiert und experimentiert wird.

6. Verhandlung
Bei der Verhandlung geht es darum, einen Kompromiß zu finden, der für alle Konfliktparteien akzeptabel ist. Man macht Angebote, läßt sich von der Gegenseite Angebote geben und feilscht Schritt für Schritt um den „goldenen Mittelweg".
Zu Verhandlungen kommt es, wenn Kämpfe und andere „Tricks" keine Lösung durch Sieg oder Niederlage herbeigeführt haben. Schließlich erkennen die Parteien, daß sie mit ihrer „Alles-oder-Nichts-Haltung" nicht weiterkommen. Also entschließt man sich beidseitig zu Abstrichen.
Wichtig ist, daß jede Partei sich vorher überlegt:
– Was sind meine Minimalforderungen?
– Wie weit kann ich dem anderen entgegenkommen?
– In welchen Portionen oder Schritten gehe ich vor?

Völlig falsch wäre es, die Karten sofort auf den Tisch zu legen. Man sollte auch ganz bewußt den Gegner um jedes Zugeständnis hart feilschen lassen. Das steigert seine Freude an den Zugeständnissen viel mehr als „Geschenke".
Das Feilschen wird häufig auch als eine Kampfform empfunden. Je härter die Zugeständnisse des anderen errungen wurden, desto größer die Genugtuung über den ausgehandelten Kompromiß.

7. Nachgeben
Nachgeben muß nicht immer Schwäche sein. Es kann einem manchmal auch zu dumm sein, sich um eine unwichtige Sache mit einem Gegner auseinanderzusetzen. Es kann auch klug sein, lie-

ber rechtzeitig einen Rückzieher zu machen, wenn man ohnehin keine Chance hätte, auch nur teilweise mit den eigenen Zielen erfolgreich zu sein. Man sagt ja auch: „Der Klügere gibt nach." Auf der anderen Seite hat auch der folgende Spruch seine Berechtigung: „Der Klügere gibt solange nach, bis er der Dümmere ist." So weit darf es mit einem Projektleiter nicht kommen. Wer zu oft und zu schnell nachgibt, verliert das persönliche Ansehen und auch die Berechtigung, Führungskraft zu sein.

Nachgeben kann auch eine Taktik im Hinblick auf zukünftige mögliche Konflikte sein. Wenn man zum Beispiel weiß, daß man später einmal um bestimmte Ressourcen zu kämpfen hat, dann kann man vorbeugend schon einmal einen kleinen Konflikt mit dem zukünftigen Gegner anzetteln um ein Problem das einen in Wirklichkeit gar nicht interessiert. Nach einigem Hin und Her gibt man dann in aller Kollegialität nach. Später, wenn dann das wichtigere Problem ansteht, kann man leichter an den „Anstand" des anderen appellieren: „Ich war doch damals auch nachgiebig." Seien Sie also auch vorsichtig mit der Nachgiebigkeit Ihrer Konfliktgegner. Vielleicht bereitet man Sie schon „moralisch" auf einen späteren Konflikt vor.

8. Grenzen setzen und akzeptieren
Diese Strategie ist der Koexistenz ähnlich. Man kann sich nicht einigen, will jedoch die Auseinandersetzungen einstellen. Hinter dieser Strategie steht die Haltung: „Ich stimme dir nicht zu, aber ich lasse dich in bestimmten Grenzen gewähren."
Häufig wird diese Strategie zwischen Eltern und ihren heranwachsenden Kindern eingesetzt. Die Eltern haben nicht mehr die Macht, den Kindern den eigenen Willen aufzuzwingen, können jedoch auch nicht ganz „die Zügel schleifen lassen". Beispiel: Das Kind will von der Schule abgehen und sich als Kurierfahrer Geld verdienen. Die Eltern wissen, daß ein Schulabschluß besser wäre, können das Kind jedoch nicht halten. Also wird vereinbart: „Du kannst ein Jahr von der Schule abgehen und dein Glück als Kurierfahrer versuchen."
Die Eltern geben dem Kind damit die Chance, selber zu sehen, daß es sich irrt.
Bei dieser Strategie muß geklärt werden:
– Wer vertritt genau welchen Standpunkt?
– Wer hat welche Vorbehalte gegen den Standpunkt des anderen?

– Wie sollen die Grenzen abgesteckt sein?
– Wie lange soll die Vereinbarung gelten?
– Was soll wirksam werden, wenn welche Erkenntnisse gemacht werden?
– Wer trägt die Kosten für ein mögliches Scheitern des Experiments?

Bei Projekten kann diese Strategie eingesetzt werden, wenn einzelne Mitarbeiter eine Idee haben, wie man noch besser arbeiten kann, noch schneller zum Ziel kommen kann. Wenn sich der betreffende Mitarbeiter nicht umstimmen läßt, kann man ihm eventuell eine Experimentierchance innerhalb bestimmter Grenzen geben.

9. Kooperation

Die Kooperation gilt als die Ideallösung für Konflikte. Dazu müssen jedoch wirklich beide Parteien bereit sein, mit dem Gegner gemeinsam zu einer Lösung zu kommen. Außerdem müssen beide Parteien ihr Mißtrauen gegenüber dem anderen überwinden.
Für die Kooperation legen beide Parteien offen ihre Absichten, Interessen und Bedenken dar. Jede Partei hört der anderen aufmerksam zu und verzichtet auf Überzeugen, Überreden oder sonstigen Druck. Statt dessen versucht jede Partei zu gut wie möglich das Problem aus der Sicht der Gegenpartei heraus zu verstehen. Leider gelingt es nicht jedem, sich in die Lage des Konfliktgegners zu versetzen. Man hat sich innerlich zu sehr auf den Standpunkt versteift, daß der andere die Dinge sowieso falsch sieht. Man versetzt sich nicht wirklich in die Lage des anderen, sondern hört nur zu, um möglichst eine Lücke in dessen Argumentation zu entdecken, um dort mit den eigenen Argumenten einzuhaken.
Für eine kooperative Konfliktlösung ist es notwendig, daß beide Parteien vom „hohen Roß" des Rechthabens herabsteigen und ohne Belehrung, Angriff, Verteidigung oder Diffamierung miteinander reden.
Gemeinsam werden Lösungsmodelle entwickelt und jeweils mit ihren Vor- und Nachteilen verglichen. Schließlich treffen beide gemeinsam eine Entscheidung für die akzeptabelste Lösung.

10. Aussitzen

Aussitzen heißt, zunächst das Problem zu ignorieren oder ihm auszuweichen. Man tut gar nichts. Viele Dinge erledigen sich von selbst, wenn man sie gar nicht beachtet.

Aussitzen kann eine sinnvolle Taktik sein, wenn man in der Lage ist, wie ein Fels in der Brandung die Wogen und Stürme von Konflikten zu ertragen. Man wendet diese Taktik an, wenn klar ist, daß Eingreifen die Probleme nur noch verschärfen würden oder wenn man weiß, daß die Dinge sich sowieso von selbst wieder beruhigen werden.

Aussitzen und Phlegma oder konfliktscheues Abtauchen sind nicht das gleiche! Wer Schwierigkeiten immer wieder aussitzt, weil er nicht in der Lage ist, sie in den Griff zu bekommen, der macht auf jeden Fall etwas falsch und sollte über seine Qualifikationen als Führungskraft nachdenken. Auch das Aussitzen muß eine bewußt eingesetzte Strategie für einen konkreten Fall sein wie die anderen hier beschriebenen Strategien auch.

Die Frage, welche der hier beschriebenen Verhaltensstrategien die beste ist, ist müßig. In jedem Einzelfall muß immer wieder neu entschieden werden, wie man sich verhalten sollte, auf welchem Wege man eine Konfliktlösung zu finden versuchen sollte.

Leider neigen wir Menschen schnell zu einem ganz bestimmten Verhalten und gehen entsprechend in verschiedenen Konflikten immer nach dem gleichen Muster vor.

Professionell wäre es, jede der oben beschriebenen Strategien zu beherrschen und gezielt einzusetzen. Dazu muß man jedoch in der Lage sein, auch noch unter der Belastung des aktuellen Konfliktes innerlich so weit die Ruhe zu bewahren und emotional Distanz zu halten, daß man gezielt nach der jeweils optimalen Strategie vorgehen kann.

Als Führungskraft muß man bei Konflikten unter den Mitarbeitern ebenfalls innerlich Distanz wahren. Es wäre falsch, sich sofort mit der Frage zu befassen: Wer hat Schuld?

Darum geht es oft am allerwenigsten. Wichtiger ist die Frage nach der für alle Betroffenen möglichst akzeptablen Lösung. Dabei ist die Führungskraft als Schlichter, Vermittler oder Schiedsrichter gefragt. Auch für diese Aufgaben muß man die verschiedenen Verhaltensstrategien beherrschen und klug einsetzen.

7.6. *Goldene Regeln für den Konfliktfall*

Unabhängig von der jeweiligen Vorgehensstrategie zur Konfliktlösung gibt es ein paar Verhaltensregeln, die man grundsätzlich
beachten sollte. Als Projektleiter und Führungskraft sollte man
einen positiven Umgangsstil auch im Streß von Auseinandersetzungen vorleben. Die „Goldenen Regeln" sind:

1. Wahren Sie die Würde des Konfliktgegners.
Verzichten Sie auf Beleidigungen, Angriffe „unter der Gürtelli-
nie" und zynische Verhöhnungen.
Sprechen Sie auch in Abwesenheit Ihres Gegners vor anderen
nicht abfällig über seine Person.
Stellen Sie keine Vorbedingungen auf, wenn der andere das Ge-
spräch mit Ihnen sucht.
Sagen Sie dem Gegner klar, was Ihr Standpunkt ist. Verzichten
Sie jedoch darauf, dem anderen „beweisen" zu wollen, daß er
dumm ist oder böse.
Akzeptieren Sie immer, daß der Standpunkt des Gegners die glei-
che Berechtigung hat wie Ihr Standpunkt.
Bleiben Sie in den Auseinandersetzungen immer beim aktuellen
Problem. Graben Sie nicht in der Vergangenheit nach früheren
Irrtümern oder Fehlern oder Niederlagen Ihres Gegners.

2. Wahren Sie Ihre eigene Würde.
Lassen Sie sich nicht in emotionale und unbeherrschte Gefechte
hineinziehen. Nehmen Sie lieber zunächst Abstand, wenn Gefühle die Oberhand gewinnen.
Lassen Sie sich nicht moralisch unter Druck setzen oder erpres-
sen. Fühlen Sie sich niemals an Vereinbarungen oder Zusagen gebunden, die unter Druck oder Täuschung oder sonstige „Tricks"
zustande kamen.
Lehnen Sie konsequent jede Diskussion über Ihre Vergangenheit
ab. Lassen Sie sich nicht Ihre alten Irrtümer, Fehler oder Niederlagen vorhalten.
Kämpfen Sie nicht um Veränderungen, die gar nicht möglich sind.
Lassen Sie sich nicht in Konflikte hineinziehen, die Sie gar nicht
betreffen.

3. Versetzen Sie sich in die Lage des Gegners.
Hören Sie aufmerksam zu und stellen Sie Fragen nach weiteren

Details. Lassen Sie sich genau erklären, wie der andere die Sache sieht und warum er zu einer bestimmten Meinung gekommen ist. Machen Sie sich selbst und Ihrem Gegner den Unterschied zwischen „verstehen" und „zustimmen" deutlich, und fördern Sie dann die Kommunikation so, daß Sie und Ihr Gegner sich jeweils verstehen in ihren Ansichten, Wünschen, Zielen.

Versetzen Sie sich in die Gefühle des Gegners. Denken Sie auch an sein Bedürfnis, vor Außenstehenden und Zeugen des Konfliktes gut dazustehen.

Verzichten Sie auf Schlagfertigkeiten, Wortgefechte und Wettkämpfe um die meiste Redezeit. Gönnen Sie dem Gegner ausreichend Zeit, alles zu sagen, was seinen Standpunkt erklärt.

Überlegen Sie, was Sie an Stelle Ihres Gegners täten.

4. Akzeptieren Sie die Menschen wie sie sind.

Verzichten Sie auf „Erziehungsversuche".

Treten Sie im Konfliktfall nicht schulmeisternd oder herablassend oder aufdringlich „hilfreich" auf. Sprechen Sie als Erwachsener zu einem gleichwertigen anderen Erwachsenen.

Denken Sie nicht darüber nach, wie der andere sich klugerweise verhalten sollte. Nehmen Sie ihn mit seinen persönlichen Verhaltensmerkmalen so hin, wie er nun einmal ist. Lassen Sie sich jedoch nicht durch neurotisches Verhalten des anderen quälen.

Lösen Sie mit dem anderen nur den aktuellen Konflikt. Verzichten Sie darauf, ihn ganz allgemein auf den „richtigen Weg" zu bringen.

5. Setzen Sie im Konfliktfall Ihren Verstand ein.

Verzichten Sie auf kurzfristige „Siege", wenn dadurch langfristige Ziele gefährdet werden könnten.

Schließen Sie sich nicht wider besseren Wissens der Meinung von Hierarchen oder Mehrheiten oder guten Freunden an.

Machen Sie bei Drohungen oder Erpressungen oder persönlichen Angriffen lieber einen Rückzieher. Verzichten Sie auf „Mut", wenn die Auseinandersetzungen „gefährlich" werden. Wie oben gesagt, sind Sie später nicht an Zusagen gebunden, die Sie unter Druck gemacht haben.

Bedenken Sie immer, welche langfristigen Folgen eine aktuelle Konfliktlösung haben könnte.

Sichern Sie das Ergebnis einer Konfliktbereinigung schriftlich ab.

Seien Sie der erste, der nach der sachlichen Bereinigung eines Konfliktes auch die emotionale Versöhnung anbietet.

Legen Sie einen bereinigten Konflikt sofort „zu den Akten". Weiden Sie sich nicht an Ihrem Sieg oder schmollen Sie nicht über Ihre Niederlage.

Grundsätzlich sollten Sie nach jedem Konflikt überlegen:
– Wie konnte es soweit kommen?
– Wie hätte ich das Problem verhindern können?
– Was muß ich tun, damit sich dieses Problem oder ein ähnliches nicht wiederholt?

Zum Schluß

Es gibt keine Patentrezepte für den garantierten Projekterfolg. Eines ist jedoch gewiß: Der Erfolg eines Projektes hängt viel mehr von den Menschen ab als von Ressourcen oder Methoden. Das soll natürlich nicht heißen, daß es egal ist, ob die Methoden geeignet und die Ressourcen ausreichend sind. Man kann jedoch immer wieder sehen, daß die besten Methoden und die aufwendigste Ausstattung mit Ressourcen trotzdem zu Mißerfolg führen, wenn Menschen im Projekt tätig sind, die im Grunde keine Lust zu der Aufgabe haben, die sich gegenseitig nicht unterstützen, die mit den zukünftigen Benutzern des Produktes nicht kommunizieren können oder wollen...

Aber auch das qualifizierteste und motivierteste und kommunikationsfreudigste Team kommt nicht weit, wenn es unter der Leitung eines Projektleiters arbeiten soll, der vielleicht ein guter Fachprofi, aber eine schlechte Führungskraft ist. Ein Projektleiter, dem die Menschen und ihre Gefühle gleichgültig sind, der seine Rolle als Vorbild nicht erkennt, der zu schwach ist, auch in Konflikten energisch zu „kämpfen", der zu stur ist, ein gutes Arbeitsklima zu schaffen oder zu leutselig, um die sachlichen Aufgaben voranzutreiben, der scheitert auch, wenn er über Spitzenkräfte, die besten Methoden und optimalen Ressourcen verfügt.

Ein guter Projektleiter arbeitet nicht als „Edelsachbearbeiter" mit seinen Mitarbeitern um die Wette, er führt mit seinen Spezialisten keinen intellektuellen Wettstreit um die Frage: Wer weiß am meisten, wer kann am meisten?
Ein guter Projektleiter zeichnet sich durch die Fähigkeit aus, Spitzenkräfte an sich zu binden und bei guter Laune zum Erfolg zu führen. Ein guter Projektleiter versteht es außerdem, das Projekt und das Ziel nach außen positiv zu vertreten. Ein guter Projektleiter beherzigt den Merksatz: „Sammle hervorragende Leute um dich, erbringe mit ihnen Spitzenleistungen, und dann sorge dafür, daß die Öffentlichkeit das auch bemerkt." Man könnte auch sagen: „Laß Gutes tun und sprich darüber."

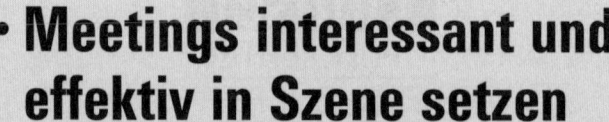